Das antike Griechenland

Meinen lieben Freunden
Paulette und Martin

Rainer Vollkommer

DAS ANTIKE GRIECHENLAND

Theiss WissenKompakt

THEISS

Inhalt

Ein Panorama der griechischen Antike

oben: Tanzende Griechen aus dem 6. Jahrhundert v. Chr.

links: Der Olymp in Nordgriechenland galt den Griechen als Sitz ihrer Götter. Hier in einem Stich um 1850.

Griechenland – Die Wiege der abendländischen Kultur

Das antike Griechenland zählt zu den wichtigsten Kulturen der Menschheitsgeschichte und hat ebenso wie das Römische Reich das Abendland entscheidend geprägt. Überall in unserem Alltag finden sich bis heute Spuren dieser Kultur, Museen auf der ganzen Welt bewahren ihre Kunstwerke.

Schon in der Antike zeichneten sich die Griechen durch ihren Stolz aus und stolz konnten sie auch sein. Denn dank ihres außergewöhnlichen Sinnes für den Wettstreit um alles oder nichts und ihres steten Strebens nach Erkenntnis entwickelten sie eine kulturelle Vielfalt, die es bis dahin nicht gegeben hatte. In vielen Bereichen der Kultur, die das Leben oft erst ausmachen, in der Kunst genauso wie im Alltag, haben die Alten Griechen neue Maßstäbe gesetzt, und vieles haben sie überhaupt erst erfunden. Wie arm wäre unsere moderne Welt möglicherweise ohne das Erbe griechischer Kunst und Architektur, ohne Literatur und Theater, Philosophie, Mathematik, Naturwissenschaften, Medizin und Politik – und hier insbesondere ohne die Demokratie!

Wir werden in diesem Buch die oft ebenso verworrene wie verwirrende griechische Geschichte verfolgen, deren Komplexität vor allem durch andauernde Streitigkeiten der Griechen untereinander und mit anderen geprägt ist. Des Weiteren wird ausführlich auf die griechische Kultur eingegangen, wobei es immer wieder zu verblüffenden Bezügen und Parallelen zwischen den vor über 2000 Jahren lebenden Griechen und der modernen Welt kommt. Besonders deutlich wird dies, wenn wir die sportlichen und musischen Wettkämpfe betrachten, insbesondere die Olympischen Spiele. Wir werden schließlich einen großen Teil ihrer kulturellen Errungenschaften streifen, die uns auch heute noch allerhöchste Achtung abverlangen.

Ruinenromantik. Die griechischen Tempel, hier in Selinunt auf Sizilien, künden noch heute von ihren Erbauern.

Lebendige Geschichte

Im ersten großen Abschnitt werden wir zunächst die überaus spannende und abwechslungsreiche Geschichte der Griechen von ihrem Beginn nach dem Untergang der Mykenischen Kultur um 1200 v. Chr. bis zum Ende des letzten großen griechischen Reiches, dem der Ptolemäer – mit dem Tod ihrer letzten berühmten Herrscherin, Kleopatra VII. von Ägypten – im Jahre 30 v. Chr. verfolgen. In mehr als 1000 Jahren entwickelte sich eine der blühendsten Kulturen der Menschheitsgeschichte. Dabei war der Beginn unscheinbar und versprach wenig. Auf dem griechischen Festland, den ägäischen Inseln und in Westkleinasien mischten sich einwandernde Dorier, Ionier und Äoler mit der bereits ansässigen griechischsprechenden Bevölkerung und formten in den nächsten Jahrhunderten viele kleine unabhängige Poleis (Stadtstaaten). Den gemeinsamen Nenner bildeten für die Griechen vor allem Sprache und Religion. Ab dem 8. Jahrhundert v. Chr. tauchten sie dann aus dem Dunkel der Geschichte wieder auf und richteten panhellenische Heiligtümer wie Olympia und Delphi ein, wo sie sich regelmäßig trafen. In Olympia wurden die ersten Spiele abgehalten, in Delphi blühte das Geschäft mit den Weissagungen des Orakels. In derselben Zeit führten die Griechen die Schrift ein, deren Buchstaben oft vom phönizischen Alphabeth beeinflusst waren, und die Literatur nahm ihren Anfang: Homer und Hesiod schufen erste großartige Werke.

Viele Griechen wanderten ab dem 8. Jahrhundert v. Chr. aus und gründeten zunächst Städte in Unteritalien und auf Sizilien und bis ins 6. Jahrhundert v. Chr. auch im Schwarzmeergebiet, in Libyen, Südfrankreich, Spanien und weiteren Gebieten. Überall entstanden aufstrebende Städte, die teilweise noch heute bedeutend sind, wie Syrakus, Neapel, Marseilles und Istanbul. Der aufblühende Handel brachte Reichtum, aber auch Neid und Ärger.

Auch politisch konnten sich die Griechen der Antike behaupten. Ihre Gebiete grenzten durch ihre zunehmende Ausbreitung an zwei weitere große Reiche, das der Perser und das der Karthager. Mit beiden schlugen sie im 5. und 4. Jahrhundert v. Chr. große Schlachten – und behaupteten sich. Doch nicht nur äußere Kämpfe bewegten die Griechen, sondern auch innere, bei denen es um die rechte Gesellschaftsordnung ging. Neben Königtum und Tyrannis entwickelten sich am Ende des 6. und im 5. Jahrhundert v. Chr. die Oligarchie (Herrschaft weniger) und die Demokratie (Volksherrschaft). Stellvertretend für beide Herrschaftsformen stehen die Spartaner und die Athener. Nachdem die beiden Mächte gemeinsam ihren großen

Feind, die Perser, in beeindruckenden Schlachten während der Perserkriege vernichtend geschlagen hatten, gingen sie daran, sich mit unterschiedlichen Bündnispartnern gegenseitig zu bekriegen.

Doch wollen wir in diesem Buch unser Augenmerk nicht nur auf Sparta und Athen richten, sondern auch einen Blick auf die anderen Poleis werfen, insbesondere im Westen, allen voran Syrakus. Gezeigt wird schließlich, wie im antiken Griechenland zwei herausragende Persönlichkeiten, die Makedonenkönige Philipp II. und Alexander III., der Große, den Streit der Griechen untereinander für sich entscheiden konnten und alle Griechen Griechenlands und Kleinasiens vereinten, um dann gegen das Persische Großreich vorzugehen. Der knapp über zwanzig Jahre alte Alexander der Große konnte den Traum jedes jugendlichen Kriegers wahrmachen und die Welt erobern. Mit seinen Truppen zog Alexander bis zur Donau im Norden, bis zum Nil im Süden und bis zum Hindukusch und dem Indus im Osten. Alle diese Gebiete gehörten schließlich zu seinem Reich. Der Hellenismus, das Zeitalter der Griechen, die nun über weite Teile der Alten Welt herrschten und sie kulturell beeinflussten, hatte begonnen. Alexanders früher Tod in Babylon ohne Erben führte jedoch zu großen Machtkämpfen unter seinen Nachfolgern, den Diadochen. Schließlich bildeten sich im Laufe der Diadochenkriege in den ersten Jahrzehnten des 3. Jahrhunderts v. Chr. drei Großreiche heraus: das der Ptolemäer vor allem in Ägypten, das der Seleukiden in Asien und das der Antigoniden in Griechenland. Ab dem 3. Jahrhundert v. Chr. wurden die Griechen dann nach und nach ins Römischen Reich einverleibt. Das Buch schließt mit den Ereignissen um 31 v. Chr., als Octavian, der spätere Augustus, Kleopatra VII. bei Actium besiegte und ein Jahr später Alexandria einnahm. Mit dem Selbstmord Kleopatras ging das letzte große griechische Reich an Rom verloren. Fortan wirkten die Griechen ohne eigenen Staat durch ihre Kultur im Römischen Reich.

Die bunte Kultur

Buntheit macht die Welt – heute genauso wie in früheren Zeiten – erst facettenreich und stimmt fröhlich. Die Griechen waren, nicht nur was ihre Tempel und Skulpturen betrifft, sehr farben- und lebensfroh. Ihr Leben war in allen Bereichen reich und vielfältig. Auch wenn das antike Griechenland der fernen Vergangenheit angehört, in ihrem Leben und ihrem Streben nach Kultur sind uns die alten Griechen doch recht nah. Schon ihre Gesellschaftsordnung kommt uns immer noch ziemlich bekannt vor. Die Familie stand im Zentrum der Gemeinschaft. Der Mann stand der Familie

JOHANN JOACHIM WINKELMANN UND DER KLASSIZISMUS

Der in Stendal geborene Johann Joachim Winckelmann (1717–1768) gilt heute als der Begründer der Klassischen Archäologie, die sich mit den antiken Kulturen des Mittelmeerraumes, insbesondere der griechischen und römischen, auseinandersetzt. 1764 veröffentlichte er die »Geschichte der Kunst des Altertums« – seine Charakterisierung der griechischen Kunst als »edle Einfalt und stille Größe« begeisterte seine Zeitgenossen. Weitere Veröffentlichungen englischer und französischer Autoren im 18. Jahrhundert führten in der Folge zur Hinwendung zur klassischen griechischen Antike und zur Abkehr vom Barock. Diese Zeitspanne zwischen 1750 und 1830, in der das antike Griechenland in vielfältiger Weise Einkehr in die Kunst hielt, wurde ab etwa 1876 als Klassizismus bezeichnet.

Besonders in der Architektur ließen sich nun viele Architekten bei ihren Bauwerken von den griechischen Bauten mit ihren Säulenordnungen inspirieren, wobei das klassische Athen das größte Vorbild war. So errichteten Ende des 18. Jahrhunderts Gotthard Langhans das Brandenburger Tor in Berlin und ab den 1820er Jahren Robert Smirke das British Museum in London, Karl Friedrich Schinkel die neue Wache in Berlin sowie Leo von Klenze die Glyptothek in München. Auch die Skulpturen wurden nun dem klassischen Vorbild entsprechend nicht mehr barock überzogen, sondern klassisch einfach und erhaben griechischen Werken nachgebildet. Berühmt waren außerdem die Entwürfe für Möbel und Inneneinrichtungsgegenstände der Brüder Robert und James Adam und Karl Friedrich Schinkels.

Doch nicht nur die Kunst erlebte in der 2. Hälfte des 18. Jahrhunderts die Rückbesinnung auf Griechenland. Gerade die Weimarer Klassik mit Johann Wolfgang von Goethe, Friedrich Schiller, Christoph Martin Wieland und Johann Gottfried Herder zeugte von der fruchtbaren Auseinandersetzung mit dem antiken Griechenland.

Für Winckelmann war die Triebkraft griechischen Schöpfertums die Freiheit der Bürger. Er stieß damit beim deutschen Bürgertum auf große Zustimmung, denn die Zeit war reif, um den Absolutismus abzuschütteln und neuen demokratischen Idealen zu folgen. Die Französische Revolution und die amerikanische Unabhängigkeit realisierten diese als Erste. Das antike Athen war ihr Vorbild.

Beim Bau des Brandenburger Tors hatte der Architekt Gotthard Langhans die Propyläen, die gewaltige Toranlage der Akropolis von Athen, vor Augen.

vor, doch die Frau hatte wohl im Verborgenen viel zu sagen. Außen wirkte der Mann, im Haus die Frau. Im vorliegenden Buch wollen wir beobachten, wie die Griechen wohnten, was sie am Leib trugen, wie sie ihren Körper pflegten und sich schminkten. Eine große Rolle spielten wie zu allen Zeiten auch Essen und Trinken bei den Griechen. Sportliche, musische, aber auch andere Wettbewerbe jeglicher Art, etwa Schönheitswettbewerbe für Männer oder Greise, bildeten eine weitere tragende Säule des täglichen Lebens. Besonders die Siege bei den Olympischen Spielen brachten den Athleten schon damals Ruhm und Ansehen. Tanz und Musik schließlich rundeten das ausgeprägte Lebensgefühl im antiken Griechenland ab. Aber auch die immense Bedeutung des Kriegswesens im Leben jedes Griechen wird im Folgenden deutlich werden. Und schließlich die spannende Frage: Wie erlebten die Griechen das Messbare? Reportagen über ihre Zeitrechnung, ihre Maßeinheiten, ihre Währung und ihr naturwissenschaftliches Wissen werden dieser Frage nachgehen.

Der Tod war wie in allen Kulturen ein letztes wichtiges Thema des antiken Lebens. Doch nahm das vorauszusehende Ende die Lebensfreude nicht, die man mit den unsterblichen Göttern des antiken Glaubens teilte. Kult und Ritual waren aus dem täglichen Leben nicht wegzudenken und verbanden alle Griechen miteinander, machten sie zu einer Gemeinschaft. Die teilweise bis heute überlieferten Mythen erzählten von ihrem Ursprung, ihren Göttern und ihren Ahnen, den vergangenen Helden. Die griechische Philosophie schließlich hinterfragte im Laufe der Jahrhunderte auf vielfältige Weise das Sein, den Lauf der Welt und die Suche nach Wegen zum Glück.

Zum Schluss wenden wir uns noch der Kunst und Architektur zu, die unser heutiges Kunstverständnis in besonderem Maß geprägt haben. Den Errungenschaften der Griechen in der Kunst begegnen wir daher auch heute noch auf Schritt und Tritt. Gehen wir mit offenen Augen durch die Städte, sehen wir griechische Elemente als Architekturteile an Bauten oder von der griechischen Skulptur beeinflusste Statuen auf öffentlichen Plätzen. Vieles in unserer Umgebung erzählt bis heute von der Zeit des antiken Griechenlands und einer großartigen vergangenen Welt, die unvermindert in unsere abendländische Kultur weiterstrahlt.

Ich hoffe, den Leserinnen und Lesern dieses Buches meine Freude und Liebe zum antiken Griechenland vermitteln zu können. Besonderer Dank gilt dabei meinen lieben Freunden Paulette und Martin, denen ich durch viele fruchtbare Gespräche immer wieder neue Impulse verdanke. Ihnen sei dieses Buch in Freundschaft gewidmet.

Geschichte des antiken Griechenland

Zwischen dem Niedergang der Mykenischen Kultur und dem Ende des Ptolemäerreiches spielte sich eine bewegte Geschichte ab: von der Entstehung der Stadtstaaten über die Feldzüge Alexanders des Großen bis zur Eroberung der griechischen Welt durch die Römer.

Das Ende der mykenischen Kultur und das Dunkle Zeitalter

Der Untergang Mykenes

Um 1200 v. Chr. ging die sogenannte Mykenische Kultur unter. Ihren Namen erhielt diese Kultur nach dem damals bedeutenden Sitz Mykene auf der Peloponnes. Neben Mykene existierten weitere wichtige Zentren auf dem griechischen Festland: Iolkos in Thessalien, Orchomenos und Theben in Boiotien, Tiryns und Pylos auf der Peloponnes. Ob diese Orte wirklich zu einem einzigen Reich zusammengefasst waren, ist unklar. Sicher ist nur, dass sich diese Hauptorte ab dem beginnenden 2. Jahrtausend v. Chr. herausbildeten und bereits von einer griechischsprachigen Bevölkerung besiedelt waren.

Die Mykener eroberten im 16. oder 14. Jahrhundert v. Chr. das minoische Reich, das der deutsche Archäologe Arthur Milchhöfer 1883 nach dem mythischen ersten König Minos benannte. Dieses Seereich mit seinen Hauptpalästen Knossos, Phaistos und Mallia auf Kreta beherrschte seit der 1. Hälfte des 2. Jahrtausends v. Chr. auch viele ägäische Inseln, wie Santorin, Melos, Keos, Kythera und Samos, und wohl auch Städte wie Milet an der westlichen Küste Kleinasiens. Mit der Einnahme des minoischen Reiches reichte die mykenische Kultur vom griechischen Festland über die Inseln der Ägäis und bis zum westlichen Kleinasien. Rege Verbindungen herrschten zu Zypern, dem Nahen Osten und Süditalien.

Wie die wunderschöne Nike von Samothrake, die Statue der Göttin des Sieges, zeugen viele Monumente von den unzähligen Kriegen, die die Griechen untereinander führten.

Die mykenische Kultur war die erste griechischsprachige Hochkultur mit komplexer Verwaltung, weitreichendem Warentausch, spezialisiertem Handwerk und eigener Schrift – der Linear-B-Schrift, die sich aus der bereits seit dem beginnenden 2. Jahrtausend v. Chr. existierenden minoischen Linear-A-Schrift entwickelte und im Gegensatz zu dieser entziffert ist. Die Tontafeln in Linear-B-Schrift beinhalten vor allem Namens- und Warenlisten, die zur Verteilung von Gütern und Lebensmitteln an Militär, Bevölkerung und religiöse Einrichtungen dienten. Die Mykener kannten auch bereits die meisten griechischen Götter: Zeus, Hera, Poseidon, Ares, Artemis, Dionysos sowie Hermes und wohl auch Athena und Demeter.

Gerade in ihrer höchsten Blüte brach um 1200 v. Chr. die mykenische Kultur ohne ersichtlichen Grund in sich zusammen. Spuren größerer kriegerischer Zerstörungen fehlen. Wie übrigens auch in größeren Teilen Kleinasiens, Nordsyriens und Mesopotamiens traten vermutlich Hungersnöte auf und die Verwaltungen kollabierten. Der intensive Handel zwischen den Mykenern, Hethitern, Ägyptern, den nordsyrischen und den mesopotamischen Kulturen hörte auf. Ob dieser Untergang mit einbrechenden sogenannten »Seevölkern« zu erklären ist oder ob diese sich erst aus dieser Krise heraus gebildet haben, bleibt offen. Unaufhaltsam marschierten diese Seevölker über Kleinasien und die Levante bis an die Küsten Ägyptens, wobei sie alles auf ihrem Weg zerstörten. Erst von den Ägyptern wurden sie gestoppt.

Heinrich Schliemann (geb. 1822 in Neubukow in Mecklenburg, gest. 1890 in Neapel) wuchs in ärmlichen Verhältnissen auf, brachte es aber – nicht zuletzt wegen seiner Sprachbegabung – zum wohlhabenden Kaufmann. Dank seines Vermögens konnte er ab den 1860er Jahren seiner Leidenschaft, der Altertumsforschung, nachgehen, vor allem wollte er den Beweis erbringen, dass die in der Ilias (»Trojanischer Krieg«) und Odyssee erwähnten Stätten wirklich existiert haben. Mit Unterbrechungen grub er zwischen 1871 und 1890 auf dem Hügel Hisarlik nahe den Dardanellen, wo er Troja vermutete und in dem er bedeutende Goldschätze des 3. Jahrtausends v. Chr. barg. Er entdeckte auch Mykene, Tiryns und Orchomenos und damit die ersten Stätten der mykenischen Kultur. Mit diesen Funden bewies Heinrich Schliemann, dass in Griechenland schon im 2. Jahrtausend v. Chr. eine komplexe Hochkultur mit eigener Schrift existierte.

Das Dunkle Zeitalter

Das in Griechenland und Westkleinasien entstandene Vakuum füllten in den nächsten zwei Jahrhunderten kleinere wandernde Verbände. Diese mischten sich mit der einheimischen, bereits griechischsprachigen Bevölkerung und formten verschiedene Dialektgruppen, ohne dass man von einheitlich dialektspezifisch definierten eindringenden Stämmen sprechen kann. Die in älteren Veröffentlichungen vertretene Meinung, dass erstmals Griechen– und zwar die Dorier, Ionier und Äoler als drei Stämme – in einem Zug gewaltvoll eindrangen und das mykenische (vorgriechische) Reich zerstörten, trifft nicht zu. Dorische oder eng verwandte Dialekte fanden sich von Nordwestgriechenland über Mittelgriechenland und große Teile der Peloponnes, auf Kreta und den südlichen Inseln der Ägäis bis nach Rhodos und in Südwestkleinasien. Ionisch sprach man in Attika, auf Euböa, im mittleren Teil der ägäischen Inseln und der westkleinasiatischen Küste. Äolisch und mit ihm verwandte Dialekte existierten auf Lesbos und der gegenüberliegenden kleinasiatischen Küste, in Boiotien und in Thessalien. In zwei sehr schwer zugänglichen gebirgigen Gegenden hielten sich zwei Dialekte, die mit dem Griechisch der Mykener eng verwandt waren, das Arkadische auf der Nordwestpeloponnes und das Kyprische auf Zypern.

Der Besitz von Pferden war ein Privileg der Aristokraten. Pferdedarstellungen waren auf Luxusgütern daher seit dem 9. Jahrhundert v. Chr. sehr beliebt.

Im 12. und 11. Jahrhundert v. Chr. war das ehemalige mykenische Gebiet relativ dünn besiedelt. Die großen Zentren waren aufgelöst, die Griechen siedelten vor allem in kleineren Dörfern. Lediglich Athen scheint noch größer geblieben zu sein. Die Kenntnis der Schrift, die komplexe Verwaltung, weitreichender Handel und ein sehr differenziertes Warenangebot verschwanden. Abgesehen von ein paar spärlichen archäologischen Zeugnissen tappt die Wissenschaft in Bezug auf die Zeit zwischen ca. 1200 und 800 v. Chr. ziemlich im Dunklen, daher wird diese Zeitspanne von den Historikern auch das Dunkle Zeitalter genannt.

Zu Verwirrungen führt bei der Benennung dieses Zeitraums häufig die Tatsache, dass Archäologen und Kunsthistoriker andere Namen der Periodisierung benutzen als Historiker. Da zunächst Gefäßformen und einfache Dekorationsmuster aus mykenischer Zeit überlebten, wird das 12. Jahrhundert und die 1. Hälfte des 11. Jahrhunderts v. Chr. in der Archäologie die submykenische Phase genannt. Danach sind die Tongefäße meist schmucklos oder zeigen bis um 750 v. Chr., wenn überhaupt, vor allem geometrische Muster, jedoch keine menschlichen Figuren und Pflanzen und selten ab dem 10. Jahrhundert v. Chr. eine reduzierte Anzahl an Tierarten

TROJA – NUR EINE LEGENDE?

Der Streit um die Existenz des legendären Troja und um den zehnjährigen Krieg zwischen Griechen und Trojanern um die Stadt ist über hundertfünfzig Jahre alt und wird heute noch genauso hitzig debattiert wie einst.

Zündstoff erhielt diese Frage durch den Kaufmann und leidenschaftlichen Amateurarchäologen Heinrich Schliemann, der ab dem 9. April 1871 den Spaten auf dem 200 x 150 m großen Hügel Hisarlik (»Kleine Burg«) anlegen ließ. Im Laufe von 4000 Jahren Bebauung und Zerstörung hat sich dieser Hügel gebildet, der sich über 20 m hoch zwischen dem Menderes und Dümrek (den antiken Flüssen Skamander und Simoeis) – etwa sechs Kilometer von der Ägäis und viereinhalb Kilometer von den Dardanellen entfernt – im nordwestlichen Teil der asiatischen Türkei erhebt. Mindestens 47 Bauphasen lassen sich vom 4. Jahrtausend v. Chr. bis zum 6. Jahrhundert n. Chr. fassen.

Das im 8. Jahrhundert v. Chr. verfasste Epos Ilias (»Der Trojanische Krieg«) schildert den Krieg, seine Beteiligten und die Orte so realistisch, als hätte dieses Ereignis wirklich stattgefunden. Vor Schliemanns Entdeckungen wurden diese Er-

So sah der Burgberg von Troja wohl um 1200 v. Chr. aus (Troja VII a).

zählungen meist für Fiktion gehalten. Heute weiß man, dass zumindest ein Kern an Wahrheit darin enthalten sein muss. Mit diesen Erzählungen in der Hand fand Schliemann immerhin einen Teil der berühmten Stätten der griechischen Vorzeit wie Mykene, Tiryns und Orchomenos. Schliemann bewies damit erstmalig, dass es in Griechenland schon vor der historisch bezeugten Geschichte eine große florierende Kultur gab. Die nach Mykene auf der Peloponnes benannte Kultur ging um 1200 v. Chr. unter und wenn der Trojanische Krieg wirklich zwischen den mykenischen Helden und Troja stattgefunden hatte, musste er nicht allzu lange vor dem Untergang der mykenischen Kultur gewütet haben, d.h. wohl im 13. oder Anfang des 12. Jahrhunderts v. Chr.

In dieser goldenen Maske aus Mykene sah Heinrich Schliemann das Antlitz des Helden Agamemnon. Tatsächlich ist sie 400 Jahre älter als der Untergang von Troja VII a.

Nach neuesten Untersuchungen fällt dieser Zeitbereich in die sogenannten Schichten der Siedlungen von Troja VI-Spät (1470–1250/30 v. Chr.) und Troja VII a (1250/1230–1180 v. Chr.). Das Ende der blühenden Stadt Troja VI ist unklar. Hier konnten nur geringfügige Schäden gefunden werden, die sowohl durch eine Naturkatastrophe als auch durch ein Erdbeben oder einen Kampf entstanden sein können.

Viele Gebäude von Troja VII a (1250/1230–1180 v. Chr.) endeten durch Brand und mutwillige Zerstörung. Auch wurden anscheinend gegen Ende dieser Besiedlungsphase kleine Häuser zwischen großzügig angelegten Gebäuden errichtet, als wäre es notwendig geworden, Unterkünfte für die Bevölkerung aus der Umgebung zu schaffen. Außerdem fanden sich in den Gebäuden viele Vorratsgefäße. Weiterhin entdeckte man unbestattete Tote und viele Fernwaffen wie Speerspitzen aus Bronze und Stein oder Schleudersteine. Sie sprechen für eine Belagerung der Stadt vor ihrem Ende. Doch ob es sich dabei um den in der Ilias geschilderten Trojanischen Krieg handelte, kann nicht gesagt werden.

Von Bedeutung ist es, dass die Griechen die Erzählungen als Tatsachen empfanden. So datiert beispielsweise der Geschichtsschreiber Douris von Samos (etwa 340–270 v. Chr.) die Eroberung von Troja in das Jahr 1334 v. Chr. und Ephoros von Kyme (4. Jahrhundert v. Chr.) in das Jahr 1135 v. Chr. Spätestens seit dem 8. Jahrhundert v. Chr. sahen die Griechen also ihre Sagen als historisch reale Vorgeschichte an, mit der sie fortan lebten und auf die sie stolz waren.

wie Pferde, Wild und Vögel. Selbst die raren figürlichen Darstellungen bleiben in ihrer körperlichen Auffassung bis um 700 v. Chr. geometrischen Formen unterworfen. Die Periode wird daher von den Archäologen im Gegensatz zu den Historikern ab ca. 1050 v. Chr. als protogeometrische und zwischen 900 und 700 v. Chr. als geometrische Zeit bezeichnet.

Da es im vorliegenden Kapitel um den geschichtlichen Abriss der Epoche geht, wird im Folgenden jedoch vom Dunklen Zeitalter gesprochen. Nach der Zerstörung der mykenischen Hochkultur haben wir heute zunächst kaum Kenntnisse über die weitere Entwicklung. Bekannt ist aber, dass sich ab 1200 v. Chr. die Bestattungsform allmählich änderte. Die Toten wurden nun überwiegend verbrannt, während man vorher die Körper der Verstorbenen begrub. Dieser Wandel hatte sicherlich mit neuen Jenseitsvorstellungen zu tun, doch welcher Art die Gedanken waren, ist unbekannt. Ab ca. 1050 v. Chr. setzte die in der Levante ab dem 12. Jahrhundert v. Chr. ausgeübte intensivere Eisenerzverarbeitung ein, die aber bei den Griechen noch für lange Zeit in sehr zurückhaltender Weise praktiziert wurde. Mit der Levante lassen sich auch sonst erstmalig wieder im 11. und 10. Jahrhundert v. Chr. vermehrt Handelskontakte feststellen. Sie gingen von den im heutigen Libanon lebenden Phöniziern mit ihren blühenden Stadtstaaten Tyros, Byblos, Berytos (heute Beirut), Sidon und Arwad aus. Deren Schiffe bauten den zu diesem Zeitpunkt brachliegenden Fernhandel nach Westen auf. Die Phönizier gründeten zunächst Stützpunkte auf Zypern und Kreta, dann in Nordafrika, darunter im 9. Jahrhundert v. Chr. Auza in Libyen und wohl gegen Ende des Jahrhunderts Karthago (»Neustadt«) im heutigen Nordtunesien.

Die Gesellschaftsstruktur im Dunklen Zeitalter vermitteln uns teilweise die Ilias (»Der Trojanische Krieg«) und die Odyssee (»Die Abenteuer des Odysseus«). Den damals existierenden kleineren Ansiedlungen standen sog. *basileis* (Anführer, erst später wird der Begriff für »König« angewendet) vor. Sie waren Oberhaupt, Heerführer, Schiedsrichter und Wortführer bei den Volksversammlungen. Mit weiteren durch noble Abstammung oder Reichtum ausgezeichneten Personen bildeten sie die aristokratische Oberschicht (*agathoi, aristoi*), die sich von den freien Bauern (*laoi*), landlosen Tagelöhnern (*thes*), Handwerkern (*demiourgoi*, »Werker im Volk«) und Sklaven absetzte.

Die Aristokraten zeichneten sich dadurch aus, dass sie sich dank ihres ausreichenden Besitzes vor allem der Muße hingeben und neben der Politik besonderen Konventionen widmen konnten. So luden sie sich gegenseitig zu Gelagen ein und tauschten dabei als Ausdruck der Gastfreundschaft (*xenia*) wertvolle Gaben aus, wie Edelmetalle, Stoffe, Waffen, Gerätschaften, Gefäße (z. B. Dreifüße), Tiere, Sklaven und Sklavinnen. Dadurch wurden Bindungen erzielt, die weit über die heimischen Landschaften hinausführten und die Aristokraten über größere Regionen hinweg vereinte, da sie auch in ferne fremde Gebiete reisten und sich gegenseitig besuchten.

Selbst die Aristokraten scheinen aber verhältnismäßig bescheiden gewohnt zu haben. Die meisten ergrabenen Häuser, wie in Zagora auf Andros,

Im Dunklen Zeitalter gehörten **Dreifüße** zu den größten Besitztümern. Auf drei Füßen stand ein schalenförmiger Kessel mit zwei großen Ringen als Henkel, durch die man eine Stange schieben konnte, um die teilweise bis zu mehreren hundert Kilogramm schweren Gefäße zu tragen. Meistens bestanden die Dreifüße aus Metall. Ihr Gewicht stellte einen großen Wert in einer Gesellschaft dar, die noch ohne Geld auskommen musste. Oft waren die gegossenen Füße und Ringhenkel mit geometrischen Ornamenten geschmückt, auf den Henkeln bisweilen auch Krieger, Pferde und andere vollplastische Tiere kunstvoll angebracht. Dreifüße waren besondere Geschenke unter Adeligen und wertvolle Weihegaben an Heiligtümer wie Olympia, Argos und Korinth.

Zwei Dreifüße zieren diese Silbermünze aus dem süditalischen Kroton. Als Attribute des Apollon verweisen sie auf den Hauptgott der Stadt.

besaßen lediglich einen Raum mit einem Herd, in dem sich das ganze Leben abspielte und die Vorräte in großen Gefäßen (*pithoi*) aufbewahrt wurden. Größere Hauskomplexe mit Innenhof, Stallungen, Vorratskammern und dem eigentlichen Haus, wie in Emporio auf Chios, sind seltener. Das Haus bestand dort aus einer Vorhalle und einem größeren Raum mit Herd in der Mitte, der von umlaufenden Sitzbänken umgeben war. Das wichtigste Zimmer in einem mehrräumigen, also luxuriösen Haus bildete das *megaron*, der Männerraum, in dem die festlichen Gelage in Anwesenheit der Frauen abgehalten wurden.

Die Rolle der Frau war zumindest in wohlhabenden Haushalten relativ frei. Sie bewegte sich unabhängig, organisierte die Bewirtschaftung des Hauses, beaufsichtigte die Hausangestellten und Sklaven und kümmerte sich um die Familie, der Mann um die übrigen geschäftlichen, militärischen und die politischen Belange.

Die Landwirtschaft war der größte Wirtschaftsfaktor. Vor allem Gerste, seltener Weizen, Flachs für Stoffe und Gemüse wurden neben Birn-, Apfel-, Oliven- und Feigenbäumen kultiviert. Ziegen, Schafe und Kühe lieferten Milch, Käse und für den größten Teil der Bevölkerung nur zu besonderen

Die Chigi-Kanne zeigt um 650 zum ersten Mal, wie Krieger in der Phalanx (Kampfreihe) kämpfen. Der geordnete Kampf hat viel zur Herausbildung der Polisgemeinschaft beigetragen.

Anlässen Fleisch. Der Reichtum in der Oberschicht wurde am Besitz an Vieh gemessen. Pferde waren das Privileg der Aristokraten. Als Last- und Zugtiere dienten überwiegend Ochsen und Esel.

Von den Anfängen der Polis zu den Perserkriegen

Die Polis

Wohl schon gegen Ende des Dunklen Zeitalters zeichnet sich eine Verstädterung ab. Immer mehr Menschen wanderten von ländlichen Gebieten in ein urbanes Zentrum, das mit dem umliegenden Land meist einen mehr oder weniger kleinen Stadtstaat – eine *polis* – schuf, der eine gegenüber benachbarten *poleis* unabhängige, in sich geschlossene politische Einheit bildete. Solche Zusammenschlüsse nannten die Griechen Synoikismos (»Zusammensiedelung« oder »Zusammenführung von Hausgemeinschaften«). Sie führten in den griechischen Gebieten in den folgenden Jahrhunderten zur typischen Staatenform der Polis mit bis zu 800 Stadtstaaten, die alle auf ihre Autonomie achteten und eigene politische und religiöse Einheiten ausbildeten. In der ummauerten Stadt konzentrierten sich die wichtigsten politischen Organe und erhoben sich meist die wichtigsten Heiligtümer. Die Götter wurden in regelmäßig stattfindenden rituellen Festen geehrt, zu denen die Bewohner der Polis zusammenkamen und durch fröhliches Feiern – meist mit viel Alkohol – die Gemeinschaft in ihrem Zusammenhalt stärkten.

Im 8. Jahrhundert v. Chr. wächst die ab dem 10. Jahrhundert v. Chr. relativ konstant gebliebene Bevölkerung in ungeahntem Maße an. So scheint sich beispielsweise die Athener Bevölkerung zwischen 800 und 700 v. Chr. versechsfacht zu haben. Ähnlich erging es wohl vielen anderen Poleis. Doch die meisten Stadtstaaten hatten wenig fruchtbares Land zur Verfügung und mit dem ungeheuren Bevölkerungswachstum drohten Hungersnöte. Wahrscheinlich verursachte dieser Zuwachs auch vermehrte Streitereien um die Macht Einzelner in der herrschenden Klasse. Gleichzeitig rückte die Mittelmeerwelt allmählich durch wachsenden wirtschaftlichen Im- und Export näher zusammen. Die Griechen fuhren nun ihrerseits neben den Phönikern verstärkt zur See und erkundeten dadurch neue Landschaften.

Die Kolonisation

Die Engpässe in der Heimat und die sich ständig erweiternde Erkundung der Fremde durch griechische Händler führten dann ab ca. 750 v. Chr. zur sog. griechischen Kolonisation weiter Gebiete des Mittelmeergebietes und spätestens ab dem 7. Jahrhundert v. Chr. auch des Schwarzmeerraumes. Unser Begriff Kolonisation kommt von dem lateinischen Wort colonia und bedeutet soviel wie »neu gegründete Stadt in der Fremde«. Im Gegensatz zur neuzeitlichen Kolonisation europäischer Nationen ging es den griechi-

Die griechische Kolonisation im Mittelmeerraum und am Schwarzen Meer.

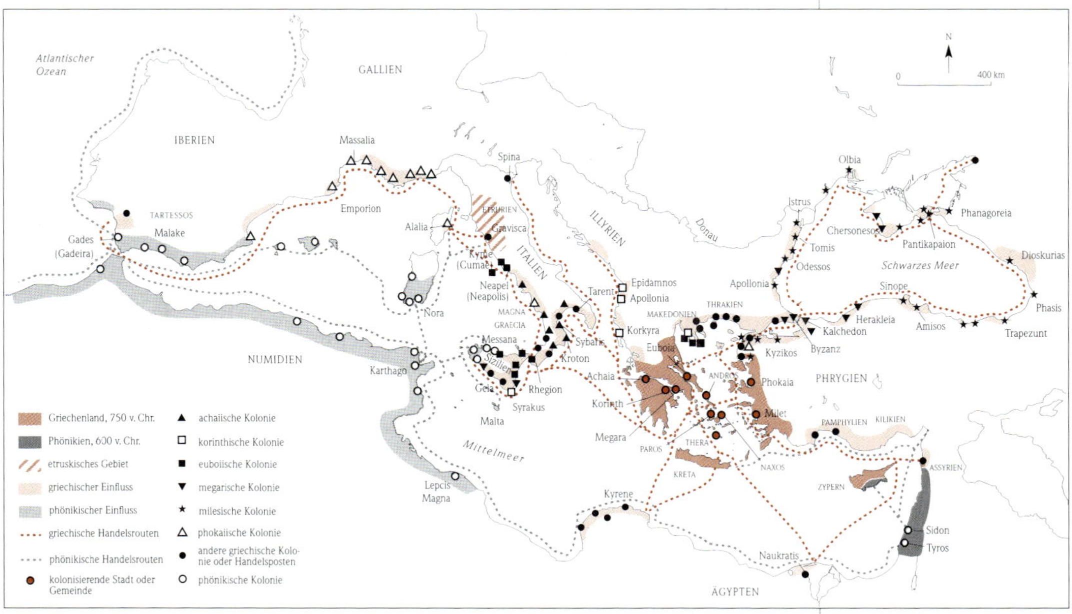

schen Poleis primär nicht um die Eroberung großer territorialer Gebiete verbunden mit Aneignung dort vorhandener Ressourcen und Beherrschung anderer Völker mit bisweilen religiöser Vereinnahmung (Missionierung). Dass die Reise in die Fremde meist unfreiwillig geschah, drückt schon der griechische Begriff für eine Koloniestadt aus. Eine solche Stadt wurde Apökie genannt und bedeutete damit soviel wie weg (*apo*) vom heimischen Haus (*oikos*). Dies zeigt schon die Tragik, mit der das Reisen verbunden war, die man angesichts des späteren Reichtums der griechischen Koloniestädte leicht übersieht. Wie sehr der Grieche seine angestammte Heimat liebte, schildert wohl am besten die Odyssee, in der Odysseus nach bereits zehnjährigem Krieg um Troja nochmals zehn Jahre herumirren musste, bevor er schließlich in seinen Palast in Ithaka zurückkehren durfte, um wieder mit seiner Gattin Penelope und seinem Sohn Telemachos vereint zu sein. Der *oikos* (das Haus samt Familie und Hausstand) war für den Griechen die Ader des Lebens. Sie aufzugeben, war bitter.

Sollte eine neue Stadtgründung in der Fremde erfolgen, bestimmte die Mutterstadt zunächst einen Anführer (*oikistes*, »Gründer eines Hauses«) und meist zwischen 100 und 200 wehrfähige Männer, die auf Kriegsschiffen die Fahrt ins Ungewisse anzutreten hatten. Gab es keine Freiwilligen, was wohl häufig der Fall war, dann musste wahrscheinlich jede Familie zwangsweise einen Sohn oder mehrere Söhne mit Ausnahme des Erstgeborenen stellen. Der erkorene *oikistes* wandte sich vor der Abfahrt an das Orakel des Apollonheiligtums von Delphi. Dort holte er sich die Genehmigung des »Gründergottes« Apollon ein. Denn nur mit dem Wohlwollen der Götter konnte eine solche Annektierung gelingen. Zugleich erfuhr der *oikistes* durch mehr oder weniger verklausulierte Sprüche der Priesterin, der Pythia, welchen Weg er einschlagen sollte. Da sowohl alle Suchenden als auch viele bereits erfolgreiche Händler und Seefahrer nach Delphi kamen, fand hier ein reger Austausch an Informationen über die fernen Gebiete statt, die dem *oikistes* als Hilfe sehr willkommen waren. Nach diesem Besuch stach der *oikistes* mit seinen Mannen in See und nachdem er den avisierten Zielort oder den, den er dafür hielt, erreicht hatte, begann die Polisgründung. Der ausgewählte Ort lag meist direkt am Meer, hatte einen natürlichen Hafen, war leicht zu verteidigen und hatte ausreichendes fruchtbares Hinterland für den Ackerbau. Das Siedlungsgebiet wurde von dem *oikistes* in Parzellen eingeteilt, wobei nach Möglichkeit der höchste Teil den Göttern als Sitz ihrer Heiligtümer, der Akropolis (»Oberstadt«), vorbehalten war, und ein größeres Areal für die öffentlichen Bauten und den Marktplatz, die Agora, freigelassen wurde. Die gleichgroßen Parzellen für die zukünftigen Wohnhäuser – oft umschlossen durch rechtwinklig zueinander angelegte Straßen – sowie die Äcker wurden an die einzelnen Kolonisten verlost. In einem nächsten Schritt gründeten die Erstsiedler Familien. Woher die Frauen der Kolonisten kamen, ist in der Regel unklar. Meist waren es wohl einheimische Frauen oder Sklavinnen, wohl seltener Frauen aus der Heimat. Die Verbindungen der Neugründung zur Mutterstadt waren nur sehr locker. Jede Kolonie war mit ihrer Gründung eine unabhängige Polis geworden. Da unter den Kolonisten kaum Aristokraten waren, bildete sich erst im Laufe der Zeit eine neue aristokratische Schicht heraus. Sie rekrutierte sich häufig aus den ersten Kolonisten. Die Gleichheit der Kolonisten führte dann auch zu politischen Strukturen, die die Basis demokratischer Grundformen bildeten.

Monumentale Tempel aus dem 6. und 5. Jh. v. Chr. – wie dieser in Selinunt – zeugen auf Sizilien von dem Reichtum der griechischen Kolonien.

DELPHI

Delphi liegt am Südabhang des Parnass, nahe dem Golf von Korinth. Seit mykenischer Zeit (2. Hälfte des 2. Jahrtausends v. Chr.) gab es dort eine Siedlung, die angeblich Pytho hieß, und einen Kult für eine weibliche Gottheit, die später in dem Kult der Athena Pronaia, der Herrin des Vortempels, aufging. Dem Mythos zufolge existierte an der prophetischen Quelle Kassotis ursprünglich ein bedeutender Orakelkult der Erdgöttin Gaia, den der Gott Apollon übernahm, nachdem er den Drachen Python, der das Orakel beschützte, getötet hatte. Die Priesterin Pythia beantwortete, auf einem Dreifuß über einem Erdspalt sitzend, aus dem berauschende Dämpfe emporstiegen, die Anfragen durch doppelsinnige Orakelsprüche, nachdem sie sich an der Felsenquelle Kastalia gereinigt und aus der Quelle Kassotis getrunken hatte. Spätestens seit dem 8. Jahrhundert v. Chr. besaßen die Orakelsprüche von Delphi einen so hohen Stellenwert, dass neben Privatpersonen auch viele Staaten bei wichtigen Angelegenheiten das Heiligtum um Rat fragten. In Sparta verfügte sogar jeder der zwei Könige über zwei Beamte (*pythioi*), die zur Befragung des Orakels von Delphi angestellt waren und die Fragen und Antworten als Urkunden niederlegten (die einzigen bei den Spartanern schriftlich hinterlegten Zeugnissen). Ähnliches scheint es auch in Athen und anderen Städten gegeben zu haben. Bevor die Griechen in See stachen, um eine neue Koloniestadt zu gründen, wandte sich der Anführer eines solchen Unternehmens an das Orakel. Dort erhielt er nicht nur einen orakelhaften Spruch, welchen Weg er einschlagen sollte, sondern auch sehr praktische Hinweise für die Fahrt. Aus Dankbarkeit für erfüllte Weissagungen wie auch für Siege weihten viele Griechen, aber auch Etrusker, Ägypter und Lyder wertvolle Gaben dem Heiligtum. Viele wertvolle Weihgaben und die mindestens 23 prachtvollen Schatzhäuser zeugten von der Wertschätzung des Heiligtums. Selbst weit entfernte Städte waren unter den Erbauern der Schatzhäuser, beispielsweise Massalia (Marseilles) und Knidos (Südwestkleinasien). Die Bedeutung Delphis unterstreicht auch die Ansicht der Griechen, dass Delphi das Zentrum – der Nabel (*omphalos*) – der Welt sei. Diesen Nabel symbolisierte ein Stein, den man im Heiligtum besichtigen konnte. Auch stand in Delphi der sogenann-

Die Pythia sitzt auf dem Dreifuß und hält in ihren Händen eine Opferschale und einen dem Apollon heiligen Lorbeerzweig.

te Kroniosstein. Hierbei handelte es sich der Sage zufolge um den in Windeln gewickelten Stein, den Gaia und Rhea als neugeborenen Zeus ausgaben und damit den grausamen Vater Kronos täuschten, der alle seine Kinder verschlang. Diesen spieh er aber aus. Nachdem Zeus seinen Vater entthront hatte, ließ er den Stein als Symbol seiner Machtergreifung in Delphi aufstellen.

Delphis Bedeutung rührte schließlich wohl auch von seiner Neutralität her. Ihre Verwaltung unterlag den Amphiktyonen (»Umwohner«, »Nachbarvölker«). Sie bestanden aus zwölf Stämmen: Thessaler, Boioter, Dorer, Ionier, Perrhaiber, Doloper, Magneten, Lokrer, Ainianen (Oitaier), Phthioten (Achaier), Malier und Phoker. Jeder Stamm hatte zwei Stimmen. Sie trafen sich zweimal im Jahr (im Frühling und Herbst), um über die Belange Delphis zu entscheiden. Alle vier Jahre wurden in Delphi auch eigene Spiele, die Pythischen, ausgerichtet, die zu den wichtigsten vier Spielen Griechenlands gehörten.

Neben musischen Wettkämpfen wurden athletische und hippische (mit Pferden) ausgerichtet.

Das Apollonheiligtum galt aber nicht nur als Zentrum der Weissagung, sondern auch der Weisheit. Am Apollontempel waren die berühmten Sprüche angebracht: Erkenne dich selbst! Nichts im Übermaß! Beherrsche den Zorn! Schätze Voraussicht hoch ein! Liebe die Freundschaft! Halte fest an der Bildung! Wäge Deine Worte wohl! Tue, was gerecht ist!

Der Nabel der Welt liegt in Delphi – der Omphalos vor dem Hintergrund des Parnass-Gebirges.

Wie die Frösche am Teich, so charakterisierte der Philosoph Platon einst die griechischen Koloniestädte, die an den Küsten des Mittelmeer- und Schwarzmeergebietes standen. Zwischen ca. 750 und 580 v. Chr. wanderten viele Griechen dorthin aus. Zunächst gründeten Euboier um 750 v. Chr. Pithekussai auf Ischia und um 735 v. Chr. Kyme am Golf von Neapel. Es folgten bis um ca. 700 v. Chr. auf Sizilien die Städte Naxos, Leontinoi, Katane (heute Catania), Syrakus und Megara Hyblaia und in Süditalien Rhegion (heute Reggio di Calabria), Sybaris, Kroton und Taras (heute Tarent) durch Chalkis, Korinth, Achaia, Sparta und Megara. Zwischen 700 und ca. 660 v. Chr. gründeten Megara und Milet an den Küsten des Marmarameeres Parion, Kyzikos, Kalchedon und Byzantion (dem späteren Konstantinopel und heutigen Istanbul). Im 7. Jahrhundert zogen Kolonisten von Eretria und Chalkis an die Küsten Thrakiens, die Chalkidike, nach Thasos und Samothrake. Etwa gleichzeitig entstanden durch Milet viele Städte am Schwarzmeergebiet, insgesamt etwa siebzig, darunter Tomi (heute Constantza in Rumänien) und Istros südlich der Donaumündung, Olbia an der Dnjeprmündung, Nymphaion und Pantikapaion (heute Kertsch) auf der Krim und Tanais an der Donmündung. Schließlich gab es genauso viele Städte in der Fremde wie im griechischen Ursprungsgebiet. Von ihrer Gründung an waren die neuen Städte unabhängig von ihrer Mutterstadt, auch wenn selbstverständlich eine größere Bindung durch den gleichen Ursprung, gleiche Sitten, Gebräuche und religiöse Eigenheiten vorhanden war. Nur Korinth versuchte, seine Gründungen noch lange zu kontrollieren, wie an der adriatischen Ostküste Korkyra (heute Korfu), Leukas, Anaktorion, Ambrakia, Apollonia und Epidamnos (heute Durres in Albanien) sowie auf der Chalkidike Poteideia. Damit wollte die vor allem auf Handel angewiesene Mutterstadt die Seeroute nach Nordgriechenland und Italien sichern.

Arkesilaos, König von Kyrene, überwacht persönlich das Abwiegen von Silphion, einer mittlerweile ausgestorbenen kostbaren Heilpflanze mit narkotischer Wirkung.

Die Entwicklung Spartas

Das in der südlichen Peloponnes gelegene Sparta scheint größtenteils einen anderen – für die übrigen Griechen einmaligen – Weg gegangen zu sein. Statt mehrere Kolonien zu gründen, eroberten die Spartaner die umliegenden Gebiete. Wahrscheinlich bestand Sparta zunächst aus vier Dörfern (*obai*) und nahm als erstes Amyklai ein. Dann eroberten sie die anderen Gemeinden der Eurotas-Ebene. Ihre Bewohner, die Perioken (*periokoi*, »Herumwohner«) hatten keine politischen Rechte, waren aber frei und mussten zukünftig den Spartanern Militärdienst in separaten Kontingenten leisten. Sie übten außerdem Handwerkertätigkeiten aus, denn die Spartaner verstanden sich von nun an allein als kriegerische Herren. Dafür garantierten die Spartaner den Perioken Schutz gegenüber möglichen Feinden. Danach wurden die sumpfigen Gebiete südlich bis zum Meer vereinnahmt. Die dortigen Bewohner wurden Heloten (*he(i)lotes*) genannt. Die Herkunft ihres Namens ist ungewiss, er kommt vermutlich entweder von »Kriegsgefangene« oder von »Bewohner eines Dorfes namens Helos« (= Sumpf). Sie bildeten spätestens seit der Eroberung des westlich gelegenen Messenien in der 2. Hälfte des 8. Jahrhunderts v. Chr. zusammen mit den unterworfenen Messeniern eine zweite, viel schlechter eingestufte Kategorie an Untertanen. Sie besaßen keine Rechte, mussten ihre ehemals eigenen Ländereien, die unter den Spartanern in gleichen Größen (wie bei der neugegründeten Kolonie) verteilt wurden, als eine Art Leibeigene bestellen und die Hälfte der Ernte den Spartanern abgeben.

Auch die Spartaner liebten Trinkgelage, wie ihre vielen schön verzierten Trinkschalen aus dem 6. Jahrhundert v. Chr. unterstreichen. Ein Blick von oben gewährt einen Einblick ins Innere.

Etwa gleichzeitig bildete sich das spartanische Herrschaftssystem heraus, das in Griechenland ebenfalls einmalig sein sollte und dem Lykurg zugesprochen worden ist. Angeblich beruhte seine Verfassung auf einer Befragung des Orakels von Delphi, das weissagte, dass die Spartaner ein Heiligtum für Zeus Syllanios und Athena Syllania gründen, das Territorium in drei Stämme (*phylai*) und Dörfer unterteilen, einen Ältestenrat mit zwei Königen und eine Volksversammlung einrichten sollten. Folglich standen an der Spitze Spartas zwei Könige (*basileis*, »Könige« oder *archegetai*, »Anführer«), die jeweils aus den Familien der Agiaden und Eurypontiden hervorgingen. Beim Tod eines Königs folgte aus der gleichen Familie der erste in seiner Regierungszeit geborene Knabe oder – falls dieser noch minderjährig war – der älteste männliche Verwandte. Die mit einer eigenen

Leibgarde versehenen Könige hatten den militärischen Oberbefehl, waren oberste Priester und urteilten über Familienrecht, z. B. über Adoption oder über Verheiratung einer Erbtochter. Jedem König standen zwei Beamte (*pythioi*) zur Befragung des Orakels von Delphi zur Verfügung. Nur über die wichtigsten Fragen durfte die Volksversammlung (*apellai*) entscheiden, bei Unstimmigkeiten (wie auch bei der Wahl der Ephoren) bekam die Partei Recht, die am lautesten Schreien konnte. Der Ältestenrat (*gerousia*) bestand aus den zwei Königen und 28 gewählten Alten, die über 60 Jahre alt sein mussten und auf Lebenszeit dem Rat angehörten. Der Ältestenrat legte der Volksversammlung alle wichtigen Angelegenheiten zur Abstimmung vor und übte die Strafgerichtsbarkeit aus. Als Weiteres gab es fünf Ephoren (»Aufseher«). Sie wurden vom Volk für ein Jahr bestimmt, die Wiederwahl war nicht möglich. Sie legten dem Ältestenrat strafrechtliche Delikte vor und urteilten ihrerseits über zivilrechtliche Belange. Außerdem wachten sie über die strengen Sitten und überprüften die Herrschaft der Könige, die sie bei Missachtung der Gesetze auch absetzen und bestrafen konnten. Jeden Monat leisteten die Ephoren mit den Königen einen Eid, in dem sie sich verpflichteten, die Ordnung zu bewahren. Nach dem obersten Ephor wurde außerdem das jeweilige Jahr benannt.

Die Erziehung der Kinder unterlag in Sparta einem strengen Regime. Bei Geburt eines Knaben urteilten die Ältesten und nicht der Vater, ob das Baby gesund war und weiterleben durfte oder eine Schlucht hinabgeworfen werden musste. Im siebten Lebensjahr wurden die Knaben den Müttern weggenommen und als Kindergemeinschaften (*agelai*, »Herden«) einem älteren Beamten und Jugendlichen zur Erziehung (*agoge*) übergeben. Abhärtung, Disziplin, Gemeinschaftssinn und Kriegstüchtigkeit standen im Vordergrund. Sie lebten in einfachen Hütten, besaßen kein Schuhwerk und nur einen Mantel und bekamen so wenig zu essen, dass sie eigentlich gezwungen waren, Nahrung zu stehlen. Wurden sie dabei geschnappt, erhielten sie Prügel – weil sie so dumm waren, sich erwischen zu lassen, und nicht, weil sie gestohlen hatten. Sie wurden in Sport, Musik und Kriegswesen unterrichtet. Ab dem zwölften Lebensjahr wurden die Knaben einem erwachsenen Mann zugewiesen, der nicht nur die weitere Erziehung übernahm, sondern auch eine homosexuelle Verbindung mit ihm einging. Die gleichgeschlechtliche Liebe erschien den Spartanern geeignet, die Kampfeslust zu erhöhen, denn war man gemeinsam im Krieg, versuchte man seinen Geliebten zu schützen oder im Fall seines Todes zu rächen. Mit 20 Jahren endete die Erziehung. Der junge Mann wurde wie jeder andere gleichberechtigter Vollbürger. Auszeichnungen erhielt man durch Erfolge,

Ausstoßung mit Schimpfworten wie »Mädchensohn« durch Feigheit im Kampf. Die jungen Männer lebten dann bis zum dreißigsten Geburtstag in gleichberechtigten Mahlgemeinschaften (*syssitia* oder *andreia*), deren Essen vorwiegend aus Feigen, Käse, Gerstenbrot und warmer Wurst und deren Trank aus Wasser und Wein bestand. Mit 20 Jahren durften Männer auch heiraten. Geheiratet wurde jedoch erst, wenn die heimlich erkorene Braut erfolgreich geschwängert worden war. Nach einem »Raub« wurden der Braut dann die Haare geschnitten, und sie wurde als Mann verkleidet in einem dunklen Zimmer dem Bräutigam zugeführt. Die fruchtbare Gattin konnte später auch an andere Männer zur Zeugung von Kindern

Ein König Spartas war auch Menelaos, der Bruder des Agamemnon. Bei der Eroberung von Troja erhielt er seine entführte Frau zurück, die schöne Helena.

ausgeliehen werden. Folglich scheint in Sparta auch Untreue kein Delikt gewesen zu sein, was im übrigen Griechenland äußerst strafbar war.

Die Mädchen wurden vor allem in Sport und Tanz unterrichtet, wobei sie den Sport, wie in Griechenland für die Männer allgemein üblich, aber für Frauen bei den Griechen ansonsten verwerflich, nackt betrieben.

Gesetzgebung und Reformen

Während Sparta mit seiner Regierungsform einen eigenen Weg ging, versuchten andere Stadtstaaten ihre herkömmlichen Strukturen im 7. und 6. Jahrhundert v. Chr. durch Gesetzgebung und Reformen den Erfordernissen der Zeit anzugleichen, um die immer wieder von schweren Krisen gebeutelte Gemeinschaft zu regulieren und zur *eunomia* (»guten Ordnung«) zurückzuführen. Die Gesetzgeber versuchten dabei, einen sozialen Ausgleich zu schaffen und zwischen Volk und Adel sozialverträgliche Lösungen zu finden. Die Gesetze waren in vielen *poleis* für lange Zeit die einzigen Schriftzeugnisse, die überhaupt als Inschriften auf öffentlichen Plätzen angebracht wurden und somit ihrer Wertschätzung und Gültigkeit besonderen Ausdruck verliehen. Neben Lykurg scheinen die ersten Gesetzgeber im 7. Jahrhundert v. Chr. in den griechischen Kolonien in Italien gewirkt zu haben, doch kennen wir nur ihre Namen: Zaleukos von Lokroi Epizephyrioi (an der Südwestspitze des Stiefels) und Charondas von Katane (heute Catania auf Sizilien). Berühmt aber waren die Gesetzgeber von Athen: Drakon und Solon.

Drakon scheint, um vorher herrschende Unruhen zu beseitigen, 621/620 v. Chr. harte Strafmaßnahmen in Gesetzen verankert zu haben, worauf sich unsere heutige Bezeichnung »drakonische Strafen« bezieht. Hohe Bußen bis zur Todesstrafe konnten verhängt werden.

Etwa eine Generation später, 594/593 v. Chr. stellt Solon sein Gesetzeswerk vor. Um es dem Volk schmackhafter zu machen, formulierte er die Ge-

Die Griechen meißelten ihre Gesetze in Stein. Diese eine ganze Mauer füllende Inschrift im kretischen Gortyn ist nur das herausragendste Beispiel (vgl. S. 2).

setze zunächst in Gedichten, die er vortrug. Schließlich wurden seine Gesetze auf vierkantigen drehbaren Holzpfeilern angebracht, die man nach den Achsen *axones* nannte, weshalb spätere Bücher auch von Solons *axones* sprachen. Da uns seine Gesetze jedoch nur durch viel später lebende Autoren bruchstückhaft überliefert sind, sind seine wirklich durchgesetzten Reformen umstritten. Als sicher gilt, dass er einen Schulderlass bewirkt hat, doch in welcher Form ist ungewiss. Er scheint auf alle Fälle die Schuldknechtschaft aufgehoben und verboten zu haben. Damit befreite er arme Bauern davon, sich selbst verkaufen zu müssen, um damit ihre Schulden, beispielsweise infolge von Missernten, zu begleichen. Des Weiteren unterteilte er die Bürger nach ihren jährlichen Ernteerträgen nach dem Hohlmaß Scheffel in vier Klassen. Die oberste Klasse waren die mindestens 500-Scheffler (*pentakosiomedimnoi*). Es folgten die 300-Scheffler (auch *hippeis*, »Reiter«), 200-Scheffler (auch *zeugitai*, »Jochträger«, weil sie sich ein an ein Joch gespanntes Ochsenpaar leisten konnten) und die darunter liegenden Scheffler (*thetes*, »Lohnarbeiter«). Um solche Erträge zu erwirtschaften, brauchte der 500-Scheffler wahrscheinlich mindestens 12,5 ha fruchtbaren Landes, der 300-Scheffler ca. 7,5 ha und der 200-Scheffler ca. 5 ha. Nach dieser Rangordnung wurden auch die politischen Ämter vergeben. So stellte die oberste Klasse die Archonten und Schatzmeister, Bürger der untersten Klasse durften zwar wählen, aber kein Amt bekleiden. Wahrscheinlich richtete Solon auch bereits neben der Volksversammlung und dem für Gerichtsbarkeit zuständigen Rat auf dem Areopag (Hügel des Kriegsgottes Ares am Fuß der Akropolis) einen »Rat der 400« ein, der sich aus Angehörigen der vier bestehenden Phylen (»Stämme«, »Bezirke«) von Athen zusammensetzte. Weiterhin führte er neben vielem anderen ein neues Familien- und Erbrecht und wohl auch ein Maß- und Gewichtssystem ein.

Die Sieben Weisen Bei den Griechen, wo alles im Wettbewerb stand und Rangordnung sehr wichtig war, kam spätestens im 5. Jahrhundert v. Chr. auch die Frage auf, wer die sieben weisesten Personen waren. Die befragten Orakel, insbesondere Delphi und Didyma bei Milet, gaben darauf nur unbefriedigende Antworten: entweder waren es Götter, Bauern, Barbaren oder unbekannte Personen. So finden sich viele unterschiedliche Listen. Zu den Sieben Weisen zählten jedoch immer der Mathematiker und Naturphilosoph Thales von Milet, der Staatsmann und Richter Bias von Priene, die Gesetzgeber Pittakos von Mytilene und Solon von Athen. Der Philosoph Platon rechnet des Weiteren darunter den Tyrannen Kleobulos von Lindos, den Ephor (»Aufseher«) Cheilon von Sparta und den Bauern Myson von Chen. Letzterer zeichnete sich durch seinen einfachen Sinn für das Wesentliche aus. Die meisten Weisen standen für Lebensweisheit oder politischen Verstand.

Mit diesen Reformen und insbesondere mit der neuen Einteilung in Klassen hatte Solon, zumindest bedingt, die Machtverhältnisse neu geordnet. Nicht mehr die vorher gültige Abstammung, sondern der Besitz war ausschlaggebend für die Eingruppierung in der Gesellschaft. Der Altadel, der sich auf seine Vorfahren berief, die *eupatridai* (»Männer von guter Geburt«), musste nun auch das entsprechende Vermögen aufweisen, um der neuen Aristokratie anzugehören. Bürger niedriger Klassen konnten nun durch erfolgreiches Erwirtschaften von Vermögen in die neue Aristokratie aufsteigen. Damit war das ganze Gesellschaftssystem durchlässiger geworden und eröffnete dem Einzelnen freien männlichen Bürger viele Möglichkeiten, die ihm vorher verschlossen waren. Solon war somit ein Wegbereiter der Demokratie (»Volksherrschaft«).

Die Tyrannis

Doch all diese Gesetzgebungen verhinderten nicht, dass im 7. und 6. Jahrhundert v. Chr. in vielen hellenischen Poleis die Tyrannis, zumindest zeitweise, Einzug hielt. Die Bedeutung und der genaue Ursprung des wahrscheinlich aus dem Orient stammenden Wortes Tyrannis ist unbekannt. In Griechenland folgte die Tyrannis oft einem einheitlichen Muster: Der Tyrann stammt meist aus der Aristokratie und gelangt als Anführer einer

Nur wenige Reste wie diese dorischen Säulen des um 540 v. Chr. errichteten Apollontempels erzählen von der einst so mächtigen Stadt Korinth.

bedeutenden Volksgruppe ohne Berücksichtigung der Gesetze an die Macht, indem er eine führende Oberschicht absetzt. Der Tyrann macht sich dabei häufig eine gewisse Unzufriedenheit des Volkes zunutze, um den Sturz vorzubereiten. Obwohl der Tyrann das oberste Amt ohne Legitimierung ausübt, toleriert er meist die Volksversammlung und die übrigen bestehenden Ämter, besetzt die wichtigsten Ämter aber oft mit eigenen Anhängern. In vielen Fällen bleibt dieser erste Tyrann einer Polis bis zu seinem Tod beliebt. Sein Nachfolger besitzt den errungenen Bonus seines Vorgängers als Beseitiger von Unzufriedenheit nicht und übt daher immer mehr Willkür zum Erhalt seiner Macht aus, die dann häufig zu seinem Sturz führt. Das erste Auftreten einer Tyrannis ist für Korinth überliefert. Die Stadt in der Nordpeloponnes lag besonders verkehrsgünstig: an der wichtigsten Nord-Süd-Verbindung Griechenlands und am Isthmus von Korinth, der das Ägäische und Ionische Meer trennte. Dank ihres Standortes, der erfolgreichen Gründung wichtiger Handelsposten wie Korkyra (Korfu) und Syrakus sowie aufgrund des regen Schiffsverkehrs wurde Korinth zu einem der wichtigsten Umschlagsorte für Güter aus Ost und West. Zugleich wurden in Korinth vor allem kleine kunstvoll gefertigte schwarzfigurige Tongefäße für wertvolle Öle und Parfüme hergestellt, die im ganzen Mittelmeergebiet erfolgreich vertrieben wurden. Um 660 v. Chr. setzte Kypselos der Herrschaft der Bakchiaden ein Ende, die offensichtlich bis dahin die Macht unter ihren Familienangehörigen verteilt hatten. Einige wurden getötet, andere ins Exil geschickt. Ihr Land und Gut wurde an Anhänger des Kypselos und möglicherweise auch unter der Bevölkerung verteilt. Damit sicherte er sich deren Unterstützung. Etwa dreißigjährig verstarb er und sein Sohn Periander folgte ihm, der das höchste Amt aber nur mit Gewalt und Korruption halten konnte und die von den meisten Tyrannen weiterhin geduldete Volksversammlung verbot. Periander wurde damit zum Sinnbild des üblen Tyrannen. Dennoch blühte unter seiner Regentschaft weiterhin der Handel, u. a. mit den in Korinth hergestellten berühmten Tongefäßen. Auch der von Korinth gegründete wichtige Handelsposten Korkyra wurde zurückgewonnen und unter ihm wie bereits unter seinem Vater wurden weitere wichtige Kolonien gegründet wie Leukas, Anaktorion, Ambrakia, Apollonia und Epidamnos an der adriatischen Südküste und Poteidaia auf der Chalkidike. Des Weiteren ließ Periander wichtige Bauten wie Tempel und ein Brunnenhaus errichten und den *diolkos* anlegen, einen gepflasterten Weg, auf dem die Schiffe über den Isthmus gezogen wurden. Nach Perianders Tod folgte sein Neffe Psammetichos, der aber nach drei Jahren gestürzt wurde.

Die Tyrannis etablierte sich auch in vielen griechischen Kolonien, insbesondere auf Sizilien. Berüchtigt war Phalaris von Akragas (heute Agrigento), der wohl zwischen 570 und 554 v. Chr. regierte. Er war die Verkörperung des schrecklichen Tyrannen. Er beauftragte angeblich den Erzbildner Perilaos, einen monumentalen ehernen Stier zu schaffen, der im Rücken eine Öffnung besaß, durch die der Tyrann Feinde hineinwerfen und dann im Innern des Tierleibes zu Tode schmoren lassen konnte, indem er unter dem Stier Feuer entfachen ließ. Das Todesgeschrei der Opfer soll dann durch die Nüstern des Stieres als Gebrüll zur Freude des Tyrannen hervorgetreten sein.

Der erfolgreichste Tyrann im Westen war Gelon. Unter dem Tyrannen Hippokrates von Gela, der im Laufe seiner Regierungszeit (um 498–491 v. Chr.) mit Ausnahme von Syrakus und Messina ganz Ostsizilien erobert hatte, stieg Gelon zum Befehlshaber der Reiterei auf. Nachdem Hippokrates im Kampf gegen die einheimischen Sikuler gestorben war, riss Gelon die Macht an sich. Als er von Syrakusanern 485 v. Chr. um Hilfe gerufen wurde, eroberte er die Stadt und baute sie zu einem Zentrum griechischer Kultur im Westen aus. Zur Vergrößerung von Syrakus deportierte er einen Großteil der Bewohner von Gela und Kamarina sowie die Oberschicht von Megara Hyblaia nach Syrakus. Etwa 10 000 Söldner, die meist aus Arkadien stammten und auf ihn eingeschworen waren, erhielten zusätzlich das syrakusanische Bürgerrecht. Damit konnte Gelon in der Volksversammlung immer auf die Stimmen seiner Anhänger rechnen und die Volksversammlung ruhig weiter bestehen lassen. Er veranlasste u.a. den Bau des Athena-Tempels und riesiger Hafenanlagen. Eine Kriegsflotte mit ca. 200 Schiffen entstand, die in der Folgezeit eine wichtige Rolle spielen sollte. Der Reichtum, den er Syrakus brachte, drückte sich auch in den geprägten Silbermünzen aus, die in großen Mengen mit hohem Wert ausgegeben wurden. Durch Heirat mit Demarete, der Tochter des Tyrannen Theron von Akragas (heute Agrigento), hatte er die wichtigste andere Polis auf Sizilien als Bündnispartner gewonnen. Gelon von Syrakus und Theron von Akragas gelang es dann auch, die Karthager, die den Westteil Siziliens besaßen, in der Schlacht bei Himera 480 v. Chr. zu besiegen und somit das weitere Vordringen der Karthager auf Sizilien zu stoppen. Für diesen Sieg wurde Gelon von den Griechen auf dem Festland begeistert gefeiert, die ihrerseits zur gleichen Zeit gegen die Perser kämpften. Grund dafür war die Tatsache, dass die Karthager ursprünglich aus Phönizien stammten, das mittlerweile Teil des persischen Reiches war, und dass die Phönizier durch viele Privilegien der persischen Vorherrschaft sehr wohl gesonnen waren. Es gab immer wieder Vermutungen, dass die Karthager den Feldzug auf Sizilien auf Anraten der Phönizier unternommen hatten, um die Streitkräfte des Gelon auf Sizilien zu bündeln und damit zu verhindern, dass Gelon – wie von den Festlandgriechen erhofft – den Spartanern und Athenern im Kampf gegen die Persern beistehen konnte.

Gelons Bruder Hieron übernahm nach dessen Tod im Jahre 478 v. Chr. die Macht in Syrakus und baute dessen Vorrangstellung aus. Er half 477/476 v. Chr. Lokroi Epizephyrioi gegen den Tyrannen Anaxilaos von Rhegion (Reggio di Calabria), 476 v. Chr. Skidros und Laos gegen Kroton (Crotone) und vor allem 474/473 v. Chr. Kyme gegen die Etrusker. In der Seeschlacht bei Kyme rieb er die etruskische Flotte auf und stoppte damit deren Expansionspolitik nach Kampanien. Zum Schutz des Gebietes richtete er auf der Insel Ischia in der Bucht von Neapel eine kleine syrakusanische Kolonie ein. Auf Sizilien gründete er 475 v. Chr. die Stadt Aitna am Fuße des Ätna und setzte dort seinen Sohn als König ein. An seinem Hof weilten viele große Dichter wie Bakchylides, Epicharmos, Simonides, Aischylos und Pindar, wobei Letzterer Hieron in Siegesliedern pries. Als Besitzer erfolgreicher Pferde konnte er mehrere Siege in Pferde- und Wagenrennen für sich verzeichnen, darunter drei Siege in Olympia (476, 472 und 468 v. Chr.). 466 v. Chr. starb Hieron. Sein Bruder Thrasybulos versuchte die Tyrannis zu bekommen, scheiterte aber und wurde vertrieben.

Damit war die Zeit der Tyrannis auch in Syrakus zunächst vorbei, erhielt aber einen Neubeginn durch Dionysios I., der 405 v. Chr. fast in althergebrachter Manier zum Tyrannen aufstieg. Zunächst erwirkte er 406/405 v. Chr., dass die syrakusanischen Strategen aufgrund von Fehlleistungen – nachdem Akragas (heute Agrigento), die zweitwichtigste Stadt Siziliens, vor dem Angriff der Karthager evakuiert und dann durch die Invasoren zerstört worden war – ihre Ämter niederlegen mussten. Eine Neuwahl fand statt, bei der er als einer der Strategen gewählt wurde. Durch einen erfolgreichen Einsatz gegen die Oligarchen der Stadt Gela wurde er im Frühjahr 405 v. Chr. zum alleinigen Strategen auf begrenzte Zeit vom Volk be-

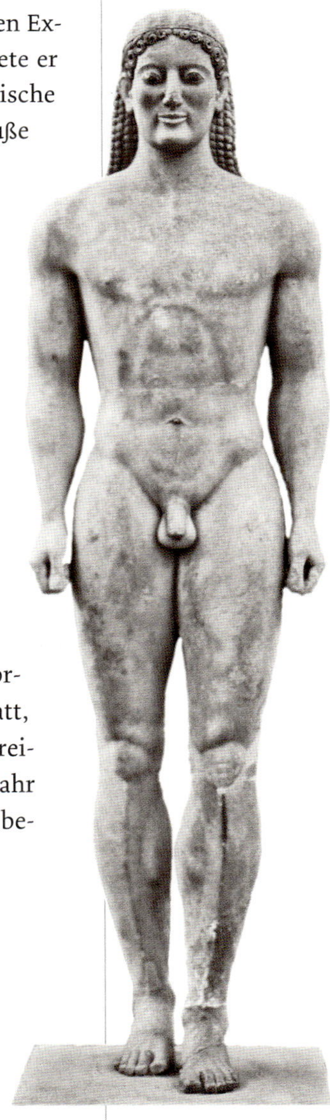

In der Zeit der Tyrannis präsentierten sich adlige Männer athletisch, jugendlich und mit kunstvoller Frisur. Dieser Kuros (»Jüngling«) zierte das Grab eines attischen Aristokraten.

stimmt. Im Sommer täuschte er ein Attentat auf sich vor und erhielt zu seinem Schutz eine Leibgarde genehmigt. Die Belagerung und Einnahme von Gela und Kamarina durch die Karthager konnte er zwar nicht verhindern, weil bei den Karthagern – die mittlerweile vier Fünftel von ganz Sizilien beherrschten und alle wichtigen griechischen Städte auf der Insel zerstört hatten – aber eine Seuche ausbrach, kam es zu einem Friedensvertrag, bei dem Dionysios als Herrscher von Syrakus anerkannt wurde. Um sich vor einem möglichen Aufstand der syrakusanischen Bevölkerung zu schützen, wurde die zur Stadt gehörende und nur wenige Meter vorgelagerte Insel Ortygia mit einer noch stärkeren Befestigung ausgebaut, in der Dionysios und seine Anhänger wohnten. Gleichzeitig befreite er viele Sklaven und machte sie zu Bürgern. Außerdem verteilte er an die Unterschichten viel Land, indem er die Oberschicht teilweise enteignete. Dadurch band er einen größeren Teil der Bevölkerung an sich, musste aber dennoch im monatelangen Kampf die übrigen Kräfte in der Stadt mit Hilfe der Spartaner und von Söldnern aus Kampanien niederringen. Nach Bekämpfung der gegnerischen Bürger hatte er schließlich die Mehrheit der Bevölkerung auf seiner Seite. Dionysios konnte ruhig die Volksversammlung bestehen und seine Anhänger regulär in die wichtigsten Posten wählen lassen. In den kommenden Jahrzehnten führte er mit wechselndem Glück mehrere Kriege gegen die Karthager um die Herrschaft über Sizilien. Seine Expansionspolitik führte ihn aber auch in adriatische Gewässer. Er gründete Ancona und Hadria an der Pomündung sowie mehrere Kolonien auf Inseln Dalmatiens. Damit baute er ganz neue Handelsbeziehungen zu den in der Po-Ebene lebenden Kelten auf, die ihrerseits bis nach Mittelitalien vorstießen (Einnahme von Rom im Jahre 387 v. Chr.).

Nach Dionysios' Tod im Jahre 367 v. Chr. wurde sein ältester gleichnamiger Sohn Tyrann von Syrakus. Seine Verschwendungssucht und sein Hang zum übermäßigen Feiern entfremdeten ihn jedoch der Bevölkerung. Auch der zeitweilig an seinem Hof lebende Philosoph Platon vermochte dagegen nichts zu erreichen. Dionysios II. wurde 357 v. Chr. in Abwesenheit gestürzt, blieb aber Herrscher über Lokroi Epizephyrioi. Von dort aus eroberte er 347 v. Chr. Syrakus nochmals zurück, wurde aber 344 v. Chr. definitiv vertrieben. Er ging nach Korinth, wo er noch einige Jahre als reicher Mann lebte. Die zweite große Ära der Tyrannei in Syrakus war erloschen.

Die beiden Tyrannen wurden später zum Inbegriff jener Tyrannen, die als Preis ihrer Macht immer Angst vor Ermordung haben mussten und keinen wirklich als ihren Freund bezeichnen konnten. So berichtete Plutarch (um 46–120 n. Chr.), dass Dionysios I. sich aus Angst nie die Haare mit

Schermessern schneiden, sondern nur durch glühende Kohlen absengen ließ. Auch mussten selbst sein Bruder und sein Sohn bei einem Besuch komplett die Kleider aus- und neue anziehen, damit gewährleistet war, dass sie keine Waffen bei sich trugen. Wahrscheinlich auf Dionysios I. geht die Anekdote des Hyginus (um 64 v.–17 n. Chr.) zurück, nach der Schiller im Jahre 1798 die berühmte Ballade »Die Bürgschaft« dichtete. Sie erzählt wie Damon die Stadt durch Ermordung des Dionys (wohl Dionysos I.) vom Tyrannen befreien will. Doch wird er ertappt und von Dionysios zum Tode am Kreuz verurteilt. Obwohl Dionysios nicht an wahre Freundschaft glauben kann, erlaubt er Damon, noch vor seiner Hinrichtung seine Schwester in der Fremde zu verheiraten, vorausgesetzt er lässt einen Freund zurück, der bereit ist, an seiner Stelle zu sterben, falls er nicht rechtzeitig zurückkehrt. Ein Freund nimmt also seine Stelle ein und nach vielen unerwarteten Hindernissen kommt Damon tatsächlich zurück. Dionys, überrascht von dieser Freundschaft, möchte in diesem Bund der Dritte sein.

Die Gefahren der Tyrannei erzählt auch die Geschichte des Damoklesschwertes. Der am Hofe des Dionysios (wohl Dionysios II.) lebende Damokles preist das »Glück des Tyrannen« und möchte dieses auch besitzen. Daraufhin lädt ihn Dionysios zu einem prächtigen Mahl ein, lässt aber über die Liege des Damokles ein Schwert hängen, das nur an einem dünnen Faden befestigt ist, der jederzeit zu reißen droht. Damokles durchlebt während des Mahles Todesängste und beneidet von da an Dionysios nicht mehr.

Der wohl bekannteste ostgriechische Tyrann ist Polykrates von Samos, der zwischen 537 und 522 v. Chr. herrschte. Er kam an die Macht, indem er den Bürgern ihre Waffen unter falscher Vorgabe abnahm und dann mit seinen zwei Brüdern und nur 15 Söldnern putschte. Ohne die Unterstützung im Volk hätte er mit einer solch kleinen Truppe jedoch sicherlich keinen Erfolg gehabt. Zunächst teilte er die Macht mit den Brüdern Pantagnotos und Syloson, doch schon kurz darauf tötete er Pantagnotos und vertrieb Syloson und war somit alleiniger Tyrann von Samos. Erfolgreich eroberte er viele Inseln und Städte. Seine Flotte von 140 Kriegsschiffen beherrschte weite Teile der Ägäis und führte zu weiterem Reichtum. Als Freund gewann er den ägyptischen Pharao Amasis. Wie die Tyrannen Korinths zeichnete er sich durch große Bauvorhaben aus: den berühmten Hera-Tempel, den Rhoikos erbaute und der als größter Tempel Griechenlands galt; des Weiteren Paläste, Schiffhäuser, riesige Hafenanlagen mit einem bedeutenden Damm und eine Wasserleitung, die u.a. durch einen noch heute zu besichtigenden beeindruckenden, etwa einen Kilometer langen Tunnel, der von dem Architekten Eupalinos durch den Fels getrieben

SYRAKUS – DIE BLÜHENDSTE GRIECHISCHE STADT IM WESTEN

Das im Südosten von Sizilien gelegene Syrakus wurde bereits 734 v. Chr. von Korinth unter der Führung des Archias gegründet. Es sollte in den nächsten Jahrhunderten die bedeutendste griechische Stadt im Westen sein. Diese besaß über eine halbe Million Einwohner und war damit größer als Athen in seiner höchsten Blüte.

Zunächst siedelten die Griechen auf der Felseninsel Ortygia. Die Insel erhob sich nur wenige Meter vor der sizilischen Küste, besaß eine Süßwasserquelle – Arethusa – und zwei natürliche Häfen. Das Hinterland an der Küste war sehr fruchtbar. Damit hatte der Ort die besten Voraussetzungen für eine griechische Siedlung.

Wahrscheinlich schon im 7. Jahrhundert griff die Stadt aufs Festland über, dessen fruchtbarer Boden Achradine (von *achras,* »Birne«) hieß. Dort sollte auch die Agora (Marktplatz) ihren Platz einnehmen. Später breitete sich der Stadtbereich weit aus. Im 6. und 5. Jahrhundert v. Chr. wurden drei große Tempel aus Stein errichtet. Auf der Insel Ortygia standen der Apollontempel, der angeblich älteste dorische Tempel Siziliens, und der Athenatempel mit einem großen goldenen Schild auf seinem Dach und mit wertvollen Gold- und Elfenbeintüren (der Tempel wurde später in großen Teilen in einen Dom umgewandelt) sowie auf dem Festland ein Zeustempel.

In der ersten Hälfte des 5. Jahrhundert v. Chr. entstand auch ein Theater aus Stein, in dem der in Syrakus am Hofe des Tyrannen Hieron (478–466 v. Chr.) weilende Tragödiendichter Aischylos sein Stück »Die Frauen von Aitna« aufführte, das er im Auftrag des Tyrannen anlässlich der Stadtgründung von Aitna geschrieben hatte. Sicherlich wurden in diesem Theater auch die Komödien des berühmten sizilischen Dichters Epicharmos gezeigt, der ebenfalls in Syrakus lebte. Neben Aischylos waren damals außerdem die berühmten Dichter Pindar, Bakchylides und Simonides zu Gast am Hofe des Tyrannen.

Die Stadtmauern von Syrakus wurden kontinuierlich erweitert und nahmen gigantische Ausmaße an. Auf dem höchsten Punkt der Epilopai-Hochebene ließ Dionysios I. zum Schutz gegen die Karthager zwischen 402 und 397 v. Chr. eine starke Festung (heute Castello Eurialo) anlegen.

Von dem Reichtum der Stadt künden auch ihre Münzen aus Gold und Silber, die zu den prächtigsten Prägungen der ganzen Münzgeschichte gehören. Die Stempelschneider waren so stolz auf ihre Werke, dass sie sogar einen Teil der Münzen signierten.

Unweit des Theaters errichtete der syrakusanische König Hieron II. (269–215 v. Chr.) den größten bekannten Steinaltar der griechischen Welt. Er war fast 200 m lang, 22 m breit und über 16 m hoch und dem Zeus Eleutherios (Zeus »der Frei-

heit«) geweiht. Schon nach der Vertreibung des Tyrannen Thrasybulos im Jahre 466 v. Chr. hatten die Syrakusaner als Dank für die neue Freiheit eine Kolossalstatue des Zeus Eleutherios errichten lassen und jährlich am Tag der Befreiung Wettkämpfe ausgerichtet, bei denen auch 150 Stiere geopfert wurden, die dann bei einem Festmahl für alle Bürger verspeist wurden.
Aus Syrakus stammte und in ihr lebte auch größtenteils der berühmte Mathematiker, Physiker und Mechaniker Archimedes, der die Syrakusaner bei der zweijährigen Verteidigung gegen die Römer während des 2. Punischen Krieges unterstützte, indem er Abwehrmaschinen und Brennspiegel konstruierte. Dennoch wurde Syrakus 212 v. Chr. eingenommen. Die Stadt war fortan eine römische Provinzhauptstadt. Von dem Glanz der einstmals bedeutendsten griechischen Stadt des Westens ist heute kaum mehr etwas sichtbar.

Tempel in Syrakus waren reich ausgestattet: Dieses vielfarbige Tonrelief der Unheil abwehrenden Gorgo Medusa schmückte den Giebel des Athenatempels.

Auf diesem phantasievollen Stich überreicht ein Diener dem Tyrannen Polykrates den aus dem Meer gefischten Ring.

worden war. Dank der Hafenanlagen lockte er viele Handelsschiffe nach Samos, die ihm Zölle einbrachten. Polykrates schien alles zu gelingen. Doch zuviel Glück konnte im Glauben der alten Griechen nur den Neid der Götter hervorrufen und ihren Zorn auf sich ziehen. Das Thema des zu großen Glücks und des unvermeidlichen Falls schildert anekdotenhaft der griechische Historiker Herodot (um 485–425 v. Chr.) in seinem dritten Buch, das Schiller im Jahre 1797 zu seiner berühmten Ballade »Der Ring des Polykrates« inspirierte. Laut Herodot warnte ihn also sein Freund Amasis in einem Brief vor dem Neid der Götter. Er riet ihm, sein ihm teuerstes Gut wegzuwerfen, damit dieser Verlust die Götter wohl stimme. Polykrates befolgte den Rat und warf, nachdem er mit einem Schiff weit hinaus gefahren war, seinen goldenen Siegelring, der mit einem Smaragd von Theodoros kunstvoll geschmückt war, ins Wasser. Fünf oder sechs Tage später fing ein Fischer einen außergewöhnlich prächtigen Fisch und schenkte ihm Polykrates. Doch als man den Fisch öffnete, fand man in ihm den Ring des Polykrates. Daraufhin habe Amasis ihm seine Freundschaft gekündigt, denn zuviel Glück konnte nur allzu großes Unglück bringen. Beide verloren später ihre Reiche an die Perser, wobei Polykrates einen schlimmen Tod erleiden musste. Durch List wurde er von dem persischen Statthalter Oroites im Jahre 522 v. Chr. nach Magnesia am Mäander an der westkleinasiatischen Küste gelockt, gefangen genommen, grausam hingerichtet und ans Kreuz geschlagen. So endete das Glück des Polykrates.

Auch in Athen fand in den 560er Jahren v. Chr. die Tyrannei ihren Eingang. Drei Aristokraten – Megakles, Lykurg und Peisistratos – stritten um die Macht. Aus den Kämpfen ging Peisistratos erfolgreich hervor, nachdem er glaubhaft gemacht hatte, bedroht zu werden und eine Leibwache zu seinem Schutz vom Volk genehmigt bekam, mit deren Hilfe er 561/560 v. Chr. putschte. Doch konnte er sich nur kurz halten und wurde gestürzt. Er spielte nun aber die an die Macht gekommenen Megakles und Lykurg erneut geschickt aus und verbündete sich mit Megakles, indem er vorgab, bereit zu sein, seine Tochter zu heiraten. Beide ersannen eine List, um Lykurg zu stürzen, und Peisistratos wieder in seine vorherige Position zu hieven. Sie nahmen eine außergewöhnlich große und schöne Frau, die sie als die Kriegsgöttin Athena, Schutzherrin von Athen, verkleideten und stellten sie auf einen von Pferden gezogenen Wagen. Von voranschreitenden Herolden begleitet, die kundtaten, dass die Göttin Athena Peisistratos als Ihren Liebling auserkoren hatte, fuhr sie in die Stadt ein und die Athener, geblendet von dem Aufzug, sahen in ihr die Göttin selbst und gehorchten ihrer Weisung. So wurde Peisistratos zum zweiten Mal Tyrann. Doch nachdem er sich weigerte, Megakles' Tochter, die er geehelicht hatte, zu schwängern, verlor er erneut seine Macht, weil Megakles sich daraufhin mit den anderen Aristokraten verbündete. Peisistratos zog nach Nordgriechenland, wo er im thrakischen Pangaiongebirge erfolgreich in Minen nach Gold und Silber schürfen ließ. Dank dieses Vermögens konnte er ein Söldnerheer aufstellen und wichtige Freundschaften zu Mächtigen anderer Stadtstaaten wie Theben, Eretria und Argos aufbauen. Mit deren Hilfe wurde er 546 v. Chr. zum dritten Mal Tyrann von Athen. In dieser Zeit förderte er die Kulte und Bauten Athens wie z. B. die Errichtung des Athena-Tempels auf der Akropolis. Nach seinem Tod im Jahre 526 v. Chr. übernahmen seine Söhne Hipparchos und Hippias die Tyrannis. Doch nachdem Hipparchos von Aristogeiton und Harmodios wegen einer Eifersuchtsgeschichte und

Die »Tyrannenmörder« Harmodios und Aristogeiton standen die ganze Antike hindurch als Mahnmal der Demokratie auf der Athener Agora.

nicht etwa wegen seiner Herrschaft ermordet worden war, legte Hippias ungewöhnliche Härte an den Tag. Er wurde daher 510 v. Chr. mit Hilfe der ins Exil gegangenen einflussreichen Athener Familie der Alkmeoniden, aus der auch Megakles stammte, und den herbeigerufenen Spartanern vertrieben. Hippias ging mit seiner Familie nach Persien ins Exil. Er wurde von dem persischen König Dareios I. als Tyrann von Sigeion eingesetzt – einer athenischen Gründung nahe dem Hellespont (heute Dardanellen) auf kleinasiatischer Seite. Damit war die Tyrannis in Athen vorbei und der Weg zur Demokratie frei.

Schritte zur Demokratie: Die Reformen des Kleisthenes

Nach dem Sturz des Hippias versuchten die unterschiedlichen Kräfte der Aristokratie in Athen sich neu zu behaupten und in Position zu bringen. Doch als Isagoras mit Unterstützung der Spartaner 509/508 v. Chr. gegen den Willen des Kleisthenes, der aus der hoch angesehenen Familie der Alkmeoniden stammte, das Amt des Archon übernahm, verbündete sich Kleisthenes mit dem Volk und versprach weitgehende Reformen, die er in den folgenden zwei Jahren auch durchsetzte. Isagoras wurde zusammen mit der in Athen stationierten spartanischen Garnison vertrieben.

Noch im selben Jahr begann Kleisthenes mit seinen Reformen. Als Erstes gab er den bis zu 139 damals existierenden Gemeinden (Demen, *demoi*) mehr Befugnisse, wobei eine Gemeinde nur wenige, aber auch über 1000 Einwohner haben konnte. Jede Gemeinde (*demos*) erhielt eigene Versammlungen, Kassen, Finanzbeamte, Priester und Kulte und an oberster Spitze einen Vorsteher (*demarchos*), der jährlich gewählt wurde.

508/507 v. Chr. ersetzte Kleisthenes die vier Phylen (»Stämme«) durch zehn. Jede Phyle bestand nun aus drei Bezirken, den *trittyes* (»Drittel«). Jeder der drei Bezirke einer Phyle musste des Weiteren einer anderen der drei Regionen angehören, aus der die Polis bestand: der Stadt Athen mit Umland (*asty*), dem Küstengebiet (*paralia*) und dem Binnenland (*mesogeia*). Die Phylen erhielten auch einen eigenen Kult, der einem attischen Heros (Held) gewidmet war und nach dem die Phyle benannt wurde. Damit sollte eine gemeinsame Identität durch Verehrung eines eigenen Heros geschaffen werden. Diesem Heros huldigte man in rituellen Feiern, die man gemeinsam beging. Die Demen ordnete Kleisthenes den 30 Trittyes der zehn Phylen zu. Dabei wurde berücksichtigt, dass jeder Bezirk so viele Gemeinden erhielt, dass alle in etwa die gleiche Anzahl an Bewohnern besaßen. Jede Phyle lieferte auch das gleiche Kontingent für die Bürgerwehr: pro Phyle 1000 Schwerbewaffnete und eine kleinere Reiterei. Der Militärdienst in der

SKLAVEN UND METÖKEN

Zwei Kriegsgefangene werden von Hopliten (schwerbewaffneten Fußsoldaten) in die Sklaverei geführt.

Eine große Anzahl der freien Bürger (schätzungsweise je nach Situation 20–70 Prozent) waren mit ihren Pflichten in der Polis beschäftigt, sei es in politischen Aktivitäten, im Militär oder Kult. Die notwendige Arbeit für die Polis mussten andere leisten, insbesondere Sklaven und Metöken.

Die Sklaven stellten einen großen Anteil der Bevölkerung dar. Von schätzungsweise 250 000–300 000 Bewohnern Athens waren 80 000–120 000 Sklaven. Auf dem griechischen Festland lebten ca. 2,25 Millionen Menschen, davon 850 000 Sklaven. Sie kamen von überall her und sprachen meist kein Griechisch. Sklave wurde man meist durch Kriegsgefangenschaft, Menschenraub, Aussetzung, Verschuldung oder Geburt. Die Sklaven hatten überhaupt keine Rechte und waren Verfügungsmasse. Bereits ihre häufige Benennung als *andrapodon* (»Menschenfüßiges«) zeigt ihre Nichtigkeit. Man konnte sie jederzeit verkaufen, vererben, verschenken, misshandeln, schikanieren, töten. Da Sklaven einen materiellen Wert darstellten, wurden sie allerdings wohl meistens nicht ganz so schlecht behandelt. Ein Sklave kostete zwischen sechs Monatsgehältern und zwei Jahreseinkommen. Die meisten Sklaven waren zum einen in der Landarbeit tätig, zum anderen in der Stadt meist für häusliche Tätigkeiten als Diener, Koch, Hausmeister und Erzieher von Kindern. Auch die Polis besaß Staatssklaven, die bei öffentlichen Bauarbeiten, als Amtsdiener und Ordnungshüter eingesetzt wurden. In seltenen Fällen erreichte der Sklave als Würdigung seiner Tätigkeiten die Freilassung. Er erhielt dann die rechtliche Stellung eines Metöken.

Die Metöken (»Mitbewohner«) waren fremde Staatsbürger. Sie stellten einen bedeutenden Prozentsatz der Bevölkerung in jeder Polis. In Athen wohnten schätzungsweise 25 000–35 000 Metöken. Sie hatten nur eingeschränkte Rechte und brauchten einen Vollbürger als Bürgen, der sie unter Beifügung seines eigenen Namens in die Liste der betreffenden Gemeinde eintragen ließ. Vom politischen Geschehen waren sie ausgeschlossen. Sie mussten eine gesonderte Steuer zahlen und durften keinen Grundbesitz erwerben, hatten aber in etwa den gleichen Rechtschutz und die Rechtsfähigkeit wie Vollbürger. In Ausnahmefällen dürften sie gleiche steuerliche und militärische Rechte gehabt haben. Sie waren vor allem im Gewerbe, Handel und in der Kunst tätig und konnten dadurch zu großem Reichtum und Ruhm kommen.

gleichen Einheit förderte zusätzlich den Zusammenhalt der Phyle. Gleichzeitig stellte jede Phyle durch Los 50 Ratsherren (*buleutai*) für den neuen »Rat der 500«, die wiederum jährlich ausgelost wurden. Jeder Ratsherr durfte nur zweimal im Leben diese Funktion innehaben und Ratsherr wurde er nicht durch Kandidatur, sondern durch Auslosung. Damit konnte kein Ratsherr zu mächtig und korrupt werden. Die starke Fluktuation an Ratsherren förderte zudem die aktive Integration vieler Bürger in die Politik. Jeder war schließlich potentieller Ratsherr, ein Wir-Gefühl war gegeben. Möglicherweise regierten schon unter Kleisthenes abwechselnd die 50 Ratsherren jeder Phyle ein Zehntel des Jahres, wobei jeden Tag einer der 50 regierenden Ratsherren den Vorsitz hatte. Hiermit war gewährleistet, dass der Rat durch jede Phyle die Meinung aller drei Regionen vertrat und beispielsweise die Städter nicht über die Landbevölkerung dominierten. Die Streuung über die verschiedenen Gebiete sollte auch vermeiden, dass zu starke regionale Interessengemeinschaften gebildet wurden, die zu einer zu starken Verfilzung geführt hätten. Insgesamt erreichte Kleisthenes wohl, dass jeder einzelne Bürger Teil des politischen Geschehens war, auch wenn er beispielsweise in einer entlegeneren Gegend lebte. Die Polis und ihr politisches Wirken waren nun überall gegenwärtig.

Ab 501/500 v. Chr. wurden die Ratsherren zudem vereidigt und jede Phyle stellte an die Spitze ihrer Einheit einen eigenen Strategen (»General«). Das Oberkommando blieb zwar beim Polemarchen, doch die Einführung der zehn Strategen zeigt, dass auch im militärischen Bereich die Phylen mehr Gewicht bekamen und eine zunehmende Demokratisierung an der militärischen Führungsspitze stattfand.

Die vielen Weihegaben – wie die Marmorstatuen von Koren (jungen Frauen) auf der Akropolis – zeugen vom Aufblühen Athens in der 2. Hälfte des 6. Jahrhunderts v. Chr.

Athens Expansion vor den Perserkriegen

Im Jahre 507 v. Chr. schlossen sich Ägina, Boiotien und Chalkis auf Euböa gegen Athen zusammen, um gegen Athen zu operieren. Athen wendete aber alle Angriffe ab und siegte wohl mehrmals. Athen erzielte dadurch sogar territoriale Zugewinne Richtung Boiotien bis an den Fluss Asopos. Im Jahre 506 v. Chr. wurde auch Chalkis besiegt. Daraufhin wurden 4000 mittellose Athener im Gebiet von Chalkis angesiedelt. Im Gegensatz zur Einrichtung einer Kolonie behielten die ausgesandten Athener bei solchen Gründungen jedoch ihre Bürgerschaft. Somit blieben diese Siedlungen im engen Kontakt mit Athen und stellen wichtige Außenposten dar. Sie machten es möglich, sich im Feindesland festzusetzen sowie stabilisierend und dominierend auf das fremde Gebiet im Sinne Athens einzuwirken. Meist hatten die ausgewählten Bürger in Athen keinen eigenen Landbesitz. Daher nennt man solche Siedlungen auch Kleruchien (von *kleros*, »landlos«). Dank dieser Einrichtung musste man für diese Mittellosen nicht mehr in Athen aufkommen und befreite sie von ihrem betrüblichen Schicksal. Etwa zur gleichen Zeit wie in Chalkis installierten die Athener auch Kleruchien auf Salamis, das schließlich ein Teil Athens wurde, und 499 v. Chr. auf den Inseln Imbros und Lemnos. Die Gründungen auf den letzteren beiden Inseln zeigen wohl, dass Athen sich bereits zu dieser Zeit den Seeweg zum Schwarzen Meer durch Niederlassungen sichern wollte, um damit den Zugang zu den Kornkammern der heutigen Ukraine zu erhalten. Insgesamt konnte Athen also in wenigen Jahren mehrere Gebiete hinzugewinnen und befand sich am Vorabend der Perserkriege gewissermaßen im Aufstieg.

Lydien, Persien und Ionien im 6. Jahrhundert v. Chr.

Ab dem Ende des 7. Jahrhunderts v. Chr. erstarkte das in Westkleinasien gelegene Lydien mit der Hauptstadt Sardeis (etwa 70 km östlich von Izmir) durch den König Alyattes (617–560 v. Chr.). Er und sein Nachfolger Krösus (auch Kroisos, 560–546 v. Chr.) eroberten die meisten Städte Ioniens, darunter Magnesia am Mäander, Kolophon, Smyrna (das heutige Izmir), Ephesos und Milet. Erstere wurden zunächst harsch zerstört. Doch dann übten die Lyder eine sehr tolerante Herrschaft aus und erlaubten den Städten ihre althergebrachten Regierungsformen, die häufig Tyranneien waren. Die Städte Ioniens waren durch Kolonisation und Handel sehr reich geworden. Kunst und Kultur blühten auf und wurden auch durch die lydischen Könige gefördert. So finanzierte Krösus beispielsweise weitgehend den Bau des Artemis-Tempels von Ephesos.

Etwa gleichzeitig wie Krösus wurde der Perser Kyros (II. ?) König von Ansan (heute Persa/Fars, Gebiet im Südwestiran). Kurz nach seiner Inthronisation eroberte er das benachbarte Elam mit seiner Hauptstadt Susa und um 550 v. Chr. auch das Königreich der Meder, das sich über Nordmesopotamien und Nordwestpersien bis zum Fluss Halys in Zentralkleinasien spannte. Der Halys war somit der Grenzfluss zum Königreich Lydien. Da Krösus unschlüssig war, wie er auf die neuen Nachbarn reagieren sollte, fragte er im Orakel von Delphi an, das er mit großzügigen Spenden bedachte. Durch die Pythia, die weissagende Priesterin des Apollonheiligtums, wurde ihm geweissagt, dass er, wenn er den Halys überschreite, ein großes Reich zerstöre. Krösus erfasste aber die für das delphische Orakel typische zweischneidige Antwort nicht, legte den Orakelspruch der Priesterin zu seinen Gunsten aus und zog mit seinem Heer über den Fluss. Doch eine erste Schlacht führte zu keiner Entscheidung. Als Krösus im Winter wieder nach Sardeis zurückkehrte, überraschte ihn Kyros mit seinem Heer. Kyros nahm 546 v. Chr. nach zweiwöchiger Belagerung Sardeis ein und Krösus musste erkennen, dass er mit dem Überschreiten des Halys sein eigenes großes Reich zerstört hatte. Er selbst wurde auf dem Scheiterhaufen verbrannt. Mit der Einverleibung Lydiens in das persische Reich waren auch die griechischen Städte an der kleinasiatischen Küste Untertanen der Perser. An ihrem Status, den sie bereits bei den Lydern innehatten, änderten die Perser nichts. Die neuen Herrscher verlangten nur die Anerkennung der persischen Oberhoheit und die üblichen Tributzahlungen, die die Griechen nach einigen Scharmützeln akzeptierten.

Krösus auf dem Scheiterhaufen. Das traurige Schicksal dieses sagenhaft reichen und glücklichen Königs hat die Phantasie der attischen Vasenmaler angeregt.

Schon wenige Jahre später, 539 v. Chr., bemächtigte sich Kyros auch des Neubabylonischen Reiches, das sich von Mesopotamien (dem heutigen Irak) über Syrien und Phönizien (dem heutigen Libanon) bis nach Palästina erstreckte. Danach gliederte er auch weite Gebiete Ostpersiens, Baktriens (das heutige Afghanistan) und des südlichen Mittelasien (Teile von Turkmenistan, Usbekistan und Tadschikistan) in sein Reich ein. Sein Sohn Kambyses II. (530–522 v. Chr.) eroberte Zypern, das teilweise auch von Griechen bewohnt war, und schließlich 525 v. Chr. Ägypten. Auch sein Nachfolger Dareios I. (522–486 v. Chr.) führte die Expansionspolitik fort. Die vor allem von Griechen bewohnte Kyrenaika (Ostlibyen) und die der kleinasiatischen Küste vorgelagerten ägäischen Inseln sowie Thrakien (überwiegend heutiges Bulgarien und südliches Rumänien) und der Osten bis zum Industal wurden Teil des persischen Reiches, Makedonien wurde tributpflichtig. Unter Dareios I. hatte das Persische Reich seine größte Ausdehnung erlangt und war so groß wie noch nie ein Reich zuvor.

Von den Perserkriegen bis zu Philipp II. von Makedonien

Der Ionische Aufstand und der 1. Persische Krieg

Im Jahre 498 v. Chr. brach der Ionische Aufstand gegen die persische Herrschaft aus, der zu den fatalen Kriegen zwischen den Persern und Griechen führte, die der griechische Historiker Herodot (um 485–425 v. Chr.) als »Unglück für Griechen und Barbaren« (Nichtgriechen) bezeichnet. Der Grund für diesen Aufstand und die nachfolgenden Kriege beruhte nach Herodot auf einer kuriosen und nichtigen Geschichte. Nachdem eine persische Flotte auf Anraten von Aristagoras, dem Tyrannen von Milet, im Jahre 499 v. Chr. vergeblich die Insel Naxos belagert hatte, fürchtete Aristagoras persische Repressalien für dieses Scheitern. Histiaios, der ehemalige Tyrann von Milet und Schwiegervater des Aristagoras, der am persischen Hof in

Griechenland und das westliche Kleinasien zur Zeit der Perserkriege.

Susa festgehalten wurde, hörte von diesem Vorfall und witterte für sich eine Chance, durch eine Revolte irgendwie freizukommen. Er wollte Aristagoras zum Aufruhr animieren. Dafür ließ er seinem treuesten Sklaven die Haare scheren und schrieb auf dessen kahlen Kopf die Botschaft zum Aufruhr. Nachdem die Haare des Sklaven wieder gewachsen waren und so die Schrift verdeckt hatten, wurde er nach Milet gesandt mit der Nachricht, die Haare des Sklaven zu schneiden und auf seinem Haupt zu lesen. Aristagoras tat dies, las die Botschaft, fand sie überzeugend, überredete Freunde ihm beizustehen und rief schließlich zum Aufstand gegen die Perser auf. So nahm angeblich das Verheerende seinen Lauf. Dem Aufruf folgten nahezu alle griechischen Städte Kleinasiens, der vorgelagerten Inseln und Zyperns. Athen und Eretria auf Euböa lieferten Kriegsschiffe. Die Griechen zerstörten Sardeis, verloren aber eine erste Schlacht gegen die Perser bei Ephesos. Dann gewannen die Perser mit Hilfe der ihnen untergebenen Phönizier auch Zypern zurück. Im Jahre 494 v. Chr. kam es zur Entscheidungsschlacht bei Lade, einer Milet vorgelagerten Insel. 353 griechische Schiffe mit 70 000 Mann Besatzung standen etwa 600 Schiffen der persisch-phönizischen Flotte gegenüber. Die Perser gewannen, Milet wurde zerstört, ihre Bewohner getötet oder versklavt. Im Jahre 492 v. Chr. zog Mardonios mit großer Streitmacht zu Land und zu See nach Thrakien und Makedonien und nahm die Insel Thasos erstmalig für Persien ein. Doch da zerschellte die persische Flotte durch ein Unwetter am Berg Athos. Möglicherweise verhinderte dieses Debakel, dass bereits Mardonios weiter nach Griechenland vordringen konnte.

Ein Jahr später rief Dareios letztmalig die Griechen auf, ihm Wasser und Erde zu senden, was nach persischer Sitte hieß, die persische Herrschaft anzuerkennen. Die meisten Poleis Nord- und Mittelgriechenlands und aller Inseln folgen. Die Athener und Spartaner mit ihren Bundesgenossen weigerten sich jedoch. Dareios ließ daraufhin aufrüsten und beauftragte Datis und Artaphernes, mit über 20 000 Soldaten auf der Kriegsflotte gegen Griechenland zu ziehen. Sie landeten 490 v. Chr. auf der Insel Euböa und belagerten und zerstörten die Stadt Eretria, die die Ionier bei ihrem Aufstand mit fünf Kriegsschiffen unterstützt hatte. Die Überlebenden wurden versklavt. Darauf wandten sich die Perser noch im selben Jahr gegen die Athener, die neben Eretria als einzige Festlandgriechen die Ionier mit 20 Kriegsschiffen unterstützt hatten. Die Perser landeten in Marathon, mit von der Partie war der fast 80-jährige Hippias, der ehemalige Tyrann von Athen, der nach seiner Vertreibung von den Persern als Tyrann in Sigieon am Hellespont (heute Dardanellen) eingesetzt worden war. Die Frage ist, ob er bei einem persischen Sieg nochmals Tyrann von Athen werden oder die Bewohner von Marathon, wo Hippias früher die meisten seiner Anhänger zählte, für die Perser werben sollte. Die zahlenmäßig weit unterlegenen Athener, die zu Hilfe gekommenen Plataier (aus Plataiai in SüdBoiotien) und einmalig auch bewaffnete Sklaven verbarrikadierten sich auf Anraten von Miltiades – einem der zehn Strategen (Generäle) – im Süden, um so den Persern den Zugang nach Athen abzuschneiden. Gleichzeitig baten die Athener die Spartaner um Hilfe. Doch diese wollten aus religiösen Gründen erst aufbrechen, wenn der Vollmond erschien, wodurch sie zu spät gekommen wären. Die Athener, Plataier und Sklaven waren also auf sich allein gestellt. An dem Tag, an dem Miltiades den Oberbefehl hatte, ließ er erstmalig gegen jede Vernunft die Soldaten ohne eigene Reiterei und Bogenschützen im Laufschritt die Hügel hinunterlaufen. Sie unterliefen dabei den persischen Pfeilhagel. Dieser Wagemut schien die Perser an den Flügeln zu irritieren, sie brachen zwar in der Mitte durch, doch an den Flügeln waren die Griechen erfolgreich und stabilisierten dann auch schnell die Mitte. Schließlich drängten sie mit vereinter Kraft die Perser auf die Schiffe zurück. Die Griechen hatten zum ersten Male ein großes persisches Heer in einer Schlacht besiegt. Auf dem Schlachtfeld verblieben etwa 6400 gefallene Perser, weniger Plataier und Sklaven und 192 Athener, darunter auch Kallimachos, der oberste Feldherr, der Polemarch der Athener. Sie wurden ehrenvoll in einem Grab bestattet, über dem ein noch heute zu besichtigender großer Hügel aufgeschüttet wurde. Damals war der über neun

In Marathon erinnert noch heute der Grabhügel für die gefallenen Athener an die erste große erfolgreiche Schlacht gegen die Perser im Jahre 490 v. Chr.

Meter hohe Grabhügel noch mit Stelen geschmückt, auf denen jeder einzelne Verstorbene aufgelistet war und zwar nach den Phylen geordnet. Daneben gab es noch Grabhügel für die gefallenen Plataier und Sklaven.

Erst später – durch Herakleides Pontikos (4. Jahrhundert v. Chr.) – wird berichtet, dass von Marathon der Läufer Pheidippides in das 42 km entfernte Athen lief, um die freudige Botschaft zu verkünden und dort mit den Worten »Freut Euch, wir haben gesiegt« tot zusammengebrochen sei. Diese Geschichte nahm man zum Anlass, bei den ersten Olympischen Spielen der Neuzeit in Athen 1896 den Marathonlauf einzuführen, der heute den letzten sportlichen Höhepunkt jeder Olympiade darstellt. Herakleides verwechselte die Geschichte aber wohl mit der Schilderung des nach Sparta laufenden Pheidippides, der dort hineilte, um die Hilfe der Spartaner zu erbeten, die uns von Herodot (um 485–425 v. Chr.) überliefert ist. Allerdings ist es auch kaum glaubhaft, dass Pheidippides das etwa 240 km entfernte Sparta angeblich in zwei Tagen erreicht haben soll.

Der Sieg bei Marathon sollte den Athenern großen Auftrieb geben und in ganz Hellas allerhöchstes Ansehen verschaffen. Fast allein besiegten sie ein übermächtiges Heer des persischen Weltreichs, David hatte über Goliath gesiegt. Dabei gewesen zu sein, galt als das allerhöchste Glück für einen Athener. Am besten mag dies die Grabinschrift von Aischylos (525/524–456 v. Chr.) unterstreichen, dem ersten berühmten Tragödiendichter. Nicht seine erfolgreichen Stücke oder seine Profession oder seine Teilnahme an den Seeschlachten vom Kap Artemision und Salamis wollte er auf seinem Grabstein verewigt sehen, sondern lediglich seine Tapferkeit in der Schlacht bei Marathon. Miltiades ließ sich später nicht in Athen, sondern in Marathon bestatten, dem Ort seines größten Erfolges. Noch hunderte Jahre später pilgerten Griechen und Römer zu dieser Stätte, die selbstverständlich auch in den Reisebeschreibungen des im 2. Jahrhunderts n. Chr. lebenden Pausanias vermerkt ist.

Weitere Schritte zur Demokratie

Mit dem Sieg von Marathon hatte sich die neue Verfassung bewährt und bedeutete damit auch einen Sieg der Reformen des Kleisthenes, die nun weiter verwirklicht bzw. ausgebaut wurden. Erstmalig führte man 487/486 v. Chr. einen Ostrakismos (»Scherbengericht«) durch, benannt nach *ostraka* (»Tonscherben«). Dabei wurde der Bevölkerung die Möglichkeit gegebenen, auf einen Scherben den Namen der Person zu schreiben, die sie für zehn Jahre aus Athen bei Beibehaltung ihres Vermögens und ihrer Staatsbürgerschaft verbannt sehen wollte. Um einen Ostrakismos zu veranstalten, wurde das Volk bei einer Versammlung befragt, ob es ein solches Gericht haben wollte. War die Antwort ja, fand dieses etwas später statt. War der Name derselben Person auf mindestens 6000 Scherben eingeritzt, wurde sie verbannt. Auf diese Weise wurden zwischen 487 und 483 v. Chr. mindestens fünf Personen ins Exil geschickt. Es waren durchweg Familienangehörige der zwei wichtigsten Adelshäuser, der Alkmeoniden und Peisistratiden, oder Männer, die man als Freunde der Perser ansah. Der Ostrakismos stürzte also vor allem Aristokraten und zeugt von einem weiteren Schritt zur Volksherrschaft.

Drei Beispiele aus tausenden von Scherben: Sie nennen Aristeides, Sohn des Lysimachos, Kimon, Sohn des Miltiades, und Themistokles, Sohn des Neokles.

Des Weiteren wurden die neun Archonten, also die obersten Beamten Athens, nicht mehr gewählt, sondern ausgelost. Da die Archonten später auch Mitglieder des Areopags, des für die Gerichtsbarkeit zuständigen Rats wurden, war auch dieses Instrumentarium demokratisiert worden. Ab diesem Zeitpunkt verlor die einzelne Persönlichkeit sehr an politischer Bedeutung. Die obersten Posten im Staate wurden nicht mehr aufgrund des Ansehens einer Person vergeben. Auch wurde beim Militär der Polemarch, der oberste Feldherr, abgeschafft. Somit blieben nur noch die zehn Strategen, die vom Volk gewählt wurden. Diese Posten waren fortan die einzigen, die man durch den Ruf seiner Person erreichen konnte.

Der große (2.) Persische Krieg

Nachdem Dareios I. 486 v. Chr. gestorben war und sein Sohn Xerxes I. seine Position als persischer Großkönig etabliert hatte, ließ er ab 484 v. Chr. große Anstrengungen unternehmen, um eine Strafexpedition gegen die Griechen vorzubereiten, die sich ihm nicht unterwerfen wollten. Er ließ quer über die Athoshalbinsel einen Kanal anlegen, damit die Flotte nicht – wie vorher geschehen – an den Felsen von Athos bei Unwetter Schiffbruch erleiden konnten. Der Bau des Kanals dauerte allein drei Jahre. Auch ließ Xerxes I. für das Landheer eine Brücke über den Fluss Strymon und eine

Im Laureion-Gebirge in Südostattika entdeckte man schon im 6. Jahrhundert v. Chr. **Silber**, doch baute man diesen in Mienen erst ab 483 v. Chr. systematisch ab. In dem ca. 80 Quadratkilometer umfassenden Gebiet sind bislang 2000 antike Schächte gefunden worden. Die Bergwerke gehörten Athen, die Pächter besaßen bis zu 1000 Sklaven, die mit der Gewinnung und Verarbeitung des Silbers beschäftigt waren. Die zwischen 1,3 und 2,5 m engen Stollen konnten nur von einer Person in den Berg getrieben werden. Wahrscheinlich verschliss man in diesen Schächten vor allem kleingestaltige Männer und Kinder. Die Arbeits- und Lebensbedingungen waren so schwer, dass die meisten Sklaven nicht lange lebten. Athen verdankte der Gewinnung von Silber einen großen Teil seines Reichtums.

doppelte Brücke, die aus 360 respektive 314 Schiffen bestand, über den Hellespont (heute Dardanellen) errichten. In regelmäßigen Abständen wurden in Nordgriechenland Vorratskammern zur Versorgung des Heeres angelegt.

Die Athener waren zu dieser Zeit wieder in die üblichen kleinen Grenzkriege verwickelt, die bei den Griechen fast zum Alltag gehörten. Die kriegsartigen Scharmützel und kleineren Kriege zwischen griechischen Poleis sind so zahlreich, dass sie allein lange Listen füllen würden.

Der Zufall wollte es, dass man gerade 483 v. Chr. die großen Silbervorkommen im Laureion-Gebirge entdeckte. Themistokles gelang es, die Athener zu überzeugen, diese Schätze nicht unter der Bevölkerung auszuschütten, sondern daraus eine Kriegsflotte aufzubauen, die er angeblich gegen Ägina einsetzen wollte. In den nächsten drei Jahren wurden so zweihundert Schiffe hergestellt, weitaus mehr, als andere Poleis im mutterländischen Griechenland besaßen. Um die Schiffe besetzten zu können, mussten viele zusätzliche Bürger rekrutiert werden. Da die Bürger der oberen Schichten für das Landheer vorgesehen waren, die für den Kampf ihre Bewaffnung auch aus eigener Tasche bezahlen konnten, stammte das Gros der Matrosen aus Bürgern der untersten Schicht. Jedes Schiff benötigte allein 170 Ruderer und mindestens zehn weitere Männer. Folglich entstand eine zusätzliche große Bürgerwehr für die Flotte, die vor allem aus der untersten Schicht bestand. Da das Heer aber wichtiger Bestandteil der Polis war und als solcher auch verstanden wurde, war dies eine große Chance für Angehörige der Unterschicht, ihr im Heer erlangtes Ansehen später auch in der Politik einzusetzen. Es ist unklar, ob Themistokles sich bewusst war, dass der Entschluss zum Bau einer Flotte auch zur weiteren Demokratisierung beitragen konnte, was sie in diesem Fall tatsächlich tat.

Im Jahre 481 v. Chr. rief nun Xerxes I. die Griechen – mit Ausnahme von Sparta und Athen – wiederum auf, Wasser und Erde als Zeichen ihrer Unterwerfung zu senden. Die meisten Poleis Mittel- und Nordgriechenlands sowie der Inseln folgten erneut. Allerdings bewegten die Athener und Spartaner etwa 30 Poleis dazu, sich zu widersetzen. Nach griechischen

Autoren besaß das persische Heer angeblich 1700000 bis 3000000 Soldaten mit 1207 Kriegsschiffen. Diese Zahl ist natürlich stark übertrieben. Man geht von 100000 bis 200000 Soldaten und 600 Schiffen aus. Doch auch dieser Zahl waren die wenigen kampfbereiten Poleis weit unterlegen. Dennoch einigten sie sich in zwei Zusammenkünften zu einem gemeinsamen Vorgehen. Beim ersten Treffen im Jahre 481 v. Chr. vereinbarte man, den Oberbefehl den Spartanern zu geben, die üblichen Kämpfe untereinander auszusetzen und um weitere Hilfe zu werben. Beim zweiten Treffen im Jahre 480 v. Chr. wurde beschlossen, um die Perser aufzuhalten zwei Verteidigungslinien aufzubauen, wobei jeweils eine zu Land und die andere zur See war. Die geplanten Linien waren an den Thermopylen in Thessalien und am Kap Artemision an der Nordspitze der Insel Euböa und bei Misserfolg am Isthmos und bei Salamis geplant. Da dieser Krieg zu den einschneidendsten Momenten im antiken Griechenland und womöglich der ganzen Weltgeschichte zählt, soll dieser auf den nächsten Seiten ausführlicher vorgestellt werden.

480 v. Chr. überquerte Xerxes I. mit seinem Heer die zwei Brücken über den Hellespont (heute Dardanellen). Der Krieg nahm seinen Anfang. Ungehindert erreichte im August das wohl 200000 Mann starke persische Landheer die Thermopylen, bei denen sich die Griechen verschanzt hatten. Es war der einzige Verbindungsweg zu Mittelgriechenland und wurde nach den heißen Quellen, die sich dort befanden, Thermopylen (»warme Tore«) genannt. An dieser strategisch wichtigen Passstelle verengte sich das Tal und entzerrte das Heer, so dass die zahlenmäßig weitaus unterlegenen Griechen die Perser in kleineren Kontingenten bekämpfen konnten. Auf griechischer Seite waren es

Die meisten Kriege der Antike mussten zu Land und zu Wasser geführt und gewonnen werden.

wahrscheinlich ca. 7000 Soldaten, davon 300 von Sparta, 500 von Tegea, 500 von Mantineia, 120 von Orchomenos aus Arkadien, 1000 weitere aus Arkadien, 400 von Korinth, 200 von Phlius, 80 von Mykene, 700 von Thespiai und 400 von Theben in Boiotien, 1000 Phoker und der Rest wohl Heloten. Der Oberbefehl lag bei dem spartanischen König Leonidas. Zwei Tage hatten die Perser vergeblich den Pass angestürmt. Am dritten Tag verriet den Persern angeblich Ephialtes von Malis, wie sie den Pass durch einen vorhandenen Fußpfad umgehen konnten. Er wurde zwar von den 1000 Phokern verteidigt, doch wurden sie schnell durch die persische Übermacht überrannt. Damit drohte den Griechen, die die Thermopylen hielten, baldige Einkesselung. Wegen dieser aussichtslosen Lage erlaubte Leonidas den Griechen mit Ausnahme seiner Spartaner, Heloten und den Thebanern zu gehen. Da die Spartaner vorher festgelegt hatten, die Thermopylen zu halten, wollte Leonidas mit den Seinigen nicht weichen und lieber sterben. Bei ihm blieben noch freiwillig die Thespier. Nach erbittertem Widerstand lagen nach einem Tag die Spartaner mit ihrem König Leonidas und die Thespier tot auf dem Schlachtfeld. Die Thebaner konnten noch überlaufen. Insgesamt fielen ca. 20 000 Perser und 4000 Griechen an den Thermopylen. Über die Zahl der verstorbenen Griechen berichtet eine später dort angebrachte Inschrift, die uns Herodot (um 485–425 v. Chr.) überliefert: Hier zu Stelle bekämpften dreihundert (Spartaner) Zehntausende (Perser) einstmals, aus der Peloponnes Männer der Tausende vier. Die Aufopferung der Spartaner unter Leonidas trug fortan zum ewigen Ruhm der Spartaner bei. Der Lyriker Simonides (um 556–468 v. Chr.) verfasste darauf das berühmte Lied: »Wanderer, kommst du nach Sparta, verkünde dorten, du habest uns hier liegen gesehen, wie das Gesetz es befahl«, das 1795 auch Schiller in seine Elegie »Der Spaziergang« aufnahm. Auch wenn Xerxes I. diese Tat angeblich unsinnig erschien, hatte Leonidas durch den Heldentod den übrigen Griechen wohl den Mut zum Widerstand gegeben, der psychologisch sehr wichtig für den Fortgang des Krieges sein sollte.

Etwa gleichzeitig kam es zur Seeschlacht am Kap Artemision. Hier standen zunächst 271 Dreiruderer und 9 Fünfzigruderer der Griechen 600 persischen Schiffen gegenüber. Zahlenmäßig stellten die Athenern mit 127 Dreiruderern die meisten Schiffe, doch beteiligten sich zwölf weitere Poleis in der Anzahl nach ihrer Bedeutung als Schifffahrtsnation (40 von Korinth, 20 von Megara, 20 von Chalkis, 18 von Ägina, 12 von Sikyon, 10 von Sparta, 8 von Epidauros, 7 von Eretria, 5 von Troizen, 2 von Styra auf Euboia, 4 von Keos [davon 2 Fünfzigruderer] und 7 Fünfzigruderer der opuntischen Lokrer). Den Oberbefehl hatte der Spartaner Eurybiades, weil

Eine eindringliche, wenn auch phantasievolle Darstellung des Kampfes von Griechen und Persern an den Thermopylen aus dem 19. Jahrhundert.

die Verbündeten nicht unter attischer Flagge kämpfen wollten. Die Perser ließen 200 Schiffe um die nahe gelegene Insel Skiathos fahren, um die Griechen im Rücken anzugreifen. Durch ein Unwetter gingen diese Schiffe unter. Im Laufe des dreitägigen Kampfes stießen weitere 53 Schiffe der Athener dazu, so dass die Griechen zwar immer noch etwas weniger Schiffe besaßen, aber die Differenz nur noch sehr gering war, zumal die Griechen bereits etwas mehr Schiffe zerstört hatten, als die Perser. Als die Griechen aber von der Niederlage an den Thermopylen erfuhren, entschieden sie sich zurückzuziehen, um Gewässer anzusteuern, in denen sie ihre Schiffe besser einsetzen konnten. Es hatte sich nämlich gezeigt, dass am Kap Artemision die See zu offen war, um die feindlichen Schiffe auszumanövrieren.

Herodot, der »Vater der Geschichtsschreibung«, berichtete ausführlich über die Perserkriege und schilderte auch Sitten und Gebräuche vieler Völker der antiken Welt.

Damit gab man Mittelgriechenland und Attika den Persern preis. Man hatte aber das feindliche Heer immerhin so lange aufhalten können, um die Bewohner vieler Städte zu evakuieren. Die Athener wurden nach Ägina, Salamis und Troizen gebracht.

Die griechische Flotte versammelte sich im September bei Salamis. Da einige Staaten mehr Schiffe stellten und noch mehr Poleis mit Schiffen hinzustießen, war die Flotte angewachsen. Die Griechen besaßen schließlich 380 Trieren und noch einige Fünfzigruderer, ob die persische Flotte wirklich sehr viel mehr Schiffe als die Griechen hatte, bleibt zweifelhaft, auch wenn dies immer wieder zu lesen ist. Dennoch konnte Themistokles nach langem Zureden Eurybiades überreden, die Schlacht bei Salamis zu suchen. Durch eine List gelang es Themistokles auch, die Perser zur Schlacht zu bewegen. Er sandte nämlich den Persern einen Boten, der verkünden ließ, dass die Griechen abziehen würden. Die Perser sahen darin die Chance die Griechen aufzureiben und fuhren in die Meerenge zwischen Salamis und Attika. Dort waren sie nicht manövrierfähig und die wendigeren kleineren Schiffe der Griechen konnten einen großen Teil der persischen Flotte vernichten. Xerxes I. musste das Fiasko – auf einem Thron sitzend – vom Festland aus mit ansehen. Einem kleineren Rest der feindlichen Flotte, die Xerxes I. noch aufnahm, gelang es, bis vor die kleinasiatische Küste zu fliehen, weil gegen den Willen des Themistokles die griechische Flotte die Perser nicht verfolgte. Auch wenn Eurybiades der Oberbefehlshaber der Flotte war, wurde Themistokles der Sieg zugesprochen. Das persische Landheer unter dem Oberbefehl des Mardonios war nun auf sich allein gestellt und überwinterte in Thessalien.

479 v. Chr. kehrte das persische Landheer zurück, besetzte nochmals Athen und zerstörte es komplett. Schließlich stießen das persische und das griechische Heer im September bei Plataiai südlich von Theben in Boiotien aufeinander. Ca. 40 000 Griechen unter dem Oberbefehl des Spartaners Pausanias standen 50 000–60 000 Perser gegenüber. Zunächst wankten die griechischen Reihen nach einem Pfeilbeschluss. Mardonios ließ ohne Reiterei sofort nachsetzen, stürzte dabei aber selbst vom Pferd und starb. Den Griechen gelang es dadurch schließlich, das nun führungslos gewordene persische Heer größtenteils zu vernichten oder gefangen zu nehmen. Die Griechen hatten ihrerseits nur wenige Tote zu beklagen.

Etwa zur gleichen Zeit zerstörte die griechische Flotte unter dem Oberbefehl des spartanischen Königs Lotychides II. und des athenischen Strategen Xanthippos vor der kleinasiatischen Küste bei Mykale den Rest der persischen Flotte. Damit konnten sich auch viele griechische Städte der Ägäis und an der westlichen kleinasiatischen Küste von den Persern lösen.

Die Athener bauten ihre Stadt wieder auf. Themistokles ließ 479/478 v. Chr. gegen den Willen der Spartaner eine doppelte Stadtmauer (die sogenannte Themistokleische Stadtmauer) errichten, die auch den Hafen von Piräus einschloss. Damit war Athen noch besser gesichert als vorher. Und sie würde die Stadtmauer noch brauchen.

Die persischen Kriege hatten die griechischen Städte fast an den Rand ihrer Existenz gebracht. Dank der glorreichen Siege bei Salamis, Plataiai und Mykale wurde das persische Heer aber fast komplett aufgerieben. Erstmalig hatten damit mehrere griechische Poleis erfolgreich zu einem Bündnis gegen äußere Feinde zusammengefunden. Als Hellenenbund konnten sie das persische Weltreich in die Knie zwingen. Man könnte annehmen, dass zumindest für einen Teil der Griechen kurzzeitig ein Gemeinschaftsgefühl existierte. In Wirklichkeit war es aber vor allem eine Zweckgemeinschaft, die gegen einen gemeinsamen Feind kämpfte.

Der delisch-attische Seebund

Zwei griechische Großmächte haben sich bei den Perserkriegen herausgebildet: Sparta und Athen. Schon kurz danach entzweiten sich die beiden, als es um das weitere Vorgehen gegen die Perser ging. Athen wollte den Krieg gegen Persien fortsetzen, die Spartaner nicht. Mehrere Gründe bewegten die Spartaner zu ihrer Haltung. Pausanias, der spartanische Führer des hellenischen Heeres, hatte gerade Byzantion (heute Istanbul) eingenommen und war wie ein Herrscher aufgetreten. Auch andere Zeichen deuteten in diese Richtung. Die Spartaner fürchteten, dass Pausanias sich immer mehr zum Despoten entwickeln und sich womöglich sogar mit den Persern verbünden könnte. Allein daher war es den Spartanern schon Recht, wenn ein neuer Oberbefehlshaber, diesmal ein Athener, gewählt wurde, damit Pausanias zurücktreten musste. Des Weiteren scheinen sich aber auch zu große Probleme für die Spartaner auf der Peloponnes ergeben zu haben. Anscheinend drohte sich der Peloponnesische Bund, der unter der Führung Spartas stand, aufzulösen. Zudem bildeten sich starke Kräfte auf der Nordpeloponnes heraus, insbesondere in Arkadien durch eine intensive Urbanisierung und in Elis durch Zusammenführung verschiedener Gemeinschaften, die schließlich 471/470 v. Chr. zur Gründung der Polis Elis führte. In Arkadien bildete sich beispielsweise zwischen 464 und 459 v. Chr. durch die Zusammenführung umliegender kleinerer Ortschaften (Synoikismos, »Zusammensiedelung«, »Zusammenführung von Hausgemeinschaften«) die neue Stadt Mantineia heraus, die zukünftig immer wieder ein Ärgernis für Sparta sein sollte. Neben diesen neuen Mächten der Nordpeloponnes hätte die Weiterverfolgung der Kämpfe im Osten für die Spartaner auch bedeutet, eine eigene große Flotte aufstellen zu müssen. Kriegsschiffe waren aber in Bau und Aufrecherhaltung sehr teuer und in den Augen der Spartaner für sie ungeeignet. Schließlich lag ihr Interesse auf einem Landheer, bei dem sich jeder Spartaner – wie von alters her gewohnt – mit seiner eigenen Ausrüstung einbringen konnte. Eine Flotte hätte hingegen eine gemeinsame Kriegskasse erfordert und die Position der einzelnen Krieger weitgehend unbeachtet gelassen.

Die Athener sahen hierin gerade ihre Chance, sich als gesamte Bürgerschaft gegenüber einer Oberschicht zu behaupten. Zudem hatte Themistokles bereits eine riesige Flotte angelegt. So war es nur folgerichtig, dass die Inselstaaten Chios und Samos dazu aufforderten, den Oberbefehl der Flotte den Athenern zu übergeben. Bei einer Zusammenkunft auf Delos wurde im Winter 478/477 v. Chr. das Kommando dem Athener Kimon, Sohn des Marathonsiegers Miltiades, übertragen, der in den 470er und 460er Jahren v. Chr. dank seines Wirkens den höchsten Einfluss in Athen haben sollte. Diese Zeitspanne wird deswegen auch häufig »Kimonische Ära« genannt. Themistokles hingegen wurde stetig unbeliebter und Ende der 470er Jahre durch das Scherbengericht verbannt. Er konnte sich nach Magnesia am Mäander in Kleinasien durchschlagen und wurde durch den persischen Großkönig Xerxes I. dort bis zu seinem Tod um 459 v. Chr. zum Regenten mit eigener Münzprägung eingesetzt.

Um die von den Persern unterjochten griechischen Städte der Ägäis, Kleinasiens und Zyperns zu befreien, schloss Athen mit den einzelnen

Stadtstaaten Verträge, die die Vertragspartner untereinander zu gegenseitiger Hilfe und Anerkennung der gleichen Freunde verpflichtete. Im Apollon-Heiligtum von Delos installierte man die Bundeskasse, in die man jährlich einzahlte. Dem Apollon, der der Sage zufolge zusammen mit seiner Zwillingsschwester Artemis auf dieser Insel geboren wurde, galt der wichtigste gemeinsame Kult der Poleis der Ägäis und Ioniens. Apollon war damit der göttliche Garant und die Identifikationsfigur für den Bund. Der Athener Aristeides wurde mit weiteren neun Athenern zum Verwalter der Bundeskasse bestimmt. Des Weiteren richtete man einen gemeinsamen Rat mit Abgesandten aller Bündnisstaaten im Apollon-Heiligtum von Delos ein. Der sogenannte delisch-attische Seebund war gegründet.

Kimon ging ans Werk. Er führte den Kampf gegen die Perser, aber auch gegen abtrünnige Städte des neuen Bundes. Im Jahre 476 v. Chr. fiel nach erbittertem Widerstand des persischen Kommandanten Boges die Stadt Eion (heute Kavala), der letzte persische Stützpunkt in Thrakien. Vorher beging Boges mit seiner ganzen Familie Selbstmord. Eion wurde eine Athener Bürgerkolonie (Kleruchie). Um 468 v. Chr. vernichtete Kimon ein letztes großes persisches Land- und Seeheer am Eurymedon in Pamphylien (Südtürkei). Bis 463 v. Chr. wurden die Perser von allen ägäischen Inseln vertrieben. Etwa gleichzeitig nahm Kimon Naxos (um 470 v. Chr.) und Thasos (463 v. Chr.) ein, die sich vom Bund lösen wollten. Sie mussten ihre Stadtmauern schleifen und hohe Geldstrafen zahlen. 457 v. Chr. trat auch Ägina nach heftigen Kämpfen (ab 459 v. Chr.) dem Bund bei. Schon 459 v. Chr. entsandten die Athener zudem einen großen Teil der Flotte, ca. 200 Schiffe, nach Ägypten, um dort einen Aufstand gegen Persien zu unterstützen. Doch im Jahre 454 v. Chr. ging diese Flotte komplett verloren.

In der Blütezeit Athens überschwemmten ihre Silbermünzen den Markt. Die Vorderseiten zeigen die Schutzgöttin Athena, die Rückseiten ihr Begleittier, die Eule.

Athens Vormacht

Doch selbst die Vernichtung ihrer Flotte in Ägypten wussten die Athener politisch zu ihren Gunsten zu nutzen. Sie flößten den Bundesgenossen eine solche Furcht vor einem möglichen persischen Gegenangriff ein, dass die Bundeskasse von Delos nach Athen in das Athena-Heiligtum verlegt wurde. Damit wurde das Geld der Stadtgöttin Athens anvertraut. Auch feierte man fortan gemeinsam mit den Verbündeten die alle vier Jahre in Athen zu Ehren der Göttin Athena stattfindenden panathenäischen Feste, bei denen jeder Bündnispartner der Göttin ein Rind und eine Hopliten(Schwerbewaffneten-)rüstung weihte. Somit wurden die Bundesgenossen der Kultgemeinschaft Athens unterworfen – ein System, das wir schon bei der Reform des Kleisthenes kennengelernt haben, als er die Polis in zehn Phylen ein-

Die monumentale, über 9 m hohe Goldelfenbeinstatue der Athena des berühmten Bildhauers Pheidias stand im Parthenon auf der Athener Akropolis.

teilte. Im griechischen Denken hieß dieser sakrale Wandel von Apollon, dem Schutzgott der Ägäis und Ioniens, zu Athena, der Stadtgöttin Athens, dass die Athener jetzt uneingeschränkt den Führungsanspruch über den Bund beanspruchten. Die Zahlungen der Bündnispartner wurden immer mehr zu Tributzahlungen Untergebener. Der Seebundesrat auf Delos wurde folglich auch aufgelöst und die Athener Volksversammlung entschied zukünftig über die Zahlungen der Mitglieder und über die weitere Politik. Allmählich wurde auch die Gerichtsbarkeit des Bundes auf Athen übertragen. Schlussendlich wurde das ganze Territorium des Seebundes zur besseren Verwaltung in Bezirke aufgeteilt und die Städte mussten das eigene Recht auf Münzprägung an Athen abgeben. 449/448 v. Chr. schloss man mit Persien Frieden, den sogenannten Kalliasfrieden, benannt nach dem Athener Vermittler Kallias. Der Vertrag garantierte die Freiheit der griechischen Städte Kleinasiens, auch durfte kein persisches Kriegsschiff die westkleinasiatische Küste ansteuern. Im Gegenzug stellten die Athener den Vormarsch in persische Gebiete ein.

Doch schon vor 454 v. Chr. benutzte Athen die militärische Führung des delisch-attischen Seebundes für eigene Interessen. So richtete man nach der Einnahme der Stadt Eion in Thrakien im Jahre 476 v. Chr. eine Bürgerkolonie (Kleruchie) ein und eroberte von Eion aus weitere Gebiete gegenüber der Insel Thasos. Da Thasos um den Besitz seiner dort befindlichen Silberminen im Pangaiongebirge bangte, trat Thasos 465 v. Chr. aus dem delisch-attischen Seebund aus und wurde 463 v. Chr. von Athen eingenommen. Thasos musste seine festländischen Besitzungen abgeben, die Stadtmauer schleifen und hohe Tributzahlungen entrichten. Weiterhin eroberte Athen bereits 475 v. Chr. die östlich von Euböa gelegene Insel Skyros und gründete eine Kleruchie. Im selben Jahr zwang Athen die Stadt Karystos auf Südeuböa zum Eintritt in den Seebund. Damit sicherte Athen endgültig den Seeweg bis zum Schwarzen Meer mit den vorher etablierten Kleruchien in Chalkis und auf den Inseln Imbros und Lemnos. Der Zugang zum Schwarzen Meer und insbesondere zur Krim wurde für Athen ständig wichtiger, weil schon damals die von Skythen bewohnte Region (heute Ukraine und Südrussland) eine der wichtigsten Kornkammern der antiken Welt besaß. Über den Handel mit den griechischen Städten auf der Krim erhielt Athen das zur Ernährung der Stadt benötigte Getreide.

461 v. Chr. setzten sich in Athen unter Führung von Ephialtes und Perikles die Kräfte durch, die die Sparta-freundliche Politik des Kimon nicht mehr wollten. Kimon wurde durch das Scherbengericht für zehn Jahre verbannt. Da Ephialtes ermordet wurde, war nun Perikles der neue angesehene Stratege Athens. Die Athener verließen den 481/480 v. Chr. gegründeten Hellenenbund, in dem Sparta und Athen vereint waren. Thessalien, Megara und Argos schlossen daraufhin ein Bündnis mit Athen. 455 v. Chr. eroberten die Athener die der Nordwestpeloponnes vorgelagerten Inseln Zakynthos und Kephallenia und einige Küstenstreifen im Norden des Korinthischen Golfs. Damit waren Sparta und Korinth umgeben von Athen oder mit ihr verbündeten Poleis. Zwar hatte Athen dadurch seine größte territoriale Ausdehnung erreicht, doch auf lange Sicht den Unmut vieler

In der 2. Hälfte des 5. Jahrhunderts v. Chr. erhielt die Akropolis von Athen ihre berühmten Bauten: den Parthenon (oben), das Erechtheion (links), den Athena-Nike-Tempel und die Propyläen (beide unten).

griechischer Poleis auf sich gezogen, die immer auf ihre Unabhängig bedacht und gewohnt waren, um jeden Zentimeter ihres Landes zu streiten. Schließlich sicherte auch das kleinste Fleckchen fruchtbarer Erde ihre Existenz und dieses galt es bis zum letzten Messer zu verteidigen.

So setzten sich die Kämpfe auch in Mittelgriechenland fort. Nach zwei Schlachten im Jahr 457 v. Chr. gegen Boioter mit verbündeten Spartanern bei Tanagra und gegen Boioter bei Oinophyta eroberten die Athener Boiotien, Phokis und Ost-Lokris. Doch 447 v. Chr. erlitten die Athener eine herbe Niederlage bei Koroneia, die zur Räumung Boiotiens führte. Der Vertrag von 446/445 v. Chr. beendete schließlich die kriegerischen Auseinandersetzungen in Mittelgriechenland und damit zwischen Sparta und Athen. Athen gab auch seine Besitzungen in Mittelgriechenland zurück.

Eine kurze Zeit des Friedens schien für Athen zu beginnen. Perikles konnte sich noch intensiver der architektonischen Ausschmückung der Stadt widmen. Sichtbares Zeichen dafür wurde die Errichtung des Hephaistostempels (das sogenannte Theseion) auf der Agora (wohl 449–444 v. Chr.) und der wunderbare Ausbau der Athener Akropolis mit dem Parthenon (447–438 v. Chr.) des Architekten Iktinos und dessen Bauschmuck unter Leitung des Phidias sowie mit den Propyläen (437–432 v. Chr.), dem prächtigen Eingangstor des Architekten Mnesikles.

Doch schon 440 v. Chr. folgte, wenn auch nur für kurze Zeit, ein weiterer Krieg. Als Samos und Milet um Priene stritten, schaltete sich Athen zu Gunsten Milets ein und provozierte damit den Austritt von Samos aus dem Seebund. Der Samische Krieg war ausgelöst.

Die Vollendung der Athener Demokratie

Die fast 50-jährige Blütezeit Athens nach dem Ende des großen Perserkriegs (479 v. Chr.) und vor Ausbruch des Peloponnesischen Krieges (431 v. Chr.) wird auch Pentekontaëtie (»Zeitraum von fünfzig Jahren«) genannt. Diese Ära brachte Athen nicht nur seine größte Ausdehnung und Machtentfaltung sowie kulturelle Blüte, sondern auch die Vollendung der Demokratie. Dem Areopag, dem letzten Relikt aristokratischer Machtzüge, in dem auch noch viele Adelige saßen, wurde 462/461 v. Chr. durch Ephialtes die wichtigste Kompetenz entzogen: die Aufsicht über die Beamten. Die Kontrolle wurde von einem Geschworenengericht und der Volksversammlung übernommen. Damit ging auch die Exekutive auf das Volk über. Dem Areopag blieb als Aufgabe die Blutsgerichtsbarkeit.

Nachdem Ephialtes einem Mord zum Opfer gefallen war, trieb Perikles, obwohl er selbst Aristokrat und mit dem alten Adelsgeschlecht der Alkmeoniden verschwägert war, die Demokratie weiter voran. Ab 457 v. Chr. durfte jeder Bürger in das höchste Amt, das Archontat, gewählt werden. Somit waren nun die meisten Posten jedem durch eine freie Wahl zugänglich, mit Ausnahme der Stellen der Offiziere, Gesandten, Kult- und Finanzbeamten. Des Weiteren erhielten ab dem gleichen Jahr die Beamten und Ratsherren Tagegelder (Diäten), damit sie ungehindert ihre politischen Funktionen ausüben konnten, auch wenn sie keinen eigenen Besitz hatten und ohne Tagegeld gezwungen gewesen wären, zu arbeiten, um ihren Unterhalt zu verdienen. Auch machte sich die vollkommene Redefreiheit für jeden Bürger, egal welchen Standes er war, bei den Volksversammlungen bemerkbar. Mit diesen Punkten war die erste wirkliche Demokratie (Volksherrschaft) der Welt geschaffen, auf die die Menschen in späteren Jahrhunderten oft mit Neid zurückblickten und die seit dem 18. Jahrhundert immer wieder als Vorbild herangezogen wurde.

Die Athener selbst sahen ihre Demokratie schon bald als etwas so Besonderes an, dass sie sie nicht allen zugestehen wollten. Sie gaben daher 451/450 v. Chr. ein Gesetz heraus, nachdem nur solchen volljährigen Athenern das Bürgerrecht zustand, die nachweisen konnten, dass sowohl ihr Vater als auch ihre Mutter Athener waren, d. h. nach durchschnittlichen Schätzungen besaßen von den ca. 250 000–300 000 Bewohnern Athens (davon waren wahrscheinlich 25 000–35 000 Metöken [»Mitbewohner«, freie Ausländer] und 80 000–120 000 Sklaven) nur ca. 30 000–40 000 Athener das Bürgerrecht. Hier zeigen sich die selbst gewählten Grenzen der Athener Demokratie, die in neuzeitlichen Diskussionen über die Beteiligung an Demokratien noch lange nachwirken sollten und teilweise noch fortbestehen. In Athen waren aufgrund dieser Regelung von 451/450 v. Chr. Minderjährige, Sklaven, Frauen und Metöken vom politischen Geschehen ausgeschlossen.

Syrakus – Die kurze Zeit der Demokratie

Nachdem 466 v. Chr. Thrasybulos vergeblich versucht hatte die Tyrannis zu erlangen wurde auch in Syrakus, der wichtigsten Stadt auf Sizilien, die Demokratie eingerichtet.

Wie in Athen bestimmte vor allem die Volksversammlung über die Geschicke der Polis. Der Rat unterstützte die Volksversammlung, in dem er die zu fällenden Entscheidungen vorbereitete. Im Gegensatz zu Athen wurden die Ratsmitglieder aber noch jährlich gewählt und nicht ausgelost. Auch gab es kein Tagesgeld für den Besuch der Volksversammlung oder des Geschworenengerichts. Diese Einschränkungen hatten zur Folge, dass die

VOLKSVERSAMMLUNG UND GERICHT IN ATHEN

Das Herz der Athener Demokratie bildete die Volksversammlung (*ekklesia*). In der Volksversammlung wurde über alle Belange der Polis entschieden, über Gesetze genauso wie über Krieg und Frieden. Alle erwachsenen Athener Bürger, etwa 30000–40000 Männer, waren stimmberechtigt und hatten völlige Redefreiheit. Schätzungsweise 6000 kamen zu einer Volksversammlung zusammen. Sie tagte mehrmals im Monat. Tagungsort war die Pnyx auf dem Musenhügel westlich der Akropolis. Begonnen wurde frühmorgens mit Opfer und Gebet. Die Tagesordnungspunkte wurden von dem Rat der 500 vorbereitet und vier Tage vorher auf der Agora (Marktplatz) aufgehängt. Über Vorlagen oder Anträge wurde offen debattiert. Jeder hatte das Recht seine Meinung zu äußern oder Zusatzänderungen anzubringen. Ganz neue Vorschläge wurden für eine kommende Tagung gesammelt. Über die Vorschläge wurde durch Handheben abgestimmt. Die Verantwortlichen der Sitzung schätzten ein, ob die Mehrheit für oder gegen einen Vorschlag war. In besonderen Fällen wurden je zwei Stimmscheiben ausgegeben. Die in der Mitte durchbohrte Stimmscheibe stand für ja, die ohne Durchbohrung für nein. In eine bronzene Urne warf man die gültige und in eine hölzerne die ungültige Stimme. Am Ende der Volksversammlung bekam jeder Teilnehmer ab der 2. Hälfte des 5. Jahrhunderts ein Tagesgeld. Damit sollte gewährt sein, dass es sich auch berufstätige Athener leisten konnten, zur Versammlung zu kommen. Gegen Mittag ging die Versammlung zu Ende. Die Beschlüsse wurden auf Papyri geschrieben und archiviert, besondere in Stein gehauen und auf der Agora aufgestellt.

Über Delikte jeglicher Art befanden die Geschworenengerichtete. Geleitet wurden sie von gewählten Richtern. Das Urteil fällten aber alle anwesenden Geschworenen. Für jeden Prozess mussten zwischen 201 und 2501 Abstimmungsberechtigte anwesend sein. Sie setzten sich aus 6000 Athener Bürgern zusammen. Jeder der über 30 Jahre alt war, konnte als Richter oder Geschworener gewählt werden. Die Auswahl kam durch Losverfahren zustande. An etwa 200 Tagen im Jahr wurde Gericht abgehalten. An jedem neuen Gerichtstag wurden die Geschworenen den einzelnen Prozessen durch Los zugeordnet. Ebenso wurde ihnen der Sitzplatz durch Los bestimmt. Damit wollte man Bestechung oder Vorab-Absprachen vermeiden. Anklagen durfte jeder Bürger jede Art von Vorfall, seien es persönliche oder den Staat betreffende Anliegen oder Anliegen anderer. Da es in unserem Sinn keine Polizei in Athen gab – höchstens Ordnungshüter bei Veranstaltungen – war jeder Bürger somit für das Allgemeinwohl verantwortlich, also selbst Polizist. In der Gerichtsverhandlung stand sowohl dem Ankläger wie auch dem Beklagten die gleiche Redezeit zur Verfügung. Die Länge der Redezeit richtete sich nach der Bedeutung des Deliktes. Ankläger und Beklagter mussten selbst vortragen und die Höhe der Buße festlegen. Man konnte also keinen Rechtsanwalt für sich sprechen lassen, sondern höchstens im Vorfeld einen Redner engagieren, der eine Rede ausarbeitete, die man dann auswendig lernte. Ebenso mussten auch alle Beweise und Zeugen vom Ankläger und Beklagten vorgebracht werden. Minderjährige, Frauen, Metöken und Sklaven wurden vom Vormund oder Eigentümer vertreten. Das Urteil fand dann durch geheime Abstimmung statt. Dafür erhielt jeder Geschworene zwei wie oben beschriebene Stimmscheiben zum Einwurf in die Urnen. Um unnötige Klagerei zu unterbinden, wurde festgelegt, dass der Kläger mindestens ein Fünftel der Stimmen bekommen musste. Wenn dies nicht gelang, musste der Kläger eine hohe Strafe zahlen und durfte zukünftig nicht mehr klagen.

Auf der Agora, dem pulsierenden Herzen der Stadt, trafen sich die Athener zum Plausch, der oft auch politischer Art war.

ärmeren Bürger bei der Ausübung der Macht eher benachteiligt waren. Daher sprach schon Aristoteles Syrakus die wirkliche Demokratie ab. Heute bezeichnen die Wissenschaftler die syrakusanische Demokratie dementsprechend auch als »gemäßigt«.

Sie führte auch in Syrakus zunächst zu einer Friedenszeit, von der alle profitierten. Der Handel blühte. Dieser Frieden wurde ab 451/450 v. Chr. durch den hellenisierten einheimischen Sikuler Duketios kurz unterbrochen, der mit den anderen Ureinwohnern gegen die Vorherrschaft von Akragas und Syrakus rebellierte, aber schon nach kurzer Zeit aufgeben musste. Duketios floh nach Syrakus und bat um Asyl, was ihm von den Bürgern gewährt wurde. Er wurde auf Kosten der Syrakusaner nach Korinth ins Exil geschickt, von wo aus er aber etwas später das kleine Städtchen Kale Akte gründete. Das verbündete Akragas, das bei dem Asylgesuch des Duketios nicht gefragt worden war, führte deswegen zwischen 446 und 440 v. Chr. Krieg gegen Syrakus, den Syrakus aber für sich entschied. Die nächsten Jahre verliefen dann wohl wiederum friedlich.

Perikles, der größte Vertreter Athens im 5. Jahrhundert v. Chr., der seiner Stadt zur Vormachtstellung in der griechischen Welt verhalf. Mit dem Helm präsentierte er sich als erfolgreicher Feldherr.

Der Peloponnesische Krieg

Im Jahre 433 v. Chr. stritten Korinth und die von Korinth gegründete Kolonie Korkyra (heute Korfu) um die von Korkyra ihrerseits eingerichtete Kolonie Epidamnos (heute Durazzo in Albanien). Korkyra bat Athen um Hilfe und Athen sandte eine Flotte. Im August oder September kam es bei der Inselgruppe Sybota (südöstlich von Korfu) zu einer Seeschlacht zwischen Athen und Korinth, die Athen für sich entschied. Schon kurz darauf kam es zu einem Konflikt mit Poteidaia auf der Chalkidike, einer korinthischen Gründung, die zum attischen Seebund gehörte. Athen drohte mit Angriff, wenn Poteidaia nicht freiwillig die Stadtmauern einreißen und die von Korinth gestellten Beamten entlassen und in ihre Heimatstadt zurückbringen würde. Daraufhin forderte Korinth als Mitglied des Peloponnesischen Bundes von Sparta Hilfe ein. Sparta war gezwungen, einzuschreiten, weil ansonsten der Austritt Korinths aus dem Peloponnesischen Bund zu befürchten war, der zum Zusammenbruch des gesamten Bundes hätte führen können. So kam es im Sommer 432 v. Chr. zum Übereinkommen, Athen den Krieg zu erklären, wenn Athen nicht einlenken würde. Athen gab nicht nach und 431 v. Chr. brach der Peloponnesische Krieg aus.

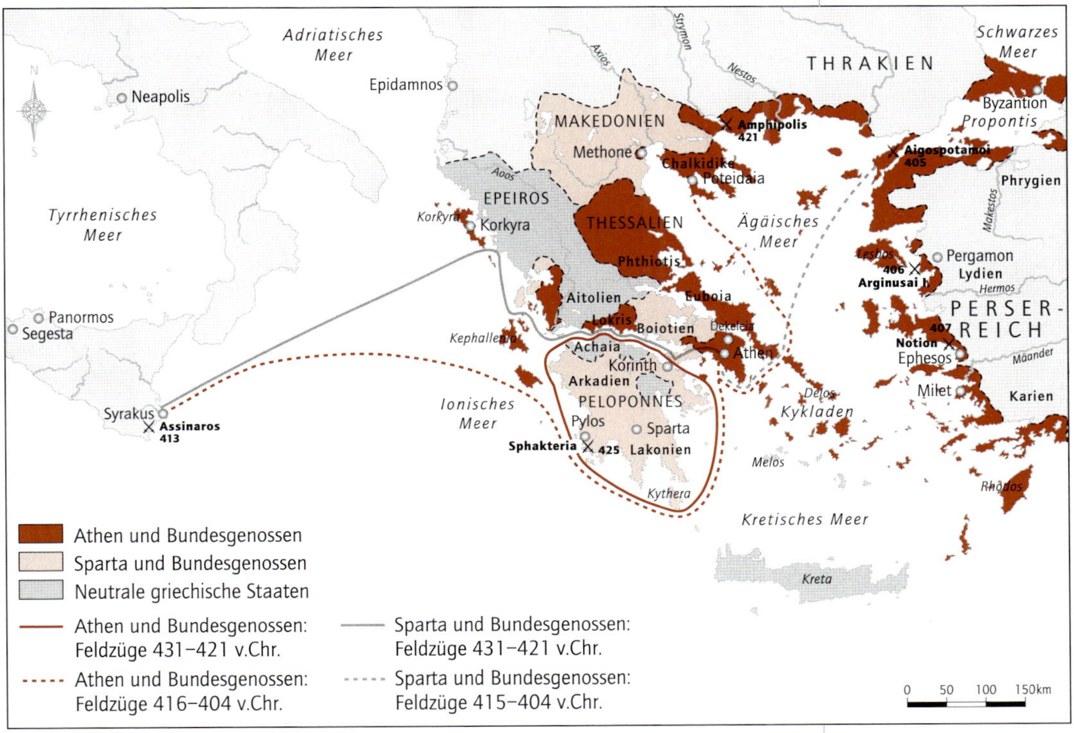

Griechenland, Süditalien und die Westküste Kleinasiens im Peloponnesischen Krieg.

Beide Machtblöcke – Sparta mit dem Peloponnesischen Bund und Athen mit dem attischen Seebund – bauten auf Ihre Stärke, Erstere auf ihr Landheer, Letztere auf ihr Seeheer. Sparta fiel in den nächsten Jahren (431, 430, 428, 427 und 425 v. Chr.) immer vor der Ernte in Attika ein und verwüstete die Äcker. Nur in den Jahren 429 und 426 v. Chr. drangen die Spartaner nicht in Attika ein, weil eine Seuche ausgebrochen war, an der auch Perikles verstarb, bzw. auf der Peloponnes ein Erdbeben wütete. Sparta versuchte damit die Athener auszuhungern, was aber nicht gelang. Athen besorgte sich nämlich das notwendige Getreide über den Seeweg von den griechischen Städten auf der Krim. Die Athener ihrerseits landeten regelmäßig mit ihren Schiffen an den Küsten der Peloponnes und zerstörten diese Regionen. 425 v. Chr. besetzten die Athener Pylos an der Südwestküste der Peloponnes und 424 v. Chr. die Insel Kythera etwa 15 km vor der Südostspitze der Peloponnes. Die Athener schnitten die Peloponnes vom Seeweg ab. Doch die Poleis des Peloponnesischen Bundes waren es gewohnt, mit den eigenen Ressourcen auf der Peloponnes zu überleben. Die Zermürbungsversuche sowohl der Athener als auch der Spartaner bewirkten nichts.

Zugleich war Athen immer noch damit beschäftigt, das abtrünnige Poteidaia auf der Chalkidike zu besiegen. Im Winter 430/429 v. Chr. ergab sich Poteidaia schließlich nach zweijähriger Belagerung. Die Bewohner von Poteidaia durften frei abziehen und die Stadt wurde Athener Kleruchie. Kurz darauf lehnte sich 428/427 v. Chr. Mytilene auf Lesbos auf, das 427 v. Chr. kapitulieren musste. Um weitere Abfälle Verbündeter im Keim zu ersticken, forderte Kleon harte Strafen. Alle volljährigen Männer sollten hingerichtet und die übrigen Bewohner versklavt werden. Diese Maßnahmen gingen aber selbst den Athenern zu weit. Schließlich wurden die 1000 am meisten für den Aufstand Verantwortlichen zum Tode verurteilt und ihr Land an Athener Bürger verteilt. Die mytilenische Stadtmauer wurde geschliffen und die Kriegsflotte ausgeliefert. Im selben Jahr 427 v. Chr. eroberten die Spartaner Plataiai im südlichen Boiotien, töteten alle Männer und schickten die Frauen und Kinder in die Sklaverei. Der Krieg hatte an Schärfe zugenommen.

Ebenfalls 427 v. Chr. starteten die Athener auch die sogenannte erste sizilische Expedition, nachdem sie von Leontinoi, die sich im Krieg gegen Syrakus befanden, um Hilfe gerufen worden waren. In den Krieg im Westen wurden viele andere Poleis der Region hineingezogen, die sich Leontinoi (Kamarina, Katane [heute Catania], das sizilische Naxos und Rhegion [heute Reggio di Calabria]) oder Syrakus (Himera, Gela und Lokroi Epizephyrioi [an der Südwestspitze des Stiefels]) zugesellten. Nach unentschiedenen Kampfhandlungen schlossen die beiden Parteien im Jahre 424 v. Chr. in Gela miteinander Frieden.

Die Athener zogen auf Anraten des Kleon mittlerweile auch erfolglos nach Mittelgriechenland, die Spartaner schickten ihren besten Feldherrn Brasidas nach Nordgriechenland. Im Winter 424/423 v. Chr. brachte Brasidas viele Städte der Chalkidike

Nach einem Sieg über die Spartaner 425 v. Chr. weihten die Messenier und Naupaktier diese Statue der Siegesgöttin. Sie stand auf einem ca. 9 m hohen Pfeiler in Olympia.

und der Nordägäis auf seine Seite und eroberte die für Athen wichtige Stadt Amphipolis. Eine zur Unterstützung gesandte Athener Flotte unter Führung des Historikers Thukydides traf zu spät ein. Thukydides wurde verbannt. 422/421 v. Chr. stießen schließlich Kleon und Brasidas mit ihren beiden Heeren bei Amphipolis aufeinander. Beide Anführer starben, der Krieg hatte seine größten Feldherren verloren. Auch eine gewisse Kriegsmüdigkeit griff immer mehr um sich. Dem Athener Nikias gelang es 421 v. Chr. schließlich, einen Frieden mit den Spartanern auszuhandeln, den sogenannten Nikias-Frieden. Sparta und Athen einigten sich auf den vor dem Krieg herrschenden Status Quo.

Mit diesem Vertrag war Korinth nicht einverstanden und schloss noch im selben Jahr ein eigenes Bündnis mit Elis, Mantineia, den chalkidischen Städten und Argos, dem ewigen Feind Spartas. Sparta ging daraufhin 420 v. Chr. ein Bündnis mit Boiotien ein. Damit konnte sich aber wiederum Athen bedroht fühlen und genau diese Ängste schürte Alkibiades, um die Athener im selben Jahr zu einem Bündnis mit Argos, Elis und Mantineia zu bewegen. Nachdem König Agis von Sparta 418 v. Chr. bei Mantineia gegen die Allierten gesiegt hatte, konnte Sparta den Peloponnesischen Bund wie vorher einrichten. Die alten Machtblöcke waren wieder hergestellt.

Im Jahre 415 v. Chr. bat die nichtgriechische Stadt Segesta auf Sizilien um Hilfe gegen Selinunt und Syrakus. Alkibiades überzeugte die Athener ohne ersichtlichen Anlass, Segesta beizustehen und ganz Sizilien zu erobern. Die sogenannte zweite sizilische Expedition begann. Athen schickte 134 Kriegsschiffe gen Westen, die erhofften Erfolge stellten sich jedoch nicht ein. Alkibiades wurde nach Athen zurückbeordert, wo ihm ein Prozess wegen möglicher Vergehen vor seiner Abfahrt nach Sizilien drohte. Alkibiades flüchtete daher lieber nach Sparta, wo er gern als Berater aufgenommen wurde. Die Athener setzten 414 v. Chr. ihre Expedition ohne Alkibiades in Sizilien fort, eröffneten zusätzlich den Krieg gegen Sparta und halfen dem karischen Herrscher, der sich gegen Persien auflehnte. Persien unterstützte daraufhin Sparta mit großen Geldsummen. Im Frühjahr 413 v. Chr. drang Sparta auf Anraten des Alkibiades in Attika ein und stationierte eine Garnison bei Dekeleia, einem etwa 20 km nördlich von Athen gelegenen Höhenort auf der wichtigen Passstraße nach Norden, von wo aus Attika bestens überschaubar und kontrollierbar war. Die Spartaner sandten zudem ein Entsatzheer nach Syrakus, das ab 414 v. Chr. von den Athenern belagert wurde. Die Athener waren nun in Syrakus selbst in Bedrängnis. Statt das Athener Heer abzuziehen, sandten die Athener 75 weitere Kriegsschiffe. Doch auch sie konnten das Blatt nicht mehr wenden. In einer

Möglicherweise erinnert die um 405 v. Chr. in Syrakus geprägte Goldmünze an den Sieg von 413 v. Chr. über die Athener (Löwe) durch Syrakus (Herakles).

Seeschlacht im Großen Hafen von Syrakus vernichteten die Spartaner und Syrakusaner die gesamte Athener Flotte im Jahre 413 v. Chr. Ca. 40 000 Soldaten verloren ihr Leben. Athener Niederlagen in der Ägäis folgten.

In Athen gelang es 411 v. Chr. einer einflussreichen politischen Minderheit, die Demokratie in dieser größten Not aufzulösen und eine Oligarchie (»Herrschaft weniger«) einzurichten, in der ein Rat der 400 regierte. Die überzeugten Athener Demokraten Thrasybulos und Thrasyllos blieben mit ihrer in Samos stationierten attischen Flotte der alten Verfassung treu und halfen beim Sturz der Oligarchie. Alkibiades stieß zu ihnen und siegte erneut für die Athener, bis er 407 v. Chr. in der Seeschlacht bei Notion vor der kleinasiatischen Küste und gegenüber der Insel Samos dem Spartaner Lysander unterlag. Nach einem letzten attischen Seesieg im Jahre 406 v. Chr. bei den Arginusen-Inseln (südöstlich von Lesbos) vernichtete Lysander im Herbst 405 v. Chr. bei Aigospotamoi am Hellespont (heute Dardanellen) die Athener Flotte. Athen war am Ende und musste 404 v. Chr. einen bitteren Friedensvertrag schließen. Alle Besitzungen außerhalb Attikas mussten aufgegeben werden, die Athener Stadtmauern geschliffen und spartanische Garnisonen auf Attika akzeptiert werden. Des Weiteren durften nur noch zehn Kriegsschiffe beibehalten werden und eine Sparta-freundliche Tyrannei von 30 Männern wurde etabliert. Der attische Seebund hatte aufgehört zu existieren, und Athen musste dem Peloponnesischen Bund beitreten.

Auch wenn sein Grabrelief den Athener Dexileos als Sieger über einen Feind hinwegreitend zeigt, fiel er 394/393 v. Chr. in der Schlacht bei Korinth.

Kriegerische Zeiten

Nach dem Ende des Peloponnesischen Krieges hatte Sparta uneingeschränkt die Macht. Dies fand natürlich die Missbilligung der übrigen führenden Poleis Griechenlands, insbesondere von Argos, Korinth und Boiotien. Doch waren sie in der bestehenden Situation viel zu schwach, um etwas dagegen zu unternehmen. In Athen vermochten sich die 30 Tyrannen nicht durchzusetzen und ein Bürgerkrieg brach aus. Viele Athener flohen. Thrasybulos baute eine Widerstandsbewegung auf, die von Boiotien stark gefördert wurde. Im Sommer 403 v. Chr. wurden die Dreißig aus Athen vertrieben und die Demokratie wieder installiert. Die Spartaner akzeptierten diesen politischen Umschwung, aber die Athener mussten auch weiterhin dem Peloponnesischen Bund angehören.

Da Kyros, der persische Statthalter in Sardeis und Bruder des Großkönigs Artaxerxes II., in den vorangegangenen Jahren die Spartaner finanziell im Peloponnesischen Krieg unterstützt hatte, bat er nun seinerseits die Spartaner im Jahre 402 v. Chr., ihm zu helfen, seinen Bruder vom Thron zu stürzen. Sie genehmigten sein Ersuchen. 10 000 griechische Söldner wurden aufgestellt und zogen mit Kyros Richtung Persien. In der Schlacht bei Kunaxa am Euphrat im Jahre 401 v. Chr. kämpften die Söldner zwar erfolgreich, aber Kyros fiel. Der Zug der 10 000 hatte seinen Sinn verloren. Es gelang ihnen jener abenteuerliche Rückzug, den der die Nachhut befehligende Xenophon in seinem berühmten Bericht Anabasis beschreibt.

Die Griechen Kleinasiens fürchteten nun die Rache des Artaxerxes II. und den Verlust ihrer Freiheit. Sie riefen daher die Spartaner um Hilfe an. Im Jahre 400 v. Chr. eröffneten die Spartaner in Kleinasien den Krieg gegen Persien. Als 396 v. Chr. der spartanische König Agesilaos II. mit einem großen Heer in Kleinasien operierte, lieferte Persien den antispartanischen Poleis viel Geld, damit sie sich gegen Sparta erheben konnten. Korinth, Athen, Argos, Boiotien und weitere Poleis gründeten den Korinthischen Bund und unterstützten Boiotien sofort in ihrem bereits gegen Sparta begonnenen Krieg. Der Korinthische Krieg nahm seinen Anfang. Die Perser beauftragten den Athener Konon mit dem Bau einer Flotte, um gegen Sparta zu kämpfen. Im August 394 v. Chr. vernichtete er in der Seeschlacht bei Knidos an der Südostspitze Kleinasiens die spartanische Flotte. Nach der Einnahme der Insel Kythera eroberte Konon auch noch die ehemaligen attischen Kleruchien Lemnos, Imbros und Skyros. Gleichzeitig unterstützte Konon mit den persischen Geldzuwendungen die Errichtung der langen Stadtmauer Athens. Konon hatte Athen gestärkt und Sparta beträchtlich geschwächt. Dennoch gelang es den Spartanern mit persischer (Athen war den Persern nun zu stark geworden) und syrakusanischer Hilfe eine Seeblockade am Hellespont einzurichten und damit den Seeweg zur Krim abzuriegeln. Athen drohte eine Hungersnot. Der Spartaner Antalkidas nahm Friedensverhandlungen mit dem persischen Großkönig auf. Die Spartaner boten dabei die kleinasiatischen Griechenstädte Persien an. Die Perser gingen gern auf dieses Angebot ein und stellten folgenden Friedensvertrag auf: Zurückführung der Griechenstädte Kleinasiens und Zyperns in persische Herrschaft und Freiheit der übrigen griechischen Poleis mit Ausnahme von Lemnos, Imbros und Skyros, die an Athen zurückgegeben werden. Athens Angst vor Ausbruch einer Hungersnot durch die spartanische Seeblockade und die Kriegsmüdigkeit aller Parteien brachten ein Einlenken. 386 v. Chr. wurde der sogenannte Antalkidas- oder Königsfrieden unterzeichnet.

Die Unabhängigkeitsklausel für alle übrigen griechischen Poleis nahmen die Spartaner zum Vorwand, um alle weiteren entstandenen Machtblöcke des griechischen Festlandes zu zerschlagen, die ihnen gefährlich erschienen. Schon 386 v. Chr. lösten sie den Bund zwischen Argos und Korinth sowie den Bund der boiotischen Städte auf. 379 v. Chr. ereilte den Chalkidischen Bund nach dreijährigem Krieg mit den Spartanern das gleiche Schicksal. Zugleich versuchten die Spartaner in jeder »befreiten« Polis eine ihnen treue Oligarchie (Minderheitsherrschaft) einzusetzen und, wenn von der neuen Minderheitsregierung gewünscht, mit einer spartanischen Garnison zur Absicherung der neuen Verhältnisse auszustatten. Mantineia in Arkadien, das sich weigerte, freiwillig die Stadtmauern einzureißen, um die Bündnistreue zu Sparta unter Beweis zu stellen, wurde 385/384 v. Chr. von den Spartanern belagert und erobert. Die Stadtmauern wurden geschliffen und die zwischen 464 und 459 v. Chr. durch die Zusammenführung umliegender kleinerer Ortschaften (Synoikismos, »Zusammensiedelung«) gegründete Stadt Mantineia wurde aufgelöst (Dioikismos, »Auseinandersiedelung«), indem sie die Einwohner in die alten Dorfgemeinden deportierten.

Die Machtpolitik Spartas stieß unweigerlich auf Widerstand und führte zu neuen Bündnissen. 378 v. Chr. fanden sich Athen und seine ehemaligen Verbündeten zusammen und gründeten den Zweiten attischen Seebund, der aber die Vorherrschaft Athens ausschloss und in erster Linie ein Bündnis gegen Sparta war. Jeder Partner behielt seine Unabhängigkeit und die gewünschte Regierungsform und konnte zu keiner Tributzahlung verpflichtet werden. Ebenso war es Athen nicht erlaubt, Kleruchien (»Bürgerkolonien«) bei den Verbündeten einzurichten und Grundbesitz zu erwerben.

Nachdem Athen Theben erfolgreich gegen die Spartaner unterstützen konnte, schlossen die Thebaner in den 370er Jahren mit den übrigen Städten Boiotiens den neuen Boiotischen Bund. Dieser wurde zur dritten Macht in der Region. Bei drei Zusammenkünften zwischen 375 und 371 v. Chr. versuchte man vergeblich, die drohende Kriegsgefahr zwischen den neuen und alten Mächten zu bannen. Immer wieder beschwor man die *Koine Eirene*, den Frieden der Gemeinschaft. Der Vermittlungsversuch misslang und 371 v. Chr. kam es zwischen den Boiotiern unter der Führung von Pelopidas und Epameinondas und dem spartanischen Heer unter der Führung des Königs Kleombrotos bei Leuktra im südlichen Boiotien zur Schlacht. Ca. 7000 Boioter standen ca. 10 000 Spartanern mit Verbündeten gegenüber. Dank einer ganz neuen Taktik gewannen die Boioter. Erstmalig wendeten sie die sogenannte Schiefe Schlachtordnung an, bei der der linke Flügel stärker angriff und nicht wie vorher, die übliche Frontalschlacht praktiziert wurde. Spartas Verluste waren sehr hoch, ihr König fiel. Boiotien war die neue Macht in Griechenland. Viele Poleis Mittelgriechenlands verbündeten sich nun mit Boiotien. Die Boioter unter Epameinondas rückten auf der Peloponnes vor und halfen den dortigen Unabhängigkeitsbestrebungen. 370 v. Chr. wurde Mantineia neu gegründet. Die Städte Arkadiens schlossen sich zum Arkadischen Bund zusammen und gründeten 369 v. Chr. durch Zusammenführung (Synoikismos) von 40 Orten im westlichen Arkadien als neue Hauptstadt Megalopolis (»die große Stadt«). Im selben Jahr konnten sich mit Unterstützung der Boioter die Messenier von Sparta befreien und eine eigene Polis mit der neuen Hauptstadt Messene gründen. 364 v. Chr. zog Epameinondas mit der neuen boiotischen Flotte von 100 Kriegsschiffen in die Ostägäis. Byzantion, Chios und Rhodos fielen vom attischen Seebund ab und liefen zu Boiotien über. Drei weitere Feldzüge mit wechselndem Ausgang führten Epameinondas noch auf die Peloponnes, 362 v. Chr. starb er bei der Schlacht von Mantineia. Obwohl die Boioter in der Schlacht überlegen waren, hemmte der Tod des Epameinondas sie, daraus Nutzen zu ziehen. Die Schlacht ging unentschieden aus, 362/361 v. Chr. wurde der Friedensvertrag unterzeichnet. Boiotiens kurze Vorherrschaft (Hegemonie) war beendet. Die andauernden Kriege hatten wie die Schlacht von Mantineia außer vielen

Die um 370 v. Chr. von Kephisodot geschaffene Eirene (Frieden) mit dem Sohn Plutos (Reichtum) auf dem Arm verdeutlicht den Wunsch nach Frieden.

PRIENE – EINE STADT WIE VOM REISSBRETT

Um 352 v. Chr. ziehen die Bewohner der Polis Priene etwas mehr landeinwärts an den Fuß des Mykale-Gebirges nahe des Flusses Mäander (heute Menderes) in Westkleinasien und gründen ihre neue Stadt. Wahrscheinlich war der Architekt Pytheos, der zuvor mit Satyros den Bau des Mausoleums für den karischen Dynasten Maussollos in Halikarnassos (heute Bodrum) – eines der Sieben Weltwunder – geleitet hatte, nicht nur mit dem Bau des wichtigsten Tempels der zukünftigen Stadt betraut worden, sondern mit der ganzen Stadtplanung.
Zumindest scheinen die Gebäude, Plätze und Straßen wie aus einem Guss über den steilen Abhang aufgeteilt worden zu sein. Rasterartig war die Stadt mit sich rechtwinklig kreuzenden Straßen überzogen. Überall fanden sich die gleichen Grundrechtecke für die einzelnen Gebäude und Plätze. Alle Bauteile scheinen der ionischen Säulenordnung unterworfen zu sein, die Pytheos liebte und als bestes Maß für eine nach den Regeln der Mathematik aufgebaute Architektur empfand. Terrassen wurden für die parallel zum Abhang verlaufenden Hauptstraßen angelegt, so dass die Straßen immer in etwa auf einer Höhe verlaufen konnten. Bei den kleineren Nebenstraßen, die quer zum Hang verliefen, wurde die Höhendifferenz häufig durch Stufen überbrückt. Gutes, von den Höhen kommendes

Quellwasser wurde durch unter den Straßen verlegte Leitungen über die ganze Stadt verteilt. In regelmäßigen Abständen gab es öffentliche Brunnen, an denen das Wasser geholt werden konnte, denn nur ein kleiner Teil der Häuser hatte direkten Anschluss an die Wasserleitungen.
In den Wohnvierteln bestanden die zwischen den Straßenfluchten entstandenen Inseln aus bis zu acht gleich großen Häusern. Damit konnten die Häuser wohl gerecht unter den Siedlern verlost werden. Natürlich änderten die Gebäude im Laufe der Zeit ihre Größe und Gestalt durch Erweiterung und Verkleinerung – je nach Erfolg des Besitzers. Die einstöckigen Häuser mit Hof im Innern waren nach außen zur Straße fensterlos. Die Wohn- und Repräsentationsräume befanden sich im Norden, so dass die tiefstehende Sonne im Winter Wärme gab und die hochstehende Sonne im Sonne Schatten warf.
In der Mitte der Stadt standen die Agora, der Marktplatz, der Tempel des obersten griechischen Gottes Zeus und die üblichen für das politische Geschehen einer kleineren Stadt notwendigen Bauten wie das Buleuterion (Ratsversammlungshaus) und das Prytaneion (Stadtverwaltungsgebäude). Großzügige Säulenhallen grenzten die Agora ab und luden zum Flanieren, zu Gesprächen und zur Zusammenkunft der Bürger ein, wie heute noch die zentralen Plätze einer Mittelmeerstadt. Etwas mehr hangaufwärts und hangabwärts lagen die zwei Gymnasien für die sportliche Ertüchtigung und Ausbildung der Jugend. An das untere Gymnasion schloss das Stadion an, etwas oberhalb des oberen Gymnasions das in den Hang gebaute Theater, das einen wunderbaren Blick auf die davor liegende Ebene bot und bei guter Sicht die Stadt Milet am Horizont erscheinen ließ. In bester erhabener Position lag der größte Tempel der Stadt, der der Göttin Athena geweiht war. Noch höher, nahe der schroffen aufsteigenden Felsen – aber auch abseits des städtischen Getümmels – lag das Heiligtum der Demeter, deren Kultrituale das Verborgenere bevorzugten.
Als höchsten Gast der Geschichte konnte die Stadt im Jahre 334 v. Chr. den Makedonenkönig Alexander den Großen verzeichnen, der den Athenatempel weihte und dort in einem Haus übernachtete, das wohl später zu einem kleinen Heiligtum für Alexander umgestaltet wurde. Die kleine Stadt Priene ist noch heute eine der besterhaltenen antiken Städte der Türkei und vermittelt einen guten Eindruck von einer antiken griechischen Kleinstadt.

In der regelmäßigen Anlage von Priene dominiert links oben der Athenatempel, darunter in der Mitte die Agora mit ihren Säulenhallen und den öffentlichen Bauten.

Toten und Verletzten auf allen Seiten nichts gebracht, wie der Historiker Xenophon resümiert: »Jede Seite beanspruchte den Sieg für sich, aber keine schien im Vergleich zur Zeit vor der Schlacht irgendeinen Vorteil an Land, Städten oder Macht gewonnen zu haben. Die Verwirrung und Unordnung in Griechenland waren nach der Schlacht größer als vorher.«

Doch auch der Friedensvertrag von 362/361v. Chr. hatte nicht lange Bestand. Byzantion, Chios, Rhodos und Kos verbündeten sich mit dem erfolgreichen Dynasten Maussollos von Karien, einer Landschaft in Südostkleinasien. Maussollos war eigentlich Satrap (persischer Statthalter) dieser Region, beteiligte sich aber wie andere Satrapen Kleinasiens ab 362 v. Chr. am Aufstand gegen den mittlerweile mindestens 80-, wenn nicht gar 90-jährigen Großkönig Artaxerxes II., dem sogenannten Satrapenaufstand, der bereits 368/367 v. Chr. in anderen Satrapien begonnen hatte. Um seine Macht zu demonstrieren, verlegte Maussollos seine Hauptstadt von Mylasa nach Halikarnassos (heute Bodrum), die er durch die Zusammenführung von sechs Ortschaften (Synoikismos) zwischen 370 und 365 v. Chr. zu einer blühenden Stadt ausbaute, in der er nach seinem Tod in dem berühmten Grabmonument, dem nach ihm benannten Mausoleum, bestattet wurde. Maussollos gelang es in kurzer Zeit, sein Reich zu vergrößern und stark zu befestigen und sich als Beschützer der griechischen Städte der Ostägäis zu etablieren. Athen versuchte die Expansionspolitik des Maussollos zu stoppen. Als Folge tobte 356–355 v. Chr. in der Ostägäis der sogenannte Bundesgenossenkrieg, bei dem Athen in zwei Schlachten vor Chios unterlag und die Unabhängigkeit von Byzantion, Chios, Rhodos und Kos bestätigen musste.

Athen unterließ in den folgenden Jahren seine bis dahin übliche aggressive Außenpolitik und mischte sich nicht mehr in die Streitigkeiten anderer griechischer Poleis ein. Die Athener konzentrierten sich unter der Leitung des Eubulos auf die Konsolidierung der maroden Staatskasse durch eine neue Finanzpolitik. Eine zentrale Staatskasse wurde eingerichtet, der nun alle Einkünfte zuflossen. Eubulos gelang es in wenigen Jahren, den Ertrag enorm zu steigern. Athen kam zu neuem Wohlstand und baute mit 400 Kriegsschiffen die größte Flotte auf, die es je besaß, ohne sie aber einzusetzen.

In glänzenden Reden verfocht der wohl berühmteste griechische Rhetor – Demosthenes – die Interessen Athens, vor allem gegen das aufstrebende Makedonien.

Gleichzeitig überzogen mehrere kleine Kriege die Peloponnes, weil die dortigen Poleis untereinander wieder einmal um die Macht rangen. In Mittelgriechenland lieferten sich Theben und Phokis zwischen 356 und 346 v. Chr. im sogenannten Dritten Heiligen Krieg einen erbitterten Kampf um Delphi und die Vorherrschaft in Mittelgriechenland.

Philipp II. von Makedonien

Diesen Streit nahm der makedonische König Philipp II. (359–336 v. Chr.) zum Anlass, um in die Geschehnisse einzugreifen. 353/352 v. Chr. vernichtete er das phokische Heer in Thessalien. Schon vorher hatte Philipp II. weite Teile der thrakischen Küste und das gold- und silberreiche Pangaiongebirge eingenommen. 349/348 v. Chr. bemächtigte sich Philipp II. der Chalkidike und zerstörte Stageira und Olynth. Obwohl bei diesen Eroberungen auch ehemalige Besitzungen und Verbündete von Athen betroffen waren, schritten die Athener aufgrund ihrer neue Friedenspolitik nicht wirklich ein. Sie sandten neben den berühmten Athener Rednern Aischines und Demosthenes Philokrates zu Philipp, um einen Vertrag auszuhandeln. Die von Philokrates vorgelegte Fassung wurde gebilligt. Nach ihm benannt, kam 346 v. Chr. der Philokratesfrieden zustande. In diesem gaben die Athener ihre Ansprüche auf die thrakischen Gebiete auf und überließen auch Philipp die Vorgehensweise in Mittelgriechenland, bewahrten dafür aber den übrigen Status quo. Im selben Jahr vertrieb Philipp die Phoker von den Thermopylen und konnte Phokis einnehmen. Damit war der Dritte Heilige Krieg beendet. Die Phoker wurden aus der Amphiktyonie, die Delphi verwaltete, ausgeschlossen und neben den elf übrigen traditionellen Stämmen traten nun als zwölfter die Makedonier unter Philipp II. ein.

Die postume Silbermünze Philipps II. verkündet durch den Reiter mit Palmzweig auf der Rückseite stolz den olympischen Sieg für den Herrscher.

Philipps scheinbar unersättliche Expansionsgelüste ließen allerdings im Laufe der Zeit vermehrt antimakedonische Stimmen laut werden. Der Athener Rhetoriker Demosthenes hörte nicht auf, gegen Philipp in seinen Reden zu wettern, von denen uns berühmte Philippische und Olynthische Reden erhalten geblieben sind. Ihm schloss sich schließlich auch der eindrucksvolle Athener Redner Hypereides an. Eine große Anzahl griechischer festländischer Poleis sowie Byzantion und Abydos vereinigten sich mit Athen zu einem antimakedonischen Bündnis. Als 340 v. Chr. Philipp II. 180 Athener Handelsschiffe mit Getreide kaperte und Perinthos und Byzantion belagerte, brach im Herbst der Krieg mit Athen aus. Wegen eines Kultfrevels kam es 339 v. Chr. auch noch zum Vierten Heiligen Krieg, bei dem Philipp II. sich zum Führer der Amphiktyonie wählen ließ, um gegen die Übeltäter Amphissa und Ost-Lokris vorgehen zu können. Dieser Angriff

mobilisierte nun auch die Verbündeten Athens und Theben schlug sich ebenfalls auf deren Seite. Nachdem Philipp II. Amphissa, Delphi und Naupaktos besetzt hatte, kam es bei Chaironeia zur großen Entscheidungsschlacht. Ca. 30 000 Makedonen standen etwa 28 000 Verbündeten von Poleis Mittel- und Südgriechenlands gegenüber. Philipp II. gewann. Athen musste seine letzten thrakischen Besitzungen abgeben und den Zweiten attischen Seebund auflösen. Theben, Chalkis und Korinth wurden von den Makedonen besetzt. Die griechischen mutterländischen Poleis mussten sich zum sogenannten »Korinthischen Bund« zusammenschließen, der zwar die Unabhängigkeit der einzelnen Poleis garantierte, aber als Vorsitzenden und Oberbefehlshaber des Heeres Philipp II. einsetzen musste. In dieser neuen Funktion bewirkte Philipp II. im Frühjahr 337 v. Chr. den Beschluss, dass die Griechen gegen Persien Krieg führen würden. Als Grund gab man an, dass der persische Großkönig Xerxes I. (fast 150 Jahre zuvor!) griechische Heiligtümer zerstört hatte. Im Frühjahr 336 v. Chr. setzten 10 000 Soldaten unter Führung von Parmenion und Attalos nach Kleinasien über. Im Sommer des gleichen Jahres wurde Philipp II. bei der Hochzeit seiner Tochter Kleopatra in Aigai zusammen mit dem Molosserkönig Alexandros von dem Makedonen Pausanias aus persönlichen Gründen ermordet.

Alexander der Große und der Hellenismus

Alexander III. der Große

Die Nachfolge von Philipp II. trat sein gerade erst 20-jähriger Sohn Alexander an. Die Thraker und Illyrer planten nach dem Tod von Philipp II. die makedonische Herrschaft abzuschütteln. Alexander marschierte nach Thrakien (heute vor allem Bulgarien und südliches Rumänien), besiegte die Thraker und zog bis an die untere Donau. Dort war für die Griechen die Grenze der zivilisierten Welt, die Alexander – wie einst Herakles – erreichte. Alexander opferte Zeus und Herakles, seinen mythischen »Vorfahren« väterlicherseits, und dem Flussgott Istros, der Donau. Danach drang er in Illyrien (heute vor allem nördliches Albanien) ein und vernichtete deren Heer im Sommer 335 v. Chr. Ein Gerücht meldete den Tod von Alexander. Die Griechen unter der Führung von Theben wollten die Gelegenheit nutzen und erhoben sich gegen Makedonien. Doch Alexander lebte noch und ging sofort gegen Theben vor. Noch im selben Jahr wurde Theben erobert und die Stadt mit Ausnahme der Tempel und der Häuser des berühmten Dichters Pindar und des thebanischen Philosophen Krates dem Erdboden gleichgemacht. Die Griechen gaben auf und unterwarfen sich Alexander.

Der monumentale Löwe erinnert auf dem Schlachtfeld von Chaironeia noch heute an die 338 v. Chr. gegen die Makedonier gefallenen Thebaner.

Die tiefliegenden Augen, die wild geworfenen Locken und die Drehung des Kopfes charakterisieren die Dynamik des jungen Alexanders des Großen.

Alexander wollte nun den Plan seines Vaters wieder aufnehmen und den eingeläuteten Krieg gegen die Perser fortsetzen. Als Verwalter für Makedonien setzte Alexander den treuen Antipatros ein. Im Frühjahr 334 v. Chr. überquerte Alexander mit ca. 30 000 Fußsoldaten und 5000 Reitern den Hellespont (heute Dardanellen). Bevor er asiatischen Boden betrat, warf er vom Schiff einen Speer aufs Land, um seinen Besitzanspruch auf Asien zu demonstrieren. Dann marschierte er zum nahegelegenen Troja, umrundete dreimal den legendären Grabhügel des griechischen Helden Achill und legte auf dem Monument einen Kranz nieder. Denn Achill war dort für die Griechen im Kampf um Troja gestorben, das ohne ihn nicht erobert worden wäre. Der damalige Untergang von Troja stand für die Griechen symbolisch für den Fall von Asien und damit als Präfiguration des Niedergangs von Persien. Der glanzvolle Held Achill war ebenso wie der Held und Halbgott Herakles und der Weingott Dionysos – die beide der Sage zufolge bis zum Indus vorgedrungen waren – Vorbild für Alexander. Außerdem stammte Alexander angeblich väterlicherseits von Herakles und Zeus und mütterlicherseits von Achill ab. Die Helden der Vorzeit hatte dem 14–17-jährigen Alexander sein Lehrer, der berühmte Philosoph Aristoteles, nähergebracht, der mit ihm intensiv Homer gelesen hatte. Daher errichtete Alexander bei Troja auch Altäre für seine »Vorfahren« Herakles und Zeus sowie für die Kriegsgöttin Athene, die Beschützerin aller großen Helden.

Im Mai 334 v. Chr. kam es zu der ersten großen Schlacht gegen die Perser am Granikos in Nordwestkleinasien. Trotz der persischen Übermacht vernichtete Alexander das feindliche Heer. Mit Ausnahme von Milet ergeben sich alle Städte und Satrapien (persischen Provinzen) Kleinasiens. Milet wurde mit Gewalt genommen. Die griechischen Städte erhielten ihre Unabhängigkeit, die Satrapien wurden als Einheiten beibehalten, aber von makedonischen Getreuen verwaltet. Alexander zog in Sardeis, der ehemaligen Hauptstadt der Lyder und dem wichtigsten Satrapensitz in Kleinasien ein. Dann ging er zur Überwinterung 334/333 v. Chr. weiter nach Gordion, der ehemaligen Hauptstadt der Phryger. In Gordion stand im wichtigsten Tempel auf der Burg als Weihegabe ein Streitwagen, dessen Deichsel mit dem Joch durch einen unauflöslichen Knoten verbunden war. Angeblich sollte derjenige Herrscher ganz Asiens werden, der diesen »Gordischen Knoten« lösen konnte, was vor Alexander viele versucht, aber nicht geschafft hatten. Die Sage berichtet, dass es Alexander auf die für ihn bezeichnende zielgerichtete, energische und exaltierte Art gelang: Er durchtrennte den Knoten mit einem Schwertschlag.

Im Sommer 333 v. Chr. durchschritt er die Kilikische Pforte und stand im Oktober/November bei Issos (bei Iskenderum in der Südosttürkei). Hier stellte sich Alexander ein persisches Heer unter persönlicher Führung des Großkönigs Dareios III. entgegen. Das persische Heer zählte doppelt so viele Soldaten, doch der Wagemut Alexanders und die Stärke seines Heers trieben die Perser in die Flucht. Die Städte und Völker der Levante unterwarfen sich mit Ausnahme von Tyros in Phönizien (heute Libanon), einer mächtigen Stadt auf einer der Küste vorgelagerten Insel. Erst nachdem Alexander ein Verbindungsdamm hatte errichten lassen, konnte er nach sieben Monaten Tyros im August 332 v. Chr. einnehmen. Die Stadt wurde wie Theben dem Erdboden gleichgemacht, 6000 Einwohner wurden hingerichtet und 30 000 in die Sklaverei verkauft.

Nachdem Alexander im November 332 v. Chr. Gaza nach zweimonatiger Belagerung eingenommen hatte, konnte er problemlos in Ägypten einmarschieren. 332 v. Chr. wurde Alexander in der ägyptischen Hauptstadt Memphis zum Pharao (König von Ägypten) ernannt. Im April des Jahres 331 v. Chr. gründet Alexander am Mittelmeer westlich des Nildeltas eine erste Stadt, die wie mehrere andere ihm zu Ehren Alexandria hieß. Diese erste Gründung sollte die berühmteste und größte griechische Stadt der nächsten Jahrhunderte werden. Alexander zog dann noch südwestlich in die Oase Siwa, in der sich ein berühmtes Orakel des obersten ägyptischen Gottes Amun-Re befand,

Diese Bronze wird bisweilen als Alexander der Große interpretiert, der sein Lieblingspferd Bukephalos bändigt. An der Stelle, an der sein Pferd starb, gründete der König die Stadt Bukephala.

ALEXANDRIA

Alexandria – die Stadt Alexanders (des Großen) – wurde im April 331 v. Chr. von dem makedonischen König nahe des westlichen Endes des Nildeltas gegründet. Seine Nachfolger, die Ptolemäer, bauten sie zwischen 300 und 30 v. Chr. zur prächtigen Hauptstadt aus. Mit etwa einer Million Einwohnern war sie die größte und reichste Stadt im Mittelmeerraum.

Ein rechtwinklig angelegtes Straßensystem durchzog die 5,4 x 1,2 km große Stadt. Zwei etwa 30 m breite, sich kreuzende Hauptstraßen mit Säulenhallen führten zum Zentrum. Etwa 2000 Zisternen und der »Kanopische Kanal«, der vom Nil bis zur Stadt führte, sorgten für die Wasserversorgung.

Ein Fünftel der Stadt belegten die königlichen Paläste und ihre Gartenanlagen. Daran schloss sich das im Jahre 215 v. Chr. von Ptolemaios IV. (221–204 v. Chr.) erbaute monumentale Familienmausoleum an, in dem die Mumie Alexanders des Großen in einem gläsernen Sarg gebettet war.

Alexandria besaß die größten Häfen der damaligen Welt, die durch bis zu 18 m breite Wellenbrecher vom offenen Meer geschützt waren und große Molen bis zu einer Länge von 340 m und einer Breite von 30 m aufwiesen. In diese Häfen konnten auch die größten Schiffe einfahren.

Am Eingang zu den Häfen erhob sich auf der Insel Pharos, die durch das Heptastadion – einen etwa 1260 m langen Damm – mit dem Festland verbunden war, der berühmte Leuchtturm. Mit einer Höhe von ca. 130 m war er nach den Pyramiden in Gizeh das höchste Bauwerk der Antike und eines der Sieben Weltwunder. Er wurde zwischen 297 und 283/282 v. Chr. erbaut. Der Leuchtturm stand auf einer extra errichteten 340 m langen, rechteckigen Terrasse. Über einem etwa 71 m hohen, quadratischen Unterbau erhoben sich ein etwa 34 m hoher, achteckiger Mittelbau und ein mindestens 9 m hoher, runder Oberbau mit der Monumentalstatue des Zeus Soter (Zeus »der Retter«).

Auf dem höchsten Hügel der Stadt lag eines der größten Heiligtümer der Antike (173,30 x 76 m). Es wurde wohl um 300 v. Chr. unter Ptolemaios I. (305–282 v. Chr.) für den neuen ägyptisch-griechischen Allgott Sarapis errichtet, der in sich Elemente des ägyptischen Unterweltgottes Osiris und des griechischen obersten Gottes Zeus, des Unterweltgottes Hades und des Weingottes Dionysos trug. Im Tempel stand die berühmte Kolossalstatue des Sarapis. Der Gott saß majestätisch auf einem Thron, hielt in der linken Hand ein Szepter und legte die Rechte auf den dreiköpfigen dämonischen Hund Kerberos, der den Eingang zur Unterwelt bewachte. Auf dem Kopf trug er als Krone den Kalathos, einen zylinderförmigen Korb, in dem man Getreide aufbewahrte und der die Fruchtbarkeit Ägyptens symbolisierte.

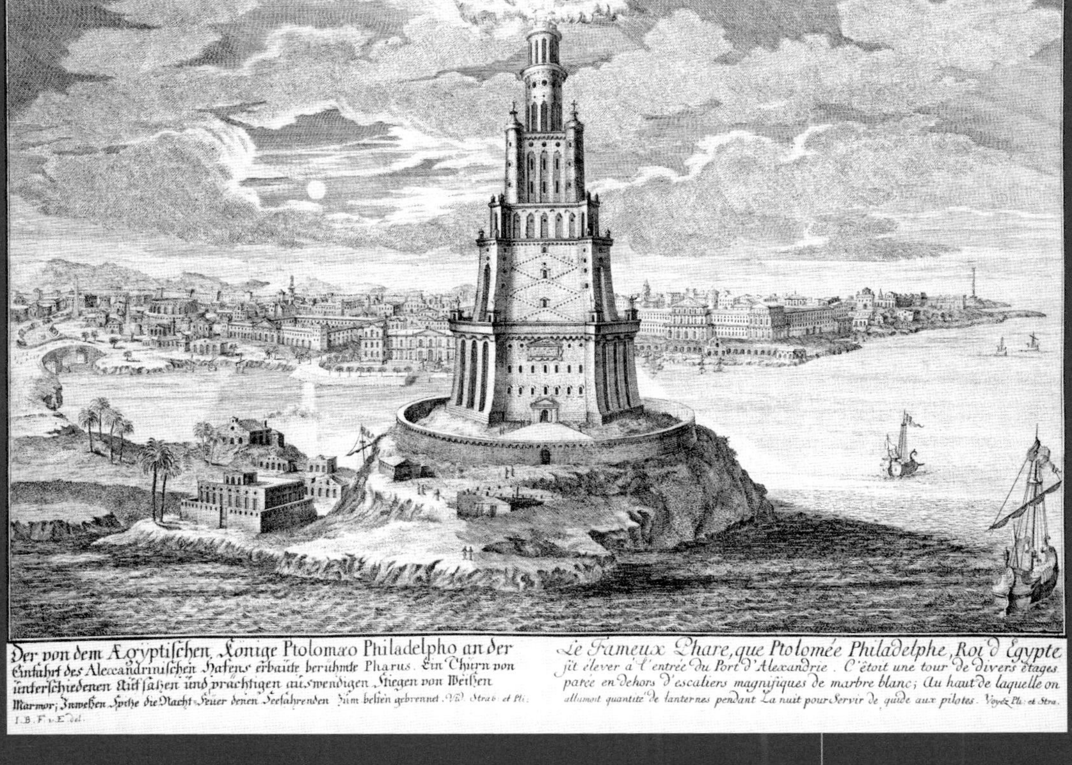

Der über 130 m hohe Leuchturm von Alexandria in Ägypten – eines der Sieben Weltwunder – regte immer wieder die Phantasie der neuzeitlichen Künstler an.

Alexandria besaß auch die größte Bibliothek der antiken Welt mit zwischen 490 000 und 700 000 Buchrollen. Hier war das gesamte Wissen der Griechen zusammengetragen.

Alexandria beherbergte darüber hinaus das berühmte Museion, das größte Forschungsinstitut der Antike, in dem viele der bedeutendsten Gelehrten und Geistesgrößen ihrer Zeit wirkten, u.a. der Universalgelehrte Eratosthenes, der Dichter Kallimachos von Kyrene, der Philologe Zenodotos von Ephesos, der Epiker Apollonios Rhodios, die Grammatiker Aristophanes von Byzantion und Aristarchos von Perge, die Astronomen Konon und Hipparchos von Nikaia, der Mathematiker Apollonios von Perge sowie die Mediziner Herophilos und Erasistratos. Neben einem gemeinsamen Speiseraum gab es Wohnräume, eine Bibliothek, einen Säulenhof und baumgesäumte Wege für Unterricht und Gespräche, wahrscheinlich einen Zoo und eine Sternwarte. Die Mitglieder sollten sorgenfrei forschen und schreiben. Mit dieser traumhaften Institution war Alexandria auch das geistige Zentrum der griechischen Welt.

In diesem Detail des berühmten Alexandermosaiks aus Pompeji fixiert Alexander mit großen Augen seinen Feind, den persischen Großkönig Dareios III., die Lanze in der erhobenen Rechten.

der von den Griechen als Zeus-Ammon verehrt wurde. Der Priester hieß ihn als Sohn des Gottes willkommen. Damit war Alexander als Herrscher Ägyptens legitimiert.

Alexander marschierte unaufhaltsam auf Persien zu. Bei Gaugamela, östlich des Tigris, traf er am 1. Oktober 331 v. Chr. mit ca. 35 000 Fußsoldaten und 7000 Reitern auf das persische Heer unter erneuter Führung von Dareios III. mit ca. 200 000 Fußsoldaten und 40 000 Reitern. Trotz der Überlegenheit des persischen Heeres schlug er Dareios in die Flucht und vernichtete das feindliche Heer in großen Teilen. Noch auf dem Schlachtfeld wurde Alexander zum König von Asien ausgerufen. In Babylon, der Hauptstadt des ehemaligen Königreichs Babyloniens, opferte er als neuer König von Babylonien dem Stadtgott Marduk. In Susa, der ehemaligen

Hauptstadt des Königreichs Elam, bestieg Alexander im wichtigsten Palast des persischen Großkönigs neben Persepolis den Thron und übernahm den persischen Staatsschatz. Im Januar 330 v. Chr. zog er in Persepolis ein, der persischen Hauptstadt, die von den prachtvollen Palastanlagen auf der 15 m hohen und ca. 450 x 300 m großen Steinterrasse überragt wurde. Im Mai feierte Alexander ein opulentes Siegesfest in der Apadana, dem 65,5 x 65,5 m großen, bunt bemalten und reich geschmückten persischen Empfangs- und Thronsaal, dessen wertvolle Holzdecke von 36 monumentalen Säulen mit Stier- und Löwenkapitellen gestützt wurde. Beim wilden Tanz geriet die Tänzerin Thaïs mit ihrem Gewand einem brennenden Altar zu nahe und löste ein Feuer aus. Die lodernden Flammen erzeugten ein solch faszinierendes Lichtspiel, dass Alexander und seine Festteilnehmer im Alkoholrausch, statt das Feuer zu löschen, weitere Teile des Palastes anzündeten, bis schließlich der ganze Palast brannte. Alexander zog danach weiter nach Ekbatana (heute Hamadan), der ehemaligen Hauptstadt der Meder.

Nachdem Alexander alle großen Hauptstädte der bekanntesten vergangenen Reiche des Orients (Sardeis [Lydien], Gordion [Phrygien], Memphis [Ägypten], Babylon [Babylonien], Susa [Elam], Persepolis [Persien] und Ekbatana [Medien]) während seines triumphalen Eroberungszugs aufgesucht und symbolisch als König der Könige alle alten Länder in Besitz genommen hatte, verfolgte er den flüchtigen Dareios III. Bevor er seiner habhaft werden konnte, ließ jedoch Bessos, der Satrap von Baktrien (heute vor allem Afghanistan) Dareios III. im Juli 330 v. Chr. umbringen. Als rechtmäßiger neuer Herrscher Asiens ließ Alexander Dareios III. mit allen Ehren neben den anderen persischen Königen bestatten. Nach seiner Gefangennahme 329 v. Chr. wurde Bessos für den Mord an Dareios hingerichtet. Alexander entließ die griechischen Soldaten des »Korinthischen Bundes« und der Krieg mit Persien war beendet. Die übrigen Eroberungszüge sollten dann die Angelegenheit des Großkönigs Alexander sein. Alexander ließ in der Folgezeit auch 30 000 Perser von Makedonen als Soldaten ausbilden und zog sich – zur Verwunderung der Makedonen – mit Ausnahme der Hose die persische Herrschaftstracht an.

Alexander marschierte weiter nach Nordosten, wo er nach drei Jahren intensiver kleinerer Kampfhandlungen Ostpersien, Sogdien (Teile von Turkmenistan, Usbekistan und Tadschikistan) und Baktrien unterwarf. Er heiratete Roxane, die Tochter eines sogdischen Feldherrn. Diese Verbindung half ihm dabei, auch die Völker in den neu eroberten Gebieten zu beschwichtigen und auf sich einzuschwören. Am äußersten Ende Sogdiens angelangt – am Fluss Iaxartes (Sirdarja) – gründet Alexander Alexandreia eschate (das »fernste Alexandria«, heute Chodschent in Tadschikistan).

Die in den fernen Gebieten vollbrachten Großtaten führten bei Alexander anscheinend immer mehr zu einem Realitätsverlust. Der junge König wurde zunehmend exzentrischer und gereizter. Das bekamen nun auch seine makedonischen Gefährten (*hetairoi*) zu spüren, die etwa 100 an der Zahl waren und sich neben den Leibwächtern immer im Umkreis Alexanders aufhielten, sei es bei einer Schlacht oder bei einem nächtlichen exzessiven Trinkgelage. 328 v. Chr. brachte der junge König im Zorn Kleitos, der Alexander in der Schlacht am Granikos noch das Leben gerettet hatte, nach einem Streit bei einem Trinkgelage in Marakanda (heute Samarkand in Usbekistan) um. Ein Jahr später forderte Alexander in Baktra (heute Balch in Nordafghanistan) während eines Trinkgelages seine makedonischen Gefährten auf, die *proskynesis* vorzunehmen, d. h. eine Art untertäniger Verbeugung, die am persischen Hof und im Orient vor Herrschern üblich, aber bei den Griechen als Symbol demütiger Unterwerfung unter einen Despoten verpönt war. Ein Gefährte, der Philosoph und Historiker Kallisthenes, der mit dem Philosophen Aristoteles verwandt war, weigerte sich und widersprach aufs heftigste diesem Ansinnen. Alexander gab zwar nach, nachdem er gemerkt hatte, dass auch viele der anderen Makedonen entsetzt waren, ließ aber kurz darauf Kallisthenes als vermeintlichen Verschwörer hinrichten.

Alexander mit Zeichen der Stärke, des Königtums und der Göttlichkeit: mit Elefantenskalp, Königsbinde (Diadem), den Hörnern des Zeus Ammon und der Ägis der Athena.

Alexander wurde dennoch durch seine außergewöhnlichen Taten immer mehr zum übermenschlichen Helden stilisiert. Wahrscheinlich vermischte Alexander selbst Realität und Fiktion, was nicht erstaunlich wäre. Schließlich drang er in einem triumphalen Siegesrausch in Gefilde vor, die – wenn sie überhaupt noch durch griechische Berichte in irgendeiner Weise bekannt waren – allein schon durch ihre Entfernung und ihre Exotik märchenhafte Dimensionen annahmen. Alexander wollte nun – wie es der Sage nach vor ihm nur Dionysos und Herakles gelungen war – Indien einnehmen, wo sich nach Ansicht der Griechen das Ende der Alten Welt befand. Er überschritt im Sommer 327 v. Chr. den Indus und durchquerte das Königreich des Taxiles mit der prächtigen Hauptstadt Taxila, das sich ihm widerstandslos unterwarf. Am Indus stand er schließlich vor der Felsenburg Aornos (heute Pir-Sar), die angeblich selbst Herakles nicht erobert hatte. Alexander fühlte sich als neuer Held gefordert, Herakles zu überflügeln. Er belagerte die Festung, die er auch ohne weiteres hätte umgehen können, bis er sie schließlich einnahm. Im selben Jahr besiegte Alexander in der Schlacht am Hydaspes (heute Jhelum) das mit Elefanten ausgerüstete Heer des Poros, König des Pandschab (des »Fünfstromlands« in Nordpakistan und Nordwestindien). Den Griechen wurde nun klar, dass hier nicht das Ende der Welt erreicht war, sondern dass sich weitere Reiche anschlossen. Alexander wollte daher weitermarschieren. Am Hyphasis (heute Beas), dem östlichsten Fluss des Pandschab, meuterten seine Soldaten, die nicht mehr weiterziehen wollten, als erkennbar war, dass das Ende der Welt noch in weiter Ferne liegen konnte. Alexander schmollte, zog sich wie einst Achill in sein Zelt zurück und erwartete, dass seine Männer sich ihm beugten, musste aber schließlich nachgeben. Bevor das Heer sich auf den Heimweg machte, ließ Alexander aber 12 riesige Altäre für die zwölf obersten Gottheiten errichten. Er markierte damit das Ende seines Reichs und empfahl es dem Schutz der Götter. Sie kehrten zum Indus zurück, bauten über 800 Schiffe und fuhren den Indus abwärts bis zum Ozean, der für alle das Ende der Welt bedeutete. Auch dort zelebrierte Alexander große Opfer. Dann teilte sich das Heer: Nearchos fuhr mit einem Teil auf einer gebauten Flotte die Küste entlang, während Alexander mit dem größeren Teil über Land, d. h. auch durch die unendliche Wüste Gedrosiens (heute Belutschistan), an deren Durchquerung bisher alle gescheitert waren, nach Persepolis zurückkehren wollte. Auch Alexander und seinem Heer wurde die Wüste fast zum Verhängnis. Die Strapazen waren größer als alle Schlachten vorher. Von 60 000 Soldaten sollten nur 15 000 den Rückmarsch überleben. Alexander hatte auch die Wüste bezwungen.

Zurückgekehrt nach Susa, befahl er im Jahre 324 v. Chr. die berühmte Massenhochzeit. Tausende von Griechen mussten persische Frauen ehelichen. Alexander ging mit gutem Beispiel voran. Er heiratete zusätzlich zu seiner ersten Frau Roxane die Tochter des Dareios III. sowie die Tochter seines Vorgängers Artaxerxes III. Mit dieser Hochzeit sollte auch symbolisch die Vereinigung zwischen Griechen und Persern gefeiert und die beiden herrschenden Völker enger verbunden werden. Von Bedeutung war, dass nur griechische Männer persische Frauen und nicht umgekehrt Perser Griechinnen ehelichen durften. Damit war offensichtlich, wer bei dieser Vereinigung dominierte: die Männer, d. h. also die Griechen.

Dennoch erhoben sich 324 v. Chr. in Opis die Makedonen mit Ausnahme seiner Leibgarde gegen Alexander, weil neben den 30 000 ausgebildeten Persern auch Orientalen in die Gardereiterei aufgenommen werden sollten. Die Makedonen fühlen sich gedemütigt und vernachlässigt. Alexander ging jedoch hart gegen sie vor, ließ die Anführer der Meuterei hinrichten und entließ alle Makedonen außer seiner Leibgarde. Da gaben die Makedonen schließlich nach und wurden von Alexander wieder in sein Heer aufgenommen. Ein großes Versöhnungsfest fand statt, bei dem Alexander nochmals die Einheit zwischen Makedonen und Persern propagierte.

Bevor Alexander zu neuen Eroberungszügen aufbrechen konnte – Erkundungsfahrten zur arabischen Halbinsel waren durchgeführt und eine Flotte gerade fertiggestellt – starb Alexander, wahrscheinlich an Malaria, im jugendlichen Alter von nicht ganz 33 Jahren am 10. Juni 323 v. Chr. in Babylon.

Alexander wurde schon zu Lebzeiten zum Mythos. Wirklichkeit und Fiktion verschwimmen in seiner Person. Er hatte die alten Träume der Griechen realisiert und das Persische Weltreich erobert. Doch dann überstiegen seine Taten das zeitgenössische Vorstellungsvermögen, indem er in wenigen Jahren bis nach Indien zog und alle Gebiete bis zu den Flüssen Iaxartes (heute Sirdarja) im Nordosten und bis zum Hyphasis (heute Beas) im Osten eroberte. Zwar war er immer in Begleitung seiner makedonischen Leibwache und seiner Hetairoi, doch selbst ihnen war er wohl durch seine unglaublichen Leistungen mehr und mehr wie ein Gott entrückt. So lässt er sich in seinem letzten Regierungsjahr auch als Gott verehren und seine Münzen trugen auf der Vorderseite einen jugendlichen Gott im Löwenfell, der zunächst Herakles darstellte, aber im Lauf der Zeit immer mehr die Züge Alexanders annahm.

Mit Alexander dem Großen begann das sogenannte Zeitalter des Hellenismus, das bis zum Untergang des letzten großen Nachfolgestaates von Alexander, nämlich Ägypten, dauerte, d. h. von 336 bis 30 v. Chr. Durch die Eroberungen Alexanders waren die Griechen in eine neue Ära eingetreten. Fortan waren teilweise bis weit in den Orient und sogar bis nach Indien Griechen verbreitet, die überall ihre Weltanschauung und ihr Wissen mitbrachten. Viele griechische Städte wurden gegründet, die ihre Kultur aufrechterhielten. Bisweilen vermischten sich die Griechen auch mit den Barbaren (Nichtgriechischsprachigen) und deren Kultur. Nur die ansässige Elite versuchte oft nach griechischem Vorbild zu leben, die breite einfachere indigene Bevölkerung wird häufig in ihren Traditionen weitergelebt haben. Dennoch hat sich griechischer Geist von der Meerenge Gibraltars bis nach Indien verbreitet und seine Spuren hinterlassen.

Die Nachfolge Alexanders des Großen und die Diadochenkriege

Alexander hinterließ bei seinem plötzlichen Tod keinen Thronfolger. Die Nachfolge wurde daher zum Problem. Der makedonische Rat beschloss, dass der schwachsinnige Halbbruder Alexanders, Philipp III. Arrhidaios, und falls die schwangere Roxane einen Sohn gebären würde, auch dieser König werden sollte. Roxane brachte wenig später Alexander IV. zur Welt. Da der eine geisteskrank und der andere zu jung war, sollten jedoch ausgewiesene Makedonen zunächst die Regierungsgeschäfte über das riesige Reich übernehmen. Die Aufsicht über Asien erhielt Perdikkas und über das Heer Krateros. Antipatros regierte – wie schon vorher – Makedonien, Ptolemaios bekam Ägypten, Lysimachos Thrakien, Eumenes Paphlagonien (Nordkleinasien) und Kappadokien, Leonnatos das hellespontische Phrygien (Nordwestkleinasien) und Antigonos Monophthalmos (»der Einäugige«) Pamphylien, Lykien und Großphrygien (West- und Südkleinasien).

Dieses komplexe und künstliche Konstrukt konnte nicht gut gehen. Ein Wirrwarr an Nachfolgekämpfen fand statt, der trotz oder gerade wegen seiner Komplexität hier angesprochen werden soll. Er charakterisiert wohl bestens das Chaos, in das die Griechen aus Machtgier verfielen. Die Kriege wurden auch in den folgenden Jahrzehnten in guter »griechischer Tradition« ständig fortgesetzt.

Die Mitglieder des Korinthischen Bundes erhoben sich umgehend gegen Antipatros und belagerten ihn unter der Führung des Atheners Leosthenes in Lamia in Thessalien (Lamischer Krieg). Erst als Leosthenes unerwartet starb, wurde die Belagerung abgebrochen. Die Makedonen vernichteten die athenische Flotte in der Schlacht von Amorgos und besiegten kurz danach im August 322 v. Chr. das griechische Landheer in der Schlacht von Krannon in Thessalien. Damit war der Aufstand des Korinthischen Bundes niedergeworfen.

Um »der Einheit willen« brachen schon kurz darauf die Kämpfe zwischen den Nachfolgern Alexan-

In diesem goldenen Kästchen aus Vergina ruhten die sterblichen Überreste eines makedonischen Königs (Philipps II. oder wohl eher Philipps III. Arrhidaios').

ders (»Diadochen«) aus. Es folgten die fürchterlichen Diadochenkriege. In den Schlachten fielen Leonnatos 322 v. Chr. sowie Krateros 321 v. Chr. und 320 v. Chr. wurde Perdikkas in Ägypten ermordet. Antipatros wurde noch im selben Jahr in Triparadeisos in Nordsyrien zum Reichsverweser ernannt, starb aber bereits 319 v. Chr. Als Nachfolger bestimmte Antipatros noch Polyperchon, der von den übrigen Mächtigen jedoch nicht akzeptiert wurde. Sie gingen gegen Polyperchon unter der Führung von Antigonos Monophthalmos vor. Eurydike, die Ehefrau des schwachsinnigen Philipp III. Arrhidaios sprach sich ebenfalls gegen Polyperchon aus und setzt sich für Kassandros, den Sohn von Antipatros, ein. Um Eurydike entgegenzuwirken, rief Antigonos Monophthalmos Olympias, die Mutter Alexander des Großen, auf den Plan, die in Epeiros weilte. Sie ermöglichte bei Ihrer Rückkehr nach Makedonien 317 v. Chr. die Ermordung von Eurydike und ihrem Gemahl Philipp III. Arrhidaios. Kassandros wollte ihnen zwar noch zu Hilfe kommen, traf aber zu spät in Makedonien ein. Er ergriff daraufhin Olympias und ließ sie hinrichten. Antigonos Monophthalmos bekriegte in der Zwischenzeit wieder Eumenes, nahm ihn gefangen und ließ ihn 315 v. Chr. auch hinrichten. Dann wandten sich mit wechselndem Erfolg alle übrigen gegen Antigonos. 311 v. Chr. schlossen schließlich jedoch alle einen allerdings nur kurzlebigen Frieden. Lysimachos wurde Thrakien, Kassandros das übrige Europa als Feldherr bis zur Volljährigkeit Alexanders IV., Ptolemaios Ägypten und Ostlibyen und Antigonos Monophthalmos ganz Asien zugesprochen. Polyperchon und Seleukos gingen leer aus. Erste Konsequenz dieser Übereinkunft war, dass Kassandros Roxane und Alexander IV. beseitigen ließ, womit alle rechtmäßigen Erben auf den Thron beseitigt waren.

Auch Seleukos I. Nikator imitierte – wie die übrigen Nachfolger – Alexander den Großen in seiner Darstellung mit bewegten Locken, tiefliegenden Augen und betonter Kopfwendung.

Die Diadochen konnten sich nun ungehindert um die Königswürde streiten. Erste Kämpfe erfolgten auch umgehend, bei denen Seleukos I. gegen Antigonos I. Monophthalmos wieder ins Spiel kam und ihm in den nächsten Jahren Persien und die östlichen Gebiete abnahm. Ptolemaios I. bemächtigte sich unterdessen Zyperns, das Antigonos I. Monophthalmos 306 v. Chr. wieder zurückgewann. Dieser Sieg in Zypern führte dazu, dass Antigonos Monophthalmos und sein Sohn Demetrios Poliorketes (»Städtezerstörer«) zum König ausgerufen wurden. Als Reaktion ließen sich in den nächsten Monaten Ptolemaios I., Lysimachos, Seleukos I. und Kassandros ebenfalls zum König krönen. Um ihre Macht zu demonstrieren und um Alexander nachzueifern, gründeten auch alle seine Nachfolger eigene, nach ihnen benannte Städte: 307 v. Chr. Antigoneia am Orontes in Syrien, 293 v. Chr. Demetria in Thessalien, 316 v. Chr. Kassandreia an Stelle von Poteidaia, zwischen 284 und 281 v. Chr. Lysimacheia in Aitolien, um 300 v. Chr. Ptolemais in Südägypten und das etwa 60 km nordöstlich von Babylon gelegene Seleukeia am Tigris.

Nach der Schlacht von Ipsos (Phrygien) im Jahre 301 v. Chr., in der Antigonos Monophthalmos fiel, wurde der größte Teil des ehemaligen Reichs von Alexander dem Großen unter den vier siegreichen Königen aufgeteilt: Kassandros erhielt Makedonien, Lysimachos Thrakien und Kleinasien bis zum Tauros, Seleukos I. Mittel- und Ostkleinasien, Syrien und den Osten und Ptolemaios I. Kyrenaika (Ostlibyen), Ägypten, Palästina, Zypern, Kilikien (Südkleinasien) und Teile der Ägäis. Mithradates I. Ktistes (»Gründer«) schuf das kleine Reich Pontos im nördlichen Mittelkleinasien, das im 1. Jahrhundert v. Chr. kurzzeitig große Bedeutung erlangte. Der mit seinem Vater unterlegene, aber überlebende Demetrios Poliorketes bekam kein Land, verfügt aber noch über seinen Königstitel und eine Flotte, mit der er Land zurückgewinnen wollte – was er dann auch tat. 294 v. Chr. eroberte er Athen und 292/291 v. Chr. Boiotien. Zwischen 293 und 287 v. Chr. war er König von Makedonien. Schließlich wurde er mit Hilfe von Lysimachos und Pyrrhos, dem König von Epiros (heute überwiegend Albanien) vertrieben, 285 v. Chr. von Seleukos I. festgenommen. An dessen Hof lebte er als Gefangener, bis er sich aus Frust zu Tode trank.

Jetzt bekriegten sich Seleukos I. und Lysimachos. In diesen Wirren gründete 297 v. Chr. Zipoites im Nordwesten Kleinasiens das unabhängige Königreich Bithynien, das unter seinem Nachfolger Nikomedes I. (280 bis etwa 255 v. Chr.) zu einem gefestigten Land mit der neuen nach ihm benannten Hauptstadt Nikomedeia (heute Izmit) ausgebaut wurde.

In der Schlacht von Kurupedion (westliches Kleinasien) im Jahre 281 v. Chr. fiel Lysimachos. Seleukos I. besaß nun ganz Kleinasien mit Ausnahme von Bithynien im Nordwesten und Pontos im nördlichen Mittelkleinasien, wo sich Mithradates I. zum König krönen ließ. Als Seleukos I. auch nach

STÄDTEGRÜNDUNGEN DER SELEUKIDEN

Wie Alexander der Große und alle seine Nachfolger gründeten auch die Seleukiden eigene Städte. Ihre Anzahl und Verbreitung war die größte Anhäufung an Städtegründungen nach der griechischen Kolonisation zwischen 750 und 580 v. Chr. Diese zweite große Welle an Stadtgründungen, die vor allem zwischen Ende des 4. Jahrhunderts und im 3. Jahrhundert v. Chr. stattfand, verbreitete die griechische Kultur weiträumig im Orient, teilweise bis nach Indien.

Als Siedler wurden vor allem griechische Söldner, die sich verdient gemacht hatten, aber auch andere Makedonen und Griechen eingesetzt. Sie erhielten freies Land und Besitz in den neu gegründeten Ortschaften. Dank dieser Gründungen konnten die Könige Veteranen mit Land und Besitz belohnen und gleichzeitig ein Schutzschild für ihr Herrschaftsgebiet aufbauen. Außerdem vergrößerten sie so ihren eigenen Ruhm, da sie als Stadtgründer von den Bewohnern einen eigenen Kult mit vielfältiger Verehrung erhielten. Gleichzeitig waren die Städte Träger der griechischen Kultur. Sie besaßen zwar eine gewisse Selbstverwaltung, waren den Königen gegenüber aber steuerpflichtig und wurden von Statthaltern beaufsichtigt.

Bereits unter Seleukos I. entstanden die wichtigsten neuen Städte. 311 v. Chr. gründete Seleukos I. das nach ihm benannte Seleukeia am Tigris, das etwa 60 km nordöstlich von Babylon lag. Er erbaute sie als neue Hauptstadt, die aber schon wenige Jahre später nach Antiocheia am Orontes verlegt wurde. Seleukeia am Tigris blieb weiterhin mit ca. 600 000 Einwohnern das griechische Zentrum in Mesopotamien (»Zweistromland«, heute vor allem Irak). Hier trafen sich die bedeutendsten Handelsrouten von West nach Ost und von Nord nach Süd. Waren aus entfernten Gebieten kamen hier an und wurden per Land oder Wasser weiterversandt.

Nach dem Sieg über Antigonos Monophthalmos im Jahre 301 v. Chr. gründete Seleukos I. mehrere Städte in Nordsyrien, um zukünftig strategisch besser in

Die Statue des Eutychides verherrlichte die Stadtgöttin von Antiocheia in Syrien mit (Stadt-)Mauerkrone, Ähren in der Rechten sowie zu Füßen den schwimmenden Flussgott Orontes.

Hafenmauer von Seleukeia Pieria, dem Hafen der seleukidischen Hauptstadt Antiocheia am Orontes.

Richtung Kleinasien und Koilesyrien (heute Libanon und Palästina) handeln zu können. Damit konzentrierte sich fortan das Augenmerk der seleukidischen Politik auf den Westteil des Reiches. So entstanden an der Mündung des Orontes ins Mittelmeer Seleukeia Pieria und etwas landeinwärts Antiocheia am Orontes (heute Antakya in der Südosttürkei), südlich davon Apameia am mittleren Orontes und Laodikeia am Oberlauf des Orontes in Syrien, die nach ihm, seinen Eltern und seiner Gemahlin benannt waren und alle blühende griechische Zentren wurden. Antiocheia war mit mindestens 500 000 Einwohnern neben Alexandria in Ägypten die wichtigste Stadt im östlichen Mittelmeerraum und schon in der 1. Hälfte des 3. Jahrhunderts v. Chr. zur Hauptstadt und zum kulturellen Zentrum des Seleukidenreiches aufgestiegen. Im ersten Jahrhundert n. Chr. sollte Antiocheia eine wichtige Rolle bei der Entstehung und Verbreitung des Christentums spielen, daher ist Antakya auch heute noch der Sitz mehrerer Patriarchen.
Die Namen der Stadtgründungen von Seleukos I. und seinen Nachfolgern bezogen sich nicht nur auf die Herrscher oder ihre Gattinnen, sondern erinnerten auch häufig an Orte oder Landstriche in der griechischen Heimat, wie Europos (nach dem Erdteil Europa) am Euphrat und Edessa (nach der Stadt Edessa in Makedonien, heute Urfa in der Südosttürkei) an einem Nebenfluss des Euphrat, Pieria (nach der Landschaft in Makedonien) in Phönizien, Dion (für die Stadt Dion in Makedonien) und Pella (nach der Stadt Pella in Makedonien) in der Dekapolis (heute Jordanien).

Makedonien ziehen wollte, wurde er von Ptolemaios Keraunos (»Blitz«) ermordet. Dieser war der Sohn von Ptolemaios I. und Eurydike, der Tochter des Antipatros, die zwischen 322 und 319 v. Chr. mit Ptolemaios I. verheiratet war. Ptolemaios Keraunos, der vom Erbe des ägyptischen Thrones ausgeschlossen war, sah in der Ermordung des Seleukos I. seine Chance, um den Thron von Makedonien zu besteigen. Makedonien schien zu dieser Zeit im Chaos zu versinken. Zwar wurde Ptolemaios Keraunos kurzfristig wirklich König von Makedonien, doch im Kampf gegen die in Makedonien einbrechenden Kelten fiel er bereits 280/279 v. Chr. Die Kelten fielen nun über Nord- und Mittelgriechenland her und drangen fast bis nach Delphi vor, wo sie erst von den Mitgliedern des Aitolischen Bundes gestoppt wurden.

Antigonos II. Gonatas, der Sohn von Demetrios Poliorketes, hatte sich zwar bereits 283 v. Chr. als König von Makedonien bezeichnet, wurde aber erst 278 v. Chr. wirklich zum Herrscher, nachdem er schließlich die Oberhand über Makedonien gewonnen hatte und Antiochos I., der Sohn von Seleukos I., offiziell auf den Thron Makedoniens verzichtete. Drei Könige konnten sich etablieren: Antigonos II. Gonatas in Makedonien und Antiochos I., der Sohn von Seleukos I., in Asien bis Persien und Nordsyrien (heute Iran, Südosttürkei und Nordsyrien) sowie Ptolemaios II. Philadelphos, Sohn von Ptolemaios I., in Ägypten und Koilesyrien (heute Libanon und Heiliges Land). Damit hatten sich Könige durchgesetzt, die entweder Söhne oder Enkel der ersten Könige nach Alexander waren. Sie bildeten drei Dynastien, die auch fortan das Geschehen weitgehend bestimmten: die Antigoniden, die Seleukiden und die Ptolemäer.

Diese Dynastien führten auch in den folgenden 20 Jahren viele weitere Kriege gegen andere oder untereinander. 277 v. Chr. konnte Antigonos II. Gonatas die Nord- und Mittelgriechenland verwüstenden Kelten in der Schlacht bei Lysimacheia besiegen. Inzwischen hatte Nikomedes I. von Bithynien die Kelten nach Kleinasien gerufen, damit sie ihm gegen seinen re-

Das Bronzeoriginal des sich tötenden Keltenfürsten und der toten Keltin pries einst die Siege des Königs Attalos I. von Pergamon gegen die Kelten um 230 v. Chr.

voltierenden Bruder Zipoites halfen. Die angeheuerten Kelten kamen auch, terrorisierten dann aber ganz West- und Mittelkleinasien, ja plündern 277/276 v. Chr. sogar das altehrwürdige Apollonheiligtum von Didyma bei Milet. Antiochos I. war nun also mit den Kelten konfrontiert. Er unterwarf sie schließlich 275 v. Chr. in der sogenannten Elefantenschlacht (benannt nach den von Antiochos I. eingesetzten Elefanten) und erhielt für die Befreiung Kleinasiens den Beinamen Soter (»Retter«). Die überlebenden Kelten siedelte Antiochos I. Soter in Mittelkleinasien an, dessen Landstrich seitdem nach den Kelten Galatien heißt. Als Hauptsitz bekamen sie Ankyra (heute Ankara).

Zwei neue Bünde in Griechenland: Der Aitolische und der Achaische Bund

In Griechenland wurden die Kelten auf ihrem Raubzug erst kurz vor Delphi von den Verbündeten des Aitolischen Bundes in der Schlacht bei Kallion im Jahre 279 v. Chr. aufgehalten. Das berühmte panhellenische Heiligtum war vor den Barbaren gerettet. Dieser Erfolg gegen die Kelten brachte dem Aitolischen Bund viel Prestige und Auftrieb.

Aitolien war bis dahin eine kaum beachtete gebirgige und kahle Landschaft ohne größere Städte im westlichen Mittelgriechenland. Die dort ansässigen Stämme, die oft der Piraterie bezichtigt wurden, hatten sich zu einem Bund zusammengeschlossen. Im Frühjahr und im Herbst tagte die Versammlung der waffenfähigen Männer, die jährlich einen Feldherrn wählte. Daneben gab es für die Regierungsgeschäfte einen gewählten Rat von ca. 100 Personen, aus dem ein kleinerer Rat von etwa 30 Männern zur Bearbeitung der alltäglichen Belange unter Leitung des Feldherrn gebildet wurde. Wichtige Entscheidungen unterlagen der Volksversammlung.

Nach dem Sieg über die Kelten schlossen sich immer mehr Poleis dem Bund an, der fast ganz Mittelgriechenland vereinte.

281/280 v. Chr. wurde in der Nordpeloponnes der Achaische Bund gegründet. Ihm gehörten Tritaia, Dyme, Pharai und Patrai an, 275 v. Chr. schlossen sich Aigion, Bura und Keryneia und 274 v. Chr. Leonteion, Aigeira und Pallene an. Der Achaische Bund sollte in den folgenden Jahren eine wichtige Rolle spielen.

Der Untergang Tarents

Die von den Spartanern 706 v. Chr. gegründete Kolonie Tarent (heute Taranto) wurde im 4. Jahrhundert v. Chr. zur bedeutendsten griechischen Stadt in Süditalien und hatte in der 1. Hälfte des 4. Jahrhunderts v. Chr.

Zwar errang Pyrrhos, der König von Epeiros, mehrere Siege gegen die Römer, doch waren sie so verlustreich, dass sie als sinnlose »Pyrrhossiege« in die Geschichte eingingen.

seine Blütezeit erreicht. Als die Römer, die Anfang des 3. Jahrhunderts v. Chr. große Teile Mittel- und Süditaliens beherrschten, Tarent bedrohten, rief Tarent Pyrrhos, den König von Epeiros (heute überwiegend Albanien) zu Hilfe. Pyrrhos setzte 280 v. Chr. mit seinem Heer, das auch 20 Elefanten aufwies, nach Unteritalien über. In drei Schlachten gewann zwar Pyrrhos gegen die Römer, erlitt aber jeweils so große eigene Verluste, dass er trotz seiner Siege (»Pyrrhossiege«) stark geschwächt 275 n. Chr. nach Epeiros zurückkehrte. 272 v. Chr. nahmen die Römer schließlich Tarent ein.

Machtkämpfe um Griechenland

Pyrrhos versuchte nun sein Glück in Griechenland. Noch 275 v. Chr. fiel er in Griechenland ein und verdrängte Antigonos II. Gonatas aus Makedonien, der kurz vorher die Kelten erfolgreich aus Griechenland vertrieben hatte. Pyrrhos plünderte die reichen makedonischen Königsgräber von Aigai und zog 273 v. Chr. bis nach Sparta, wo er jedoch zurückgeworfen wurde. Pyrrhos fiel 272 v. Chr. in Argos im Straßenkampf gegen Argiver. Antigonos II. Gonatas beherrschte nun wieder große Teile Griechenlands.

Wenige Jahre später erhob sich der spartanische König Areus mit seinen Verbündeten, darunter die Athener unter Führung von Chemonides, gegen Antigonos II. Gonatas und wurde dabei von Ptolemaios II. unterstützt. Dieser sogenannte Chremonideische Krieg wütete ab 268 v. Chr. Nachdem Areus in der Schlacht bei Korinth 265 v. Chr. gefallen und sein peloponnesisches Heer aufgerieben worden war, vernichtete 262 v. Chr. Antigonos II. Gonatas die Flotte des Ptolemaios II. bei Kos und nahm noch im selben Jahr Athen ein. Damit war der Krieg für Antigonos II. Gonatas gewonnen. Weite Teile Griechenlands standen wieder unter seiner Herrschaft.

Doch schon ab 251 v. Chr. wendete sich wieder das Blatt, als Aratos den Tyrannen aus Sikyon vertrieb und sich die Stadt unter seiner Führung dem Achaischen Bundes anschloss. 249 v. Chr erfolgte ein Bündnis mit Akarnanien und 245 v. Chr. mit Boiotien. 242 v. Chr. wurde Korinth erobert. Etwa gleichzeitig traten Megara, Troizen und Epidauros dem Achaischen Bund bei, dem sich in den nächsten Jahren viele weitere bedeutende Poleis der

Peloponnes und Mittelgriechenlands zugesellten, darunter allein 228 v. Chr. Aigina, Hermione, Argos und Phleios.

Als Antigonos II. Gonatas 239 v. Chr. starb, verbündeten sich der Achaische und der Aitolische Bund, um die Herrschaft der Makedonen abzuschütteln. Der Demetrioskrieg, benannt nach dem neuen makedonischen König Demetrios II., tobte zehn Jahre lang. Vor allem der Achaische Bund konnte durch weitere in den Bund eintretende Städte und durch Landgewinn bis nach Megalopolis auf der Peloponnes große Erfolge verzeichnen. Nach dem Tod Demetrios' II., der im Jahre 229 v. Chr. in einer Schlacht gegen die im Nordwesten Makedoniens eindringenden Dardaner fiel, geriet Makedonien in eine Krise, weil Philipp V. von Makedonien, der rechtmäßige Nachfolger Demetrios' II., erst neun Jahre alt war. Die Regierungsgeschäfte übernahm daher Antigonos Doson (»der seine Herrschaft abgeben wird«). Die dadurch ziemlich schwache makedonische Führung nutzten die Gegner aus: Zu diesem Zeitpunkt fielen die Achaier in Argos und die Aitoler in Thessalien ein, Athen vertrieb die makedonische Garnison.

In der Zwischenzeit hatte der spartanische König Agis IV. versucht, Sparta zu reformieren, in dem die Schere zwischen Reichen und Armen immer weiter auseinander gegangen war. Angeblich gab es nur noch 700 männliche wehrhafte Spartaner, von denen etwa 100 das ganze Land besaßen. Verbindende Traditionen wie beispielsweise das gemeinsame Essen, die den Zusammenhalt der Spartaner ursprünglich gefördert hatten, existierten nicht mehr. Unter Berufung auf die Gesetze Lykurgs wollte Agis IV. die alten Sitten und die Gleichheit unter den Spartanern wieder herstellen und damit die Unzufriedenheit der Besitzlosen bannen. Agis IV. installierte wieder die alten Gepflogenheiten und setzte einen Schuldenerlass durch, scheiterte aber an der geplanten Neuverteilung des Landes: Agis IV. wurde 241 v. Chr. ermordet. Als im Jahre 235 v. Chr. Kleomenes III. König von Sparta wurde, der die Witwe des Agis IV. geehelicht hatte, setzte er die Reformpläne seines Vorgängers fort. Das Land wurde durch Losung neu verteilt, wobei er die Anzahl von Spartanern durch Perioken, die nun Spartaner wurden, von 700 auf 4000 aufstockte und somit auch über eine neue Streitmacht von 4000 Soldaten verfügte. Damit begann Kleomenes III. 229 v. Chr., in dem Jahr als Makedonien durch den überraschenden Tod des Demetrios II. in der Krise stand, seinen Feldzug gegen den Achaischen Bund. Der sogenannte Kleomeneskrieg war eröffnet. Kleomenes III. konnte mehrere Siege über den Achaischen Bund verbuchen. Die Hoffnung auf Neuverteilung von Ländereien und Schuldenerlass bewegte viele Bewohner anderer Städte der Peloponnes dazu, vom Achaischen Bund abzufallen.

Die Silbermünze des Antigonos II. Gonatas propagiert seinen Kampfwillen mit dem makedonischen Schild mit ungestümem Panskopf und sieben makedonischen Sternen sowie der kriegerischen Athena.

Dieser verlor mehr und mehr an Terrain und bat 224 v. Chr. die Makedonen um Hilfe.

Antigonos III. Doson ging auf dieses Gesuch gern ein. Unter seiner Führung gründete er im selben Jahr den Hellenischen Bund, dem neben den Achaiern die Epeiroten, Thessaler, Boioter, Akarnanen, Phoker, Lokrer und Euboier angehörten. Antigonos Doson besetzte 224 v. Chr. Korinth und zerstört 223 v. Chr. Mantineia, deren Bewohner versklavt wurden. Ein Jahr später errichtete er an gleicher Stelle die makedonische Stadt Antigoneia. 222 v. Chr. vernichtete Antigonos Doson schließlich in der Schlacht bei Sellasia, etwa 10 km nördlich von Sparta, das Heer des Kleomenes III., dem es jedoch gelang nach Ägypten zu fliehen, wo er drei Jahre später starb. Sparta musste dem Hellenischen Bund beitreten und die Reformen zurücknehmen. Die Makedonen besaßen wieder die Vorherrschaft über Griechenland.

221 v. Chr. starb Antigonos Doson, nachdem er noch von Norden eindringende Illyrer in einer Schlacht besiegen konnte. Philipp V. trat nun selbst die Regierungsgeschäfte an. Eines seiner ersten Ziele war die Unterwerfung der Aitoler sowie von Sparta und Elis. 220 v. Chr. begann der Krieg (Bundesgenossenkrieg). Philipp V. erobert 219 v. Chr. Elis und zerstört im Jahre 218 v. Chr. das Hauptheiligtum der Aitoler, den Apollontempel von Thermos. Die reiche Ausschmückung mit wertvollen Beutewaffen, die als Weihegaben dorthin gelangt waren, wurde geplündert. 217 v. Chr. schloss Philipp V. jedoch in Naupaktos mit den Aitolern Frieden. Von Bedeutung war dabei die Tatsache, dass er von dem glorreichen Sieg Hannibals über die Römer am Trasimenischen See gehört hatte, der die Römer in diesem sogenannten 2. Punischen Krieg stark zurückwarf. Während der Friedensverhandlungen soll Agelaos von Naupaktos eine treffliche, die Situation des 2. Punischen Krieges charakterisierende und vorausblickende Rede gehal-

Der sogenannte Thermenherrscher – wohl Attalos II. von Pergamon – verherrlicht den hellenistischen Herrscher in seiner machtvollen und überlegenen Erscheinung.

ten haben, in der er davor warnte, dass – egal wer diesen Krieg gewinnen würde, Karthager oder Römer – der Sieger auch bald Griechenland bedrohen würde. Er befürchtete, »dass die Waffenstillstände, die Kriege und all die Kinderspiele, die wir jetzt miteinander spielen, uns so gründlich ausgetrieben werden, dass wir dann die Götter anflehen werden, dass wir wieder Möglichkeit bekämen, miteinander Krieg zu führen, wann wir wollen, und Frieden zu schließen und überhaupt wieder selber in allen Streitigkeiten zwischen uns entscheidungsbefugt wären.«

Philipp V. schlug diese Warnung in den Wind. Er wollte aus der römischen Not Kapital schlagen und Makedonien bis an die Adria erweitern, d. h. er wollte den Römern während des 1. (229–228 v. Chr.) und 2. (219 v. Chr.) Illyrischen Krieges zugefallene Gebiete in Südillyrien (heute Kroatien, Montenegro und nördliches Albanien) abnehmen. Daher verbündete er sich 215 v. Chr. mit den Karthagern, die von den Römern Punier (wegen ihres Ursprungs aus Phönizien) genannt wurden. Dieser folgenschwere Entschluss Philipps V. zwang die Römer dazu, erstmals ihren Blick auf die östliche Hälfte des Mittelmeergebietes zu werfen.

Die ersten Syrischen Kriege

Während die Antigoniden im 3. Jahrhundert v. Chr. also im stetigen Kampf um die Hegemonie (»Vorherrschaft«) in Griechenland lagen, stritten die Ptolemäer und Seleukiden seit dem 2. Drittel des 3. Jahrhunderts v. Chr. vor

Die Diadochenreiche um 200 v. Chr.

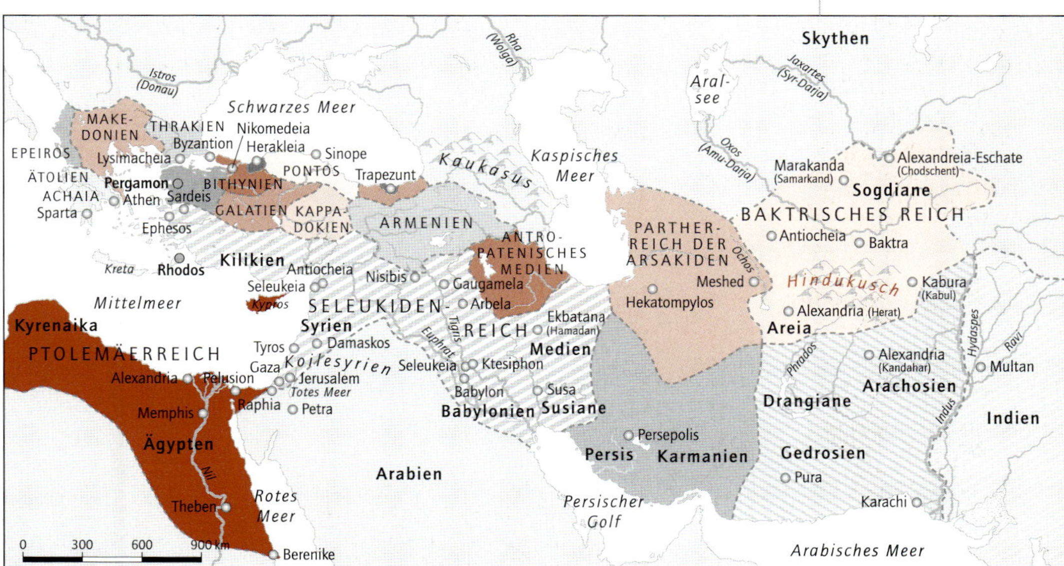

allem um die Herrschaft über Syrien. Während die Seleukiden immer wieder versuchten, den Ptolemäern Koilesyrien (Libanon und Heiliges Land) abzunehmen, wollten die Ptolemäer ihrerseits das übrige Syrien, das den Seleukiden gehörte, besitzen, um damit ihre Gebiete Koilesyrien und Kilikien (heutige Südtürkei) durchgängig als ein Herrschaftsgebiet zu vereinen.

Etwa zur gleichen Zeit als Antigonos II. Gonatas und Pyrrhos gegeneinander kämpften, brach hier also der 1. Syrische Krieg (275/274–271 v. Chr.) aus. Antiochos I. Soter hatte sich mit seinem Schwiegersohn Magas, dem König von Kyrene und Halbbruder von Ptolemaios II., gegen den Herrscher Ägyptens verbündet. Sie wollten gemeinsam gegen Ptolemaios II. vorgehen, doch das Unternehmen missglückte und der Krieg führte zu nichts.

Euergetismus Im Hellenismus gehörte der Euergetismus, die Sicherung der Herrschaft durch Vergabe von Wohltaten jeglicher Art, zu den wichtigsten und nobelsten Aufgaben der Herrschenden. Durch Geschenke konnte der Stifter einer Stadt vielfältige Unterstützung zukommen lassen, beispielsweise durch Getreidezuwendungen bei Hungersnöten, durch die Abhaltung von Veranstaltungen wie religiösen Festen oder Wettbewerben sowie in Form von öffentlichen Bauten wie Heiligtümern, Gymnasien, Stadien oder Theatern. Diese Zuwendungen wurden von den Begünstigten sehr geschätzt und trugen zur Popularität der Herrscher und zur Loyalität gegenüber dem Wohltäter bei, was von den Herrschenden daher ganz bewusst als Mittel zur Machterhaltung und -erweiterung eingesetzt wurde. Zum Dank wurden die Könige für außergewöhnliche Leistungen sogar wie Götter verehrt.

Als Antiochos I. Soter 261 v. Chr. starb, sah Ptolemaios II. seine Chance gekommen, um seinerseits Syrien zu erobern. Der 2. Syrische Krieg, in dem sich Antiochos II. mit Antigonos II. Gonatas verbündeten, tobte zwischen 260 und 253 v. Chr. Am Ende des Krieges verzichtete Ptolemaios II. auf Gebiete in Westkleinasien. Antiochos II. ließ sich von seiner Frau Laodike scheiden und heiratete zur Versöhnung mit Ptolemaios II. dessen Tochter Berenike. Als Antiochos II. 246 v. Chr. in Ephesos starb, hatte er jedoch per Testament Berenike mit ihrem Sohn enterbt und stattdessen Laodikes Sohn Seleukos II. zum König bestimmt. Das Testament wurde jedoch von Berenike wegen der eindeutigen Bevorzugung der ehemaligen Gattin Laodike angefochten, was zum 3. Syrischen Krieg führte, der auch Laodike-Krieg genannt wird. Anfängliche Erfolge führten Ptolemaios III. Euergetes (»Wohltäter«), den Sohn und Nachfolger von Ptolemaios II., sogar bis nach Mesopotamien. Doch dann zwangen ihn Schwierigkeiten in Ägypten zur Rückkehr und nach weiteren Kämpfen, in die auch wieder Antigonos II. Gonatas verwickelt war, kam es 241 v. Chr. zum Friedensschluss. Es blieb dabei im Wesentlichen bei der Verteilung der Herrschaftsgebiete, wie sie vor dem Krieg bestanden hatte.

Erste Abfälle vom Seleukidenreich

Seleukos II. wurde von seiner Mutter Laodike dazu bewegt, seinen jüngeren Bruder Antiochos Hierax (»Habicht«) zum Mitregenten und König zu ernennen und ihm Kleinasien zu überlassen. Die Folge waren Machtkämpfe zwischen den beiden Brüdern: Der sogenannte Bruderkrieg brach aus. In den Randgebieten des Seleukidenreiches machten sich diesen Zwist verschiedene aufstrebende Persönlichkeiten zunutze und schafften teilweise sogar unabhängige Königreiche. Im Nordwesten Kleinasiens begründete Attalos I. ab 238 v. Chr. das Königreich von Pergamon, das sich in den folgenden hundert Jahren gegen alle – auch gegen die Kelten – behaupten konnte und machte Pergamon zu einem der bedeutendsten Zentren griechischer Kultur und Kunst. In Pergamon wurden nicht nur das nach der Stadt benannte Pergament als Schreibmaterial erfunden und eine der wichtigsten Bibliotheken der Alten Welt installiert, sondern auch phantas-

Auf dem Modell hebt sich in der Mitte U-förmig der Pergamonaltar ab, dessen Skulpturenfries heute einen Höhepunkt der Berliner Antikensammlung bildet.

tische Paläste und Kunstwerke geschaffen, darunter in der 1. Hälfte des 2. Jahrhunderts v. Chr. der berühmte Pergamonaltar, dessen noch erhaltene Reliefs heute im Pergamonmuseum in Berlin zu bewundern sind. Das Pergamenische Reich beherrschte zeitweilig sogar große Teile Kleinasiens, bis der kinderlose Attalos III. sein Land im Jahre 133 v. Chr. testamentarisch den Römern vererbte.

Im Nordosten des Seleukidenreiches ließ sich der über Baktrien und Sogdien regierende Satrap Diodotos um 239/238 v. Chr. zum König krönen und vererbte nach seinem Tod das riesige Gebiet seinem gleichnamigen Sohn Diodotos II., der wohl um 225 v. Chr. von Euthydemos I. gestürzt wurde. Diesem folgten dann sein Sohn Demetrios und Euthydemos II., die das Königreich Baktrien zu einem florierenden griechischen Land im Orient ausbauten, von dem heute aber leider nur wenig bekannt ist. Nur die wunderschönen Münzen der Könige legen noch Zeugnis von dem Glanz Baktriens ab. Möglicherweise werden künftige archäologische Ausgrabungen in diesen Regionen weiteres zutage fördern, das von dem ehemaligen Reichtum kündet.

Das Gleiche gilt auch für Nordpakistan und Nordwestindien. Griechen scheinen auch dort florierende Reiche gegründet zu haben, darunter Gandhara, das heute vor allem noch durch seine faszinierenden buddhistischen Kunstwerke bekannt ist, die mit vielen griechischen Kunstelementen verwoben sind und zu den schönsten und faszinierendsten Schöpfungen früher buddhistischer Kunst überhaupt zählen. Leider weiß man kaum etwas über die Geschichte der sogenannten indogriechischen Königreiche, die teilweise bis in das erste nachchristliche Jahrhundert überlebt haben und großen Einfluss auf die Kulturen Indiens hatten.

Die Satrapie Parthien im Südosten des Kaspischen Meeres ging 239 v. Chr. durch einfallende Reiternomaden verloren, die sich später Parther nannten und ihren Führer Arsakes zum König krönten. Die nach ihm benannte Dynastie der Arsakiden eroberte im Laufe des 2. Jahrhunderts v. Chr. Persien und herrschte hier über ein unabhängiges Reich, das später auch noch ganz Mesopotamien und teilweise Syrien einnahm.

Antiochos III., der 223 v. Chr. König wurde, versuchte nochmals die alte Größe des Seleukidenreichs wiederherzustellen. Doch zunächst geriet er von mehreren Seiten in Bedrängnis. Sein Schwager Achaios, der weite Gebiete Kleinasiens für Antiochos III. zurückerobert hatte, wurde abtrünnig und ließ sich 221 v. Chr. in Laodikeia in Phrygien zum König krönen. Antiochos III. konnte hier jedoch zunächst nicht einschreiten, denn kaum hatte er in Medien 220 v. Chr. einen Aufstand des Molon niedergeschlagen, brach

219 v. Chr. auch noch der 4. Syrische Krieg aus, in dem Ptolemaios IV. im Jahre 217 v. Chr. Antiochos III. in der Schlacht bei Raphia, etwa 30 km südwestlich von Gaza in Südwestpalästina, schlug. In dem im Folgenden ausgehandelten Frieden einigte man sich in etwa auf den Status quo. Antiochos III. konnte nun endlich gegen seinen Schwager Achaios vorgehen, den er zwischen 215 und 213 v. Chr. in Sardeis belagerte, bis er seiner durch Verrat habhaft wurde und ihn hinrichten ließ. Damit war der Westen und Süden des Reiches stabilisiert. Antiochos III. trat daraufhin zwischen 212 und 205 v. Chr. seinen legendären Marsch nach Indien an, um die verlorenen Gebiete zurückzuerobern. Zwar zog er tatsächlich bis nach Indien und die durchquerten Regionen unterwarfen sich auch offiziell – doch blieb nach seiner Rückkehr alles beim Alten. Das baktrische sowie die indogriechischen Königreiche blieben weiterhin in ihrer Unabhängigkeit bestehen, denn Antiochos III. war weit weg. Dennoch hatte er damit in der Mittelmeerwelt großen Ruhm errungen und wurde fortan auch Megas (»der Große«) genannt.

Die neue Macht – Rom

Rom kommt

Am Anfang des 2. Punischen Krieges (218–201 v. Chr.) brachte der karthagische Feldherr Hannibal die Römer in allergrößte Bedrängnis. In drei Schlachten (218 v. Chr. bei der Trebia, 217 v. Chr. am Trasimenischen See und 216 v. Chr. bei Cannae) vernichteten die Karthager die römischen Heere. In dieser Situation verbündeten sich 215 v. Chr. das unabhängig Syrakus sowie Perseus V. von Makedonien mit den Karthagern. Ab 213 v. Chr. belagerten die Römer Syrakus, das dank der mechanischen Verteidigungswaffen des berühmten Mathematikers Archimedes lange standhalten konnte, aber 212 v. Chr. doch eingenommen wurde. 211 v. Chr. gelang den Römern ein Bündnis mit dem Aitolischen Bund, der nun vor allem den Krieg gegen die Makedonen in Griechenland austrug. Da die Aitoler im Verlaufe des Krieges die geringe römische Unterstützung missbilligten, schlossen sie ohne Rücksprache mit ihren Partnern Frieden mit Makedonien. Die Römer waren mit dieser eigenmächtigen Entscheidung der Aitoler zwar ganz und gar nicht einverstanden, andererseits waren sie aber genötigt, mit Makedonien 205 v. Chr. Frieden zu schließen, um sich auf die Karthager konzentrieren zu können.

In Ägypten starb 204 v. Chr. Ptolemaios IV. und hinterließ einen minderjährigen Sohn. Ägypten erlebte eine schwere Krise und wurde außenpolitisch handlungsunfähig. Philipp V. und Antiochos III. Megas schlossen daraufhin einen Pakt, um den Ptolemäern Territorien abzunehmen. Antiochos III. Megas ergriff die Gelegenheit, endlich Koilesyrien – Phönizien und Palästina – zu erobern. Im 5. Syrischen Krieg (202–200 v. Chr.) siegte er bei Peneion an den Jordanquellen und brachte das langersehnte Gebiet unter seine Herrschaft.

Philipp V. seinerseits eroberte die ptolemäischen Gebiete in der Ägäis und bedrohte das Pergamenische Reich sowie Rhodos, das im 3. Jahrhundert v. Chr. durch regen Handel zu Wohlstand und Blüte gekommen war. 201 v. Chr. baten daher der pergamenische König Attalos und Rhodos um Hilfe gegen Philipp V. Die Römer forderten Philipp V. auf, die Kampfhandlungen einzustellen, und drohten andernfalls mit Intervention. Philipp V. ging auf die Forderungen nicht ein und 200 v. Chr. begann der 2. Makedonische Krieg. Die Römer unter der Führung von Titus Quinctius Flamininus vernichteten im Frühsommer 197 v. Chr. bei Kynoskephalai in Thessalien die makedonische Streitmacht. Philipp V. durfte nur noch sein Kerngebiet Makedonien behalten und musste an Rom seine Flotte abgeben sowie hohe Kriegsentschädigungen zahlen. 196 v. Chr. verkündete Titus Quinctius Flamininus euphorisch bei den Isthmischen Spielen bei Korinth die Freiheit der Griechen. Die Poleis waren wieder unabhängig. 194 v. Chr. verließen tatsächlich die letzten römischen Truppen Griechenland. Es sollte allerdings nur für kurze Zeit sein, obwohl die Römer zu diesem Zeitpunkt kein Interesse an griechischem Gebiet hatten. Zu sehr schätzten sie die griechische Kultur als etwas Außergewöhnliches und Großartiges, zu gut wussten sie aber auch von den Problemen, die der Besitz griechischer Poleis gebracht hätte: zum einen hohe Aufwandskosten mit Verwaltungsbeamten und Soldaten, zum anderen ein ewiger Kampf zur Erhaltung des Friedens zwischen den Poleis, die sich seit Jahrhunderten bekriegt hatten, auf vieles empfindlich reagierten und in allen Tücken und Intrigen gut geübt waren. Und wirklich: Schon kurz darauf gingen die Kleinkriege zwischen den Poleis wieder los.

Die Entscheidung der Römer missfiel aber sowohl Antiochos III. Megas, der Ansprüche auf die Poleis in Thrakien und Kleinasien stellte, als auch den Aitolern, die sich übergangen fühlten, weil sie durch ihr älteres Bündnis mit Rom zumindest einige territoriale Zugeständnisse erwartet hatten. Der Aitolische Bund bat um Hilfe bei Antiochos III. Megas, der 192 bei Demetrias in Thessalien landete. 191 v. Chr. stießen die Römer und Antiochos III. Megas bei der Schlacht an den Thermopylen aufeinander, die die Römer gewannen. 190/189 v. Chr. vernichteten die Römer bei Magnesia am

Sipylos im westlichen Kleinasien das Heer von Antiochos III. Megas. Im Frieden von Apameia in Syrien des Jahres 188 v. Chr. musste Antiochos III. Megas Kleinasien bis zum Tauros räumen und Rom seine Kriegselefanten und Flotte übergeben sowie hohe Geldzahlungen leisten. Bedeutende Teile Kleinasiens erhielt Eumenes II. von Pergamon. Karien und Lykien in Südwestkleinasien gingen an Rhodos. Die Römer selbst beanspruchten wie schon in Griechenland kein Land.

179 v. Chr. starb Philipp V. Sein Sohn Perseus trat die Nachfolge an. Nochmals versucht er das Blatt zu wenden und mithilfe einer durchdachten Heiratspolitik Bündnispartner zu gewinnen. Er ehelichte Laodike, die Tochter Seleukos' IV., und verheiratet seine Schwester mit Prusias II. von Bithynien. Er schloss außerdem ein Bündnis mit Boiotien und fand Wohlwollen beim Aitolischen und Achaischen Bund und sogar bei Rhodos. In

Der große Fries von Pergamon zeigt den Kampf der olympischen Götter (hier Athena) gegen die Giganten. Dieser Mythos war nicht nur im Hellenismus Symbol für den Kampf gegen die Barbaren.

DER MAKKABÄER-AUFSTAND

Auf den Rückweg nach Syrien nahm Antiochos IV. 168 v. Chr. Jerusalem ein, wo er versuchte, das Land zu hellenisieren. Er errichtete einen Altar im Tempelbereich, weihte den jüdischen Tempel dem Zeus Olympios und verbot die jüdische Religion.

Diesem Ereignis vorausgegangen waren Jerusalemer Machtkämpfe, in deren Folge Antiochos IV. den den Griechen wohl gesonnenen Jason, den Bruder des vorherigen Hohenpriesters Oinias III., als Hohepriester einsetzte, nachdem dieser dem Seleukiden hohe Steuern versprochen hatte. Jason beabsichtigte, aus Jerusalem eine griechische Stadt zu machen. Mit Erlaubnis von Antiochos IV. richtete Jason die Institutionen einer griechischen Polis, wie ein Gymnasion (athletische Übungsstätte), und eigene Wettkämpfe in Jerusalem ein. Nach einigen Jahren erhielt Menelaos, ein Bruder des Tempelvorstehers Simeon, von Antiochos IV. das Amt des Hohepriesters, nachdem er dem König eine weitere Aufstockung der Steuern in Aussicht gestellt hatte. Um die Summe zu gewährleisten, veräußerte Menelaos Schätze des Tempels. Der abgesetzte Hohepriester Oinias III. erfuhr von diesen Machenschaften in seinem Exil in Daphne bei Antiocheia in Nordsyrien, wurde aber, ehe er dagegen vorgehen konnte, im Auftrag des Menelaos durch Andronikos umgebracht. Dieser Mord führte zu einem Aufruhr in Jerusalem, der aber niedergeschlagen wurde. 169 v. Chr. ließ Antiochos IV. nach seiner Rückkehr von einem Feldzug gegen Ägypten den Jerusalemer Tempel plündern. Während seines erneuten Feldzuges gegen Ägypten konnte der abgesetzte Hohepriester Jason die Stadt Jerusalem mit Ausnahme der Zitadelle einnehmen. Doch Soldaten von Antiochos IV. kamen 168 v. Chr. Menelaos zu Hilfe, plünderten Jerusalem und richteten eine Garnison namens Akra in der Stadt ein.

Als der jüdische Priester Mattathias 166 v. Chr. ein heidnisches Opfer – das von Antiochos 168 v. Chr. befohlen worden war – vornehmen musste, tötete er auch einen seleukidischen Beamten, was zum Auslöser des Makkabäer-Aufstandes wurde. Er stand zunächst unter der Führung des Priesters und nach dessen schnellem Tod unter der seines Sohnes Judas Makkabäus (»Hammer«), der mehrmals seleukidische Truppen schlug und 165 v. Chr. Jerusalem mit Ausnahme von Akra und dem Tempelbezirk einnehmen konnte. Auf Bitten des Hohepriesters Menelaos wurde im Februar/März 164 v. Chr. das Religionsverbot von Antiochos IV. zurückgenommen und eine Amnestie für die Rebellen gewährt, wenn sie sich ergaben. Schon kurz danach starb Antiochos IV. und sein Sohn Antiochos V. (164–162 v. Chr.) nahm alle noch bestehenden Verbote zurück. Trotzdem kämpfte Judas Makkabäus gegen die Seleukiden weiter, erlitt 163 v. Chr. in der Schlacht bei Beth-Sacharja eine schwere Niederlage und fiel 160 v. Chr. in einer Schlacht. Menelaos wurde 163 v. Chr. hingerichtet und Alkimos Hohepriester, der auch unter Demetrios I. Soter (162–150 v. Chr.) bestätigt wurde.

Die Kämpfe zwischen Makkabäern und Seleukiden gingen jedoch weiter. Schließlich wurde Simeon, ein Sohn des Mattathias, 142 v. Chr. Hohepriester. Ein Jahr später verließen die Seleukiden Jerusalem. Simon folgte sein Sohn Hyrkanos II. (135–105 v. Chr.) im Amt des Hohepriesters, der nochmals kurz unter die Vorherrschaft der Seleukiden fiel, aber 129 v. Chr. die seleukidische Herrschaft endgültig abschütteln konnte, als Antiochos VII. im Kampf gegen die Parther starb.

Oft phantasievoll und sehr pathetisch stellten neuzeitliche Künstler wie auf diesem Holzschnitt um 1900 die Befreiung Jerusalems durch Judas Makkabäus dar.

Thrakien besiegte er die Bastarner. Eumenes II. von Pergamon fühlte sich dadurch eingekesselt und bat Rom einzuschreiten. Die Römer nahmen das Anliegen von Eumenes II. ernst und stellten Perseus ein hartes – zu hartes – Ultimatum, auf das er nicht eingehen konnte. Der 3. Makedonische Krieg brach 171 v. Chr. aus. Nur Kotys, der König der Odrysen, einem thrakischen Stamm, und Epeiros hielten zu Perseus, die anderen fielen von ihm ab. So sah sich Perseus in einem Dreifrontenkrieg: gegen die Dardaner im Nordwesten, gegen Eumenes II. im Osten und gegen die Römer im Süden. Dennoch siegte Perseus 171 v. Chr. am Kallinikos in Thessalien und 170 v. Chr. gegen die Dardaner. 168 v. Chr. konnte er sogar Genthios, den König des illyrischen Stammes der Labeaten, für sich gewinnen, der zunächst erfolgreich in Epeiros agierte, bis er einige Monate später vor Skodra besiegt wurde. 168 v. Chr. wurde das makedonische Heer bei Pydna in Südmakedonien durch Lucius Aemilius Paullus vernichtet. Perseus konnte zunächst fliehen, wurde aber dann gefangen genommen und starb einige Jahre später in Alba Fucens. Um die Macht Makedoniens zu schwächen, wurden starke Einschnitte vorgenommen. Das Land wurde in vier unabhängige Territorien mit den Hauptstädten Amphipolis, Thessalonike, Pella und Pe-

In griechischer Manier ließ Aemilius Paullus nach seinem Sieg von Pydna gegen die Makedonen ein Siegesdenkmal in Delphi errichten.

lagonia (Herakleia Lynkestis) unterteilt. Anstelle von Königen gab es nur noch jährlich gewählte Beamte. Gold- und Silbergewinnung sowie der Bau einer Flotte waren verboten. Noch schlechter erging es den Epiroten: Ca. 70 Städte und Dörfer wurden geplündert und 150 000 Epiroten in die Sklaverei geschickt.

Etwa gleichzeitig führte Antiochos IV., der in Rom als Geisel festgehalten worden war, bevor er 175 v. Chr. seleukidischer König wurde, den 6. Syrischen Krieg (170–168 v. Chr.) gegen das schwache Ägypten. 168 v. Chr. hatte er außer Alexandria fast ganz Ägypten unterworfen und sich bereits zum König von Ägypten krönen lassen, als eine römische Gesandtschaft unter Führung von Gaius Popillius Laenas zu Antiochos IV. bei Eleusis vor den Toren Alexandrias eintraf. Der römische Anführer, der Antiochos IV. noch aus Rom kannte, übergab – ohne auf die herzliche Begrüßung des Seleukiden einzugehen – ein Ultimatum des römischen Senats. C. Popillius Laenas ließ Antiochos IV. nur eine Wahl: entweder er stimmte zu oder es würde Krieg geben. Antiochos IV. verstand die Botschaft, dass er sich der Stärke der Römer nur beugen konnte oder untergehen musste wie schon Perseus, und verließ Ägypten. Das Ziel der Römer schien zu dieser Zeit allerdings noch zu sein, den griechischen Osten in seiner Unabhängigkeit zu bewahren, aber darauf zu achten, dass die Poleis und Königreiche nicht zu stark wurden, um Rom nicht gefährlich werden zu können. Dies bedeutete, die Vorherrschaft zu besitzen, aber ohne Eingliederung der Griechen in römische Strukturen. Rom zog es vor, die hohen Kriegsentschädigungen und weiteren Abgaben einzustreichen, ohne Ausgaben durch Verwaltungsaufwand oder Kriege zu haben.

Erste römische Provinzen im Osten

Nach 150 v. Chr. wurden in den kommenden 120 Jahren große Teile des östlichen Mittelmeergebietes römisch. Die Römer erkannten immer mehr, dass eine Vorherrschaft im Osten ohne Eingliederung in das Römische Reich nicht funktionierte. Den Anfang des Untergangs der griechischen unabhängigen Poleis und Königreiche läutet Griechenland allerdings selbst ein.

Während Rom im 3. Punischen Krieg mit Karthago beschäftigt war, bezeichnete sich 149 v. Chr. Andriskos aus Adramyttion in Nordwestkleinasien als Philipp und gab vor, Sohn des letzten Makedonenkönigs Perseus zu sein. Mit Hilfe von Thrakern eroberte er die makedonischen Teilgebiete und etablierte in Makedonien ein Königreich. Eine von den Römern geschickte, aber zu kleine Truppe unter P. Iuventius wurde noch geschlagen, erst das größere römische Heer des Q. Caecilius Metellus besiegte Andriskos. Makedonien wurde 148 v. Chr. römische Provinz.

Mittlerweile war Sparta nicht mehr gewillt, Teil des Achaischen Bundes zu sein. Der Austritt führte zum Achaischen Krieg 149/148 v. Chr., in den schließlich Rom einschritt, um weitere Unruhen im Keim zu ersticken. Die Römer stellten ein hartes Ultimatum, dessen Bedingungen zur Auflösung des Achaischen Bundes geführt hätten. Die Achaier lehnten ab, wurden aber schon nach wenigen Monaten im Jahre 146 v. Chr. geschlagen. Korinth als Zentrum des Aufstandes wurde von L. Mummius zerstört, die Bewohner ermordet oder in die Sklaverei geschickt. Griechenland wurde Makedonien ordnungs- und verwaltungsmäßig zugeordnet, auch wenn es offenbar kein Teil der Provinz wurde. Dennoch fand damit eine endgültige Zäsur statt. Mit der noch von Titus Quinctius Flamininus deklarierten Freiheit der Griechen war es vorbei.

Die römische Allmacht bekamen auch viele griechische Herrscher zu spüren. Um ihr Land nicht in die gleiche Situation wie Makedonien zu bringen, vermachten mehrere Könige testamentarisch ihr Reich den Römern. Den Anfang bildete Attalos III. von Pergamon (138–133 v. Chr.). Er vererbte sein Pergamenisches Reich, das ganz Westkleinasien und die vorgelagerten Inseln einschloss, im Jahre 133 v. Chr. den Römern. Aristonikos, ein unehelicher Sohn von Eumenes II. (197–159 v. Chr.) oder von Attalos II. (159–138 v. Chr.), konnte die Unterschichten zu einem Aufstand gegen die Römer bewegen und anfänglich auch kleine Erfolge erzielen, wurde dann aber doch schnell besiegt. 129 v. Chr. wurde das Pergamenische Reich zur ersten römischen Provinz in Asien und erhielt ganz bescheiden den Namen Asia. Dem Beispiel von Attalos III., das Reich den Römern zu vererben, folgten 96 v. Chr. der König Ptolemaios Apion (116–96 v. Chr.) mit der Kyrenaika (Ostlibyen) und 74 v. Chr. der König Nikomedes IV. (94–74 v. Chr.) mit Bithynien in Nordwestkleinasien.

Mithradates VI. von Pontos

In Kleinasien zettelte 89 v. Chr. Mithradates (auch Mithridates) VI., König von Pontos (um 114–63 v. Chr.), ein letztes langes Aufbegehren gegen die römische Vorherrschaft an. Doch noch bevor er den Römern die Stirn bot, eroberte er das Bosporanische Reich (heute vor allem die Krim und umliegende Küstengebiete). Als die griechische Stadt Chersonesos Taurike (heute Sewastopol auf der Krim) von den in den Steppen Asiens lebenden Skythen bedroht wurde, bat die Stadt Mithradates VI. um Hilfe. Sein Feldherr Diophantos konnte die Skythen schlagen und besetzte daraufhin das ganze Bosporanische Reich, das dessen letzter König Pairisades V. (um 150–108/107 v. Chr.) mit dem Verzicht seines Thrones Mithradates VI. anvertraute. Im Anschluss gewann dieser Kolchis (heute Teile Westgeorgiens) und Kleinarmenien (Teile Ostanatoliens). Galatien (Mittelanatolien) wurde abhängig von Pontos. Paphlagonien (zwischen Bithynien und Pontos gelegen) teilte Mithradates VI. mit Nikomedes II. von Bithynien auf. Es kam zum Streit der beiden Könige um Kappadokien, um das sie mit wechselndem Erfolg kämpften, wobei Rom mehrmals eingeschaltet wurde und immer wieder kurzzeitig Ruhe in die Angelegenheit bringen konnte. Inzwischen hatte Mithradates VI. auch einen Verbündeten in König Tigranes I. von Armenien (ca. 95–55 v. Chr.) gefunden, der Kleopatra, die Tochter des Mithradates VI., heiratete. Während in Rom noch der Bundesgenossenkrieg tobte, begann Mithradates VI. seine Offensive gegen Rom, den 1. Mithradatischen Krieg (89/88–85 v. Chr.). Er mobilisierte die römerfeindlichen Kräfte Kleinasiens und Griechenlands und marschierte von seinen Stammlanden Pontos (im mittleren Nordanatolien) gen Westen. In wenigen Monaten eroberte er fast ganz Kleinasien (Bithynien, Mysien, Phrygien, Lykien, Pamphylien und die römische Provinz Asia). Nur Rhodos konnte er nicht einnehmen. An einem vorab vereinbarten Tag – der sogenannten »Kleinasiatischen Vesper« – wurden im Jahre 88 v. Chr. alle Römer und Italiker in Kleinasien, etwa 80 000 an der Zahl, umgebracht. Noch Ende desselben Jahres betrat Mithradates VI. Griechenland als »Neuer Dionysos«, um die römische Herrschaft in Griechenland abzuschütteln. Achaia, Sparta, Boiotien, Euboia und Athen verbündeten sich mit Mithradates VI. In Athen wurde er begeistert empfangen. Erst Lucius Cornelius Sulla konnte Mithradates VI. bezwingen. Am 1. März 86 v. Chr. eroberte Sulla Athen, das er plündern ließ. Mithradates VI. musste zurückweichen und beim Frieden von Dardanos am Hellespont (heute Dardanellen) im Jahre 85 v. Chr. alle erst kurz vorher erworbenen Gebiete zurückgeben, seine Flotte übergeben und hohe Kriegsentschädigungen zahlen. Mithradates VI. kam nur deshalb relativ glimpflich davon, weil Sulla keine Zeit mit weiteren Kämpfen in Kleinasien verlieren und schnellstens nach

Mithradates VI. von Pontos zeigt sich im Löwenfell als Nachfolger von Herakles und Alexander dem Großen.

Rom zurückkehren wollte, um dort wieder in die innenpolitischen Auseinandersetzungen eingreifen zu können.

Dass kein schriftlicher Friedensvertrag unterzeichnet worden war, nahm der römische Statthalter der Provinz Asia, Lucius Licinius Murena, zum Anlass, um in Pontos einzudringen. Der 2. Mithradatische Krieg brach 83 v. Chr. aus. Doch nachdem Murena mehrere Niederlagen hatte einstecken müssen, endete der Krieg schon ein Jahr später ergebnislos.

Durch verschiedene Bündnisse wieder erstarkt, eröffnete Mithradates VI. 74 v. Chr. den 3. Mithradatischen Krieg. Nach wechselnden Erfolgen auf beiden Seiten konnten schließlich Pompeius und der Partherkönig Phraates III. im Jahre 66 v. Chr. das Heer des Mithradates VI. am Lykos vernichten und Mithradates VI. aus Kleinasien vertreiben, der sich 63 v. Chr. auf der Krim von einem Soldaten töten ließ, nachdem sein Plan, ein neues Heer aufzustellen, gescheitert war. Mit Mithradates VI. war das letzte große Aufbegehren Griechenlands und Kleinasiens gegen die Römer vorbei.

Der Untergang des Seleukidenreiches

Auch die Seleukiden mussten im Jahr 64 v. Chr. ihre letzten Besitzungen den Römern übergeben. Dies markierte das Ende eines langen Leidensweges.

Die Seleukiden verloren schon in der 2. Hälfte des 2. Jahrhunderts v. Chr. wichtige Teile ihres Reiches. Der parthische König Mithradates I. (um 171–139/138 v. Chr.), dem bereits große Teile Persiens unterstanden, eroberte Elam, Medien, Babylonien und die Handelsmetropole Seleukeia am Tigris und nahm 139 v. Chr. den seleukidischen König Demetrios II. gefangen,

Das Porträt von Pompeius dem Großen strahlt mit dem wild gesträubten Haar militärische Dynamik, im Gesicht aber Besonnenheit und Ruhe aus.

den er mit seiner Tochter Rhodogune verheiratete. Im selben Jahr ließ sich Mithradates I. zum Großkönig krönen und erklärte die Unabhängigkeit seines Reiches von den Seleukiden. Dem Bruder des Demetrios II., Antiochos VII., gelang es 130 v. Chr. nochmals, nach drei gewonnenen Schlachten gegen die Parther, Babylonien und Medien zurückzuerobern, er fiel dann aber in einer Schlacht im Jahre 129 v. Chr. Mesopotamien und alle östlichen Gebiete gingen endgültig an die Parther. Judäa hatte sich bei dieser Gelegenheit ebenso vom Seleukidenreich gelöst. Den Seleukiden blieben nur noch Syrien und Kilikien (Südostürkische Mittelmeerküste).

Trotz dieser ohnehin schlechten Lage verstrickten sich zwei Linien der seleukidischen Herrscher-Familie in dauernde Machtkämpfe untereinander und schwächten ihr Reich noch mehr. 83–69 v. Chr. besetzte sogar Tigranes I., König von Armenien, der mit Mithradates VI. verbündet war, Syrien und 64 v. Chr. entthronte der römische Feldherr Pompeius schließlich die letzten seleukidischen Herrscher Antiochos XIII. (69–64 v. Chr.) und Philipp II. (65–64 v. Chr.), die über Syrien bzw. Kilikien herrschten. Syrien und Kilikien wurden 63 v. Chr. römische Provinzen.

Das Ende der Ptolemäer

Das seit dem 2. Jahrhundert v. Chr. durch Erbstreitigkeiten, innere Machtintrigen und teilweise durch Bürgerkriege geschwächte Reich der Ptolemäer war schließlich das letzte noch unabhängige Königreich in der Nachfolge Alexanders, allerdings waren auch seine auswärtigen Besitzungen verloren. In dieser Schwäche der Ptolemäer lag aber auch ihr Glück, denn abgesehen von Ägypten waren die Ptolemäer keine Gefahr mehr für andere Herrscher.

Doch als Caesar 48 v. Chr. in Ägypten weilte und vor seinen Augen ein Teppich aufgerollt wurde, in dem sich die reizende Kleopatra VII. befand, nahm das unheilvolle Ende der Ptolemäerherrschaft seinen Lauf. Kleopatra VII. bezirzte Caesar, dieser verliebte sich in sie und verhalf ihr wieder zu dem Thron, den sie testamentarisch bestimmt 51 v. Chr. zusammen mit ihrem Bruder und Gemahl Ptolemaios XIII. bestiegen hatte, von dem sie aber durch Ptolemaios XIII. vertrieben worden war. Kleopatra VII. wurde zusammen mit ihrem jüngeren Bruder Ptolemaios XIV. durch Caesar zu Herrschern von Ägypten ernannt. Im Jahre 47 v. Chr. gebar sie Caesars Sohn: Ptolemaios XV. Kaisar, der seinen zweiten Namen zu Ehren seines Vaters trug. Sie folgte Caesar von 46 bis 44 v. Chr. nach Rom. Als Caesar am 15. März 44 v. Chr. unter Führung von Brutus und Cassius ermordet wurde, kehrte Kleopatra VII. nach Ägypten zurück.

In Rom bildeten der Konsul Marc Anton, Lepidus und Octavian (der von Caesar als Erbe eingesetzt worden war) ein Triumvirat (»Dreierherrschaft«), schlugen in der Schlacht von Philippi in Griechenland 42 v. Chr. die Legionen des Brutus und Cassius vernichtend und teilten das Römische Reich unter sich auf. Marc Anton erhielt den Osten, Lepidus Nordafrika und Octavian den Westen.

41 v. Chr. wurde Kleopatra VII. von Marc Anton nach Tarsos zitiert. Als leicht bekleidete Liebesgöttin Aphrodite/Isis erschien sie bei Marc Anton, der ihr sofort verfiel. Er heiratete Kleopatra VII. und schenkte ihr Teile Phoinikiens und Kilikiens. Drei Kinder entstammten dieser neuen Liebe: Alexander Helios, Ptolemaios Philadelphos und Kleopatra Selene. Vermutlich nutzte Kleopatra VII. die blinde Liebe Marc Antons zu ihren Gunsten aus, um sich und ihren Söhnen zu zusätzlichen Königstiteln zu verhelfen. Er schenkte ihren gemeinsamen Kindern teilweise römisch beherrschte Ländereien und ließ sich von Octavians Schwester Octavia, mit der er verheiratet war, scheiden. Octavian ließ die Herrscherin daraufhin wegen der Zugeständnisse Marc Antons an Kleopatra VII. zur Staatsfeindin erklären. 32 v. Chr. zog Rom gegen Kleopatra VII. in den Krieg, bei dem sich Marc Anton auf ihre Seite stellte. Am 2. September 31 v. Chr. vernichtete Octavian die römisch-ägyptische Flotte des Marc Anton und der Kleopatra VII. bei Actium in Nordwestgriechenland.

Kleopatra VII. lässt in ihren Porträts mit der langen, leicht gebogenen Nase und dem biederen Haarschopf kaum ihre Reize erahnen, mit denen sie Caesar und Marc Anton verzauberte.

Am 1. August des Jahres 30 v. Chr. eroberte Octavian Alexandria. Das berühmte tragische Ende von Kleopatra VII. und Marc Anton nahm seinen Lauf. Kleopatra VII. zog sich in ihr bereits zu Lebzeiten errichtetes Mausoleum zurück. Marc Anton, der an anderer Stelle in der Stadt kämpfte, hörte von dem angeblichen Selbstmord seiner Gemahlin und beschloss, ebenfalls zu sterben. Sein Sklave Eros verwehrte ihm jedoch seine Hilfe und tötete sich selbst. Daraufhin stürzte sich Marc Anton allein ins Schwert. Mit dem Tode ringend, erfuhr er, dass die Königin noch lebt. Man brachte ihn zu ihr ins Mausoleum, wo er starb. Kleopatra VII. wurde gefangen genommen. Octavian gewährte ihr aber, Marc Anton im Mausoleum zu bestatten. Um einem schmachvollen Triumphzug des Octavian in Rom zu entgehen, nutzte Kleopatra VII. diese Bestattung, und brachte sich am 12. August 30 v. Chr. in ihrem Mausoleum um. Sie starb wahrscheinlich durch Bisse einer oder mehrerer Giftschlangen, die sie sich an ihren Arm – und nicht an ihre Brust – legte. Octavian ließ Kleopatra VII. neben Marc Anton bestatten.

Der Augusteische Frieden, den die Ara Pacis in Rom feiert, machte den jahrhundertelangen Kriegen im Mittelmeerraum endlich ein Ende.

Mit Kleopatra VII. endete nicht nur eine der schillerndsten Frauen und eine der schönsten Liebesgeschichten der Weltgeschichte, sondern auch das letzte griechische Reich in der Nachfolge Alexanders des Großen und eine ganze Epoche.

Ägypten wurde vom Römischen Reich vereinnahmt und Octavian, der ab 27 v. Chr. den Ehrennamen Augustus (»der Erhaben«) trug, Alleinherrscher, womit er de facto das Römische Kaiserreich einläutete. Das östliche, griechisch dominierte Mittelmeergebiet war nun zwar überwiegend Teil des Römischen Reiches, doch die griechische Kultur und Sprache, die die Römer im Laufe der vergangenen 200 Jahren immer mehr zu schätzen gelernt hatten, bestanden in der Osthälfte des Römischen Reiches fort. Die griechische Kultur wurde weiterhin bewahrt und leuchtet noch heute als einer der größten Sterne am Firmament der Menschheitsgeschichte.

Ein Panorama der griechischen Antike

Das antike Griechenland präsentiert sich uns noch heute unglaublich vielfältig: Erziehung und Sport spielten bei den Griechen eine ebenso große Rolle wie Kunst und Literatur, Religion und Philosophie oder die Naturwissenschaft.

Wie die Übersicht über die Geschichte Griechenlands zeigte, waren die Griechen ein äußerst heterogenes Volk mit einem breiten Spektrum an Ansichten und Handlungsweisen. Die meisten Informationen, die wir heute besitzen, konzentrieren sich auf die zwei größten Mächte auf dem griechischen Festland, auf Athen und Sparta, wobei das Wissen über Athen mit Abstand am reichsten ist. Über viele Poleis haben wir hingegen nur spärliche Kenntnisse. Daher wissen wir auch am besten über das Alltagsleben im klassischen Athen des 5. und 4. Jahrhunderts v. Chr. Bescheid, das im Folgenden vor allem vorgestellt wird. Das griechische Leben spielte sich in einer reinen Männerwelt ab. Auch die politischen Strukturen inklusive der Demokratie waren nur auf erwachsene Männer ausgerichtet. Nur unter dieser Voraussetzung lässt sich alles andere im griechischen Leben verstehen.

Im Dunstkreis des Herdfeuers: die Familie

Den Begriff Familie kannten die Griechen nicht. Die gesellschaftliche und wirtschaftliche Keimzelle bildete bei den Griechen der *oikos* (»Haus«), der neben Besitztümern alle damit verbundenen Personen beinhaltet: die Familie mit Sklaven und weitere Gehilfen, die auch nur zeitweise dazugehören können. Die Familie selbst ist in der Regel klein und besteht neben dem Hausherrn mit Gattin aus unverheirateten Töchtern und Söhnen und bisweilen verheirateten Söhne mit ihren Ehefrauen. Zum *oikos* kann noch

oben: Auch griechische Mädchen spielten mit Puppen, die sie vor ihrer Hochzeit zum symbolischen Abschied von der Kindheit einer Göttin weihten.

links: Ein Relief des Tempels E von Selinunt zeigt die Hochzeit zwischen Zeus und Hera.

Landbesitz (*kleros*) hinzukommen. Sowohl den *oikos* wie auch die Gesellschaft band der Kult. In Athen opferte man als oberstem Schutzherrn des *oikos* dem Zeus Herkeios.

Im *oikos* bestimmte der Hausherr (*kyrios*, »Herr«) unumschränkt. Er vertrat die Mitglieder in allen rechtlichen Angelegenheiten. Erst wenn ein Mitglied den *oikos* verließ, war es dem Hausherrn nicht mehr untergeordnet.

Zum wesentlichen Bestand eines *oikos* gehörte die Heirat des Hausherrn mit einer einzigen Frau. Vielehe (Polygamie) war bei den Griechen ausgeschlossen. Der wichtigste Zweck der Heirat war vornehmlich die Zeugung von Kindern zur Aufrechterhaltung des *oikos*, aber auch als Altersvorsorge für die Eltern. Denn wenn die Eltern im Alter nicht mehr selbst für ihr Auskommen sorgen konnten, mussten die Nachkommen für sie aufkommen. Wurde eine Frau Witwe und war die Ehe kinderlos geblieben, so musste sich der neue Hausherr, der auch ihre Mitgift verwaltete, um sie kümmern.

Eine Liebesheirat in unserem heutigen westlichen Verständnis war im Übrigen äußerst selten. Die wenigen bekannten Liebesheiraten fanden bei Töchtern aus reichem Hause statt, bei denen sich der Hausherr solche »Extravaganzen« seiner geliebten Tochter leisten konnte. In der Regel stimmten sich die Hausherren über eine Ehe zweier Mitglieder ihres *oikos* ab. Dabei wurde vor allem die Mitgift der Braut ausgehandelt. Diese war zwar per Gesetz nicht vorgeschrieben, aber doch sehr üblich. Denn es gab viel mehr heiratsfähige Frauen als Männer und eine angemessene Mitgift erleichterte die Verheiratung und damit die Versorgung einer Tochter, die ansonsten weiterhin vom Hausherrn verpflegt werden musste. Gleichzeitig konnte eine hohe Mitgift den Ehemann mehr binden, denn bei einer Scheidung war er verpflichtet, die Mitgift wieder an den Hausherrn zurückzuzahlen, was unter Umständen schwierig werden konnte. Ohne Mitgift hatten heiratsfähige Frauen kaum eine Chance. Daher waren bisweilen auch Brüder und Verwandte angewiesen, zu helfen. In seltenen Fällen konnte sogar der Staat für die Mitgift aufkommen, wenn der Vater dem Staat gegenüber große Verdienste vorweisen konnte. Die Mitgift wurde in der Regel in Form von Bargeld ausgezahlt. Meist besaßen die Bräute aber zusätzlich auch eine Aussteuer aus Kleidern, Schmuck und Haushaltsgeräten.

Um die Übereinkunft einer Verlobung zu besiegeln, tauschten die Hausherren das Eheversprechen für ihre beiden Kinder vor Zeugen aus und nannten auch nochmals klar die Mitgiftsumme. In besonders schwierigen Fällen konnte man die Verlobung auch durch ein Gerichtsurteil bestätigen lassen. Das Alter, in dem die Kinder verlobt werden konnten, ist nicht genau bekannt. Vermutlich konnten schon Kinder versprochen werden. Geschwisterehen waren zwar verboten, ansonsten heiratete man aber bevorzugt innerhalb der Verwandtschaft, z. B. oft der Onkel die Nichte, Cousins und Cousinen, Halbbrüder und Halbschwestern. Das Idealalter für die Hochzeit war beim Mann um die 30 Jahre. Er hatte nun genug Erfahrung, um selbst einen *oikos* zu führen. Der Vater, der dann meist mindestens 60 Jahre alt war, konnte bei der Hochzeit dem Sohn gleich den *oikos* übergeben und in »Rente« gehen, d. h. sich von ihm versorgen lassen. Mit 59 Jahren endete für Männer in Athen auch die Militärdienstpflicht und ein Mann galt als Greis. Die Braut sollte hingegen unter 20 Jahre alt sein, um noch lange Nachkommen gebären zu können.

Einige Tage vor der Hochzeit opferte die künftige Braut ihr Spielzeug, ihr Haar und ihren Jungfrauengürtel der keuschen Jagdgöttin Artemis und der jungfräulichen Kriegsgöttin Athena. Damit verließ sie das Kindesalter und gab ihre jungfräuliche Unschuld auf. Die Braut nahm außerdem einen Tag vor der Eheschließung noch ein rituelles Brautbad. Am Tag der Hochzeit wurde sie feierlich gekleidet und trug einen roten Brautschleier und -kranz. Sie opferte ein letztes Mal auf dem väterlichen Herdfeuer. Tagsüber fand bei Musik, Gesang und Tanz ein großes Hochzeitsessen in ihrem alten *oikos* statt, in dessen Verlauf die Braut vom Bräutigam entschleiert und wahrgenommen wurde. Der Bräutigam überreichte ihr seine Geschenke und aß ein Gebäck mit Sesamkörnern, die große Nachkommenschaft versprachen. Bei Anbruch der Dunkelheit wurde die Braut bei Fackelschein mit Gesang von ihrem alten zum neuen *oikos* geleitet, wo sie in Empfang genommen wurde. Beim Übertreten der Hausschwelle warf der Bräutigam Nüsse und getrocknete Früchte über ihren Kopf und die Eltern des Bräutigams empfingen sie wohl mit einem Granatapfel, auch einem Symbol der Fruchtbarkeit. Sie wurde dann zum »neuen« Herdfeuer, das sie als Symbol der »Aufnahme in den Schoß der Familie« umschritt, und schließlich zum Brautbett geführt, wo ihr der eigentliche Hochzeitsgesang (*hymenaios*) gesungen wurde und wo sie der Bräutigam empfing. Am nächsten Morgen wurden die jung Vermählten durch Hochzeitslieder geweckt, die Braut nahm ein Bad und erhielt von den Nächsten Geschenke. Die Eheleute führten fortan ihr gemeinsames Leben

Auf der Lebes Gamikos (»Hochzeitskessel«) bereitet sich rechts die Braut im Gemach auf die Hochzeit vor. Eros fliegt mit Gaben zu ihr und eine Dienerin bringt Schmuckkästchen und -bänder.

manchmal im *oikos* der Eltern des Bräutigams, meist aber in ihrem eigenen *oikos*.

Da der *oikos* die Keimzelle der Polis bildete, war sein Fortbestand ein zentrales Anliegen im griechischen Alltagsleben. Kinder waren folglich sehr wichtig, denn nur sie garantierten seine Weiterführung und damit auch die Aufrechterhaltung des Familienkultes und der Grabpflege. Besonders die Zeugung von männlichen Nachkommen war von großer Bedeutung. Der Druck auf die Eheleute war dementsprechend groß, nicht zuletzt, weil auch die Lebenserwartung in der damaligen Zeit recht niedrig und der Mann bei der Heirat in der Regel bereits etwa 30 Jahre alt war. Zudem schadete in der Logik der Griechen der Gatte auch dem Ansehen seiner Frau, wenn er zeugungsunfähig war. Wie es in einer Schrift heißt, durfte die Tugend der Frau nicht durch Kinderlosigkeit bestraft werden. Zeugte der Hausherr aber nur Mädchen, dann war man sehr darauf bedacht, dass diese die nächsten Verwandten heirateten, im Idealfall die Brüder des Hausherrn, damit dann bei der erhofften Geburt eines Enkels, die genealogische Nachfolge wieder in geregelten Bahnen verlief. Im schlimmsten Fall durften Kinder auch adoptiert werden, doch hatte der adoptierte Sohn wohl kein Anrecht auf den ererbten Besitz, sondern erst ein Sohn des Adoptierten. Der Hausherr versuchte auch hier, jemanden aus der Verwandtschaft zu adoptieren.

In Athen spielte die **Phratrie** (»Brüderschaft«) eine wichtige Rolle. Jeder Bürger gehörte einer von mindestens 30 Phratrien an. Diese Zugehörigkeit wies den Bewohner als Athener Bürger aus. Daher registrierte man dort die Neugeborenen und den Mann bei seiner Volljährigkeit. Die Phratrien bezeugten die Bürgerschaft und die Erbberechtigung. Jede Phratrie hatte einen Versammlungsplatz, Landbesitz und einen eigenen Altar, der dem Schutzherrn Zeus Phratrios geweiht war. Mit den Phratriemitgliedern feierte man die wichtigsten Abschnitte im Leben: Geburt, Volljährigkeit und Hochzeit. In Not geratene Bürger konnten sich an die Phratrie wegen finanzieller oder rechtlicher Hilfe wenden.

Kam es zur ersehnten Geburt eines Kindes, bestrich man kurz vorher das Haus mit Pech, um die Bösen Geister abzuschrecken, und die Geburtshelferinnen opferten der Geburtengöttin Althaia. Meist fünf Tage nach der Geburt trug man das Kind um das Herdfeuer, das damit – wie einst die Braut – in den Schoß der Familie aufgenommen war. Über der Haustür brachte man entweder einen Olivenzweig für einen Jungen oder ein Wollknäuel für ein Mädchen an. Fünf Tage später erhielt das Kind Geschenke, zum Schutz gegen Böse Geister Amulette, und vor allem einen Namen, der meist dem der Großeltern entsprach. Den Name meldete man auch gleich der Phratrie (»Brüderschaft«).

Die Kinder versuchte man bestmöglich zu schützen, doch war die Kindersterblichkeit sehr hoch. Schätzungsweise die Hälfte aller Neugeborenen erreichte das zweite Lebensjahr nicht und ein weiterer Teil nicht die Volljährigkeit. Die Erziehung besaß daher einen hohen Stellenwert. Denn nur eine gute Erziehung garantierte den Erhalt des Status oder eröffnete sogar einen besseren. Daher war beispielsweise ein Sohn später für seine alten Eltern nicht versorgungspflichtig, wenn er nachweisen konnte, dass er keine gute Erziehung genießen durfte, obwohl dies möglich gewesen wäre.

Die Erziehung des Kindes erfolgte bis ins Alter von sieben Jahren im Frauengemach (*gynaikon*). Wenn man es sich leisten konnte, wurde das Kind einer Amme, meist einer armen Bürgersfrau oder Sklavin, anvertraut. Sie stillte das Baby ein bis zwei Jahre und kümmerte sich um die Erziehung. Da die Kinder körperlich gut gewachsen und schön sein sollten, wurden sie fest gewickelt. Auch trug man sie bis zum Alter von drei Jahren herum, damit sie keine O-Beine bekommen sollten.

Im Alter von sieben wurden Mädchen im Frauengemach in die zukünftige Hausarbeit, darunter Spinnen und Weben, eingeführt. Bisweilen lernten sie auch lesen und schreiben. Eine kleine Minderheit von reichen Töchtern (1–3 Prozent der Mädchen) besuchte ein Mädcheninternat. Berühmt war das bereits um 600 v. Chr. existierende Internat der Dichterin Sappho auf Lesbos, in dem neben Lesen und Schreiben auch Tanz und Musik auf

Zwei Schüler werden von ihren Lehrern im Leierspiel und Lesen unterrichtet, während der Pädagoge die Aufsicht führt.

dem Programm stand. Die intensive Begegnung zwischen Mädchen und Lehrerin führte auf Lesbos wohl auch häufiger zu erotischem Kontakt, zur »lesbischen« Liebe. Möglicherweise war die gleichgeschlechtliche Liebe in diesen Kreisen genauso üblich und normal wie bei Männern.

Die Knaben hingegen verließen in diesem Alter das Frauengemach und erhielten, wenn finanziell möglich (maximal 20–30 Prozent der Bevölkerung konnten es sich leisten), Schul- und Sportunterricht. Sie lernten lesen, schreiben und rechnen. Ein Pädagoge, der oft ein gebildeter Sklave war, wurde dem Knaben als Betreuer beigegeben. Er begleitete ihn zum Unterricht, machte mit ihm die Hausaufgaben und brachte ihm richtiges Verhalten bei. Mit zwölf Jahren wurde das Lesen und Schreiben im Zusammenhang mit dem Auswendiglernen von Gedichten und Epen verstärkt. Die Ilias (»Der Trojanische Krieg«) und die Odyssee waren Pflichtlektüre. Hinzu kamen das Fach Gesang und das Erlernen eines Musikinstrumentes, meist der Aulos (einer Art Oboe) oder der Lyra (Leier). Ab dem Alter von 13–14 Jahren konzentrierte sich der Jüngling vor allem auf den Sport – Diskus- und Speerwerfen, Springen, Laufen, Ringen, Boxen und Mehrkampf – in der Palästra. Dort übte er den Sport unter Anleitung eines Trainers und seiner Gehilfen nackt aus und wurde von älteren Männern (etwa 40-Jährigen) beobachtet. Fand ein Mann gefallen an dem Jüngling, warb er um ihn mit Geschenken wie einem Apfel, Hahn oder

Ein älterer athenischer Bürger und sein junger Geliebter erfreuen sich an schönen Blumen.

Hasen, die für Fruchtbarkeit und Geilheit standen. Nahm ein Jüngling das Präsent an, wurde er zum Liebling (Eromnen) und der Liebhaber zum Erasten. Die Päderastie war bei den Griechen üblich, wobei die Verbindung zwischen einem älteren Mann und einen Jüngling sich meist in diesen Altersgrenzen abspielten. Sie gehörten zur »Weiterbildung«. Neben der Erfahrung der ersten erotischen Begegnung sollte der Mann den Jüngling auch in anderen Gebieten lehren und ihm seine Lebenserfahrungen mitgeben.

Erst ab der 2. Hälfte des 4. Jahrhunderts v. Chr. kamen die ersten öffentlichen Schulen auf, die von Bürgern oder Vereinen getragen wurden. Die Textlektüre wurde ausgeweitet. Neben den üblichen Epen und Gedichten wurden Theaterstücke und Geschichtsbücher gelesen. Die Rhetorik erhielt einen noch größeren Stellenwert.

Beim Tod des Hausherrn wurde der Besitz zu gleichen Teilen an die Söhne vererbt. Die Töchter hatten nur das Recht auf eine Mitgift, damit sie verheiratet werden konnten. Wenn der Hausherr keinen Sohn hinterließ, erbte zwar die Tochter den Besitz, musste aber umgehend den nächsten Verwandten heiraten und mit ihm männliche Nachkommen bekommen, damit diese dann das Erbe antreten und den Familienkult aufrecht erhalten konnten. Damit die Nachkommenschaft auch wirklich garantiert war, war der Angeheiratete gesetzlich verpflichtet, mindestens dreimal im Monat mit der Gattin Geschlechtsverkehr zu haben. Kam er dieser Verpflichtung nicht nach, durfte die Frau mit den nächsten Verwandten des Gemahls Geschlechtsverkehr haben.

Wie außergewöhnlich diese Verordnung war, zeigt die Tatsache, dass Ehebruch in allen anderen Fällen erbarmungslos geahndet wurde. Wurde eine ansonsten ehrbare Frau des *oikos* (d. h. Ehefrau, Tochter, Mutter, Schwester) in flagranti erwischt, konnte der Hausherr den Liebhaber ohne Bestrafung töten und die Frau in der Öffentlichkeit großen Schändungen aussetzen. Sie durfte nicht mehr im Festgewand an den Kultfesten teilnehmen und von jedem öffentlich beleidigt und geschlagen werden. Die Verletzung oder gar Tötung der Frau war aber ausgeschlossen. Die Ehefrau wurde vielmehr geschieden, verführte Töchter durften in die Sklaverei verkauft werden.

Die Keuschheit der ehrbaren Frau war erste Prämisse für den Griechen. Daher konnten sich Frauen vermutlich erst ab einem Alter von über 60 Jahren frei bewegen Die Freiheit der Frauen in guten Verhältnissen war dadurch sehr eingeschränkt. Wenn möglich, durften sie das Haus nur für die Teilnahme an den religiösen Festen verlassen. Selbst bei Beerdigungen war

DIE ROLLE DER FRAU

Bürgersfrauen hatten wenig Freiheiten und Rechte. Sie wurden vor allem dazu erzogen, gute Ehefrauen zu sein, deren oberstes Ziel war, (männliche) Kinder zum Erhalt des *oikos* zu gebären.

Frauen hatten keinen Eigenbesitz, waren vom politischen Wirken ausgeschlossen und mussten bei Gericht vertreten werden. Nur als Priesterinnen konnten sie öffentlich wirken. Als Priesterin leitete die Frau Kulthandlungen, bewahrte den Tempelschatz und erhielt kleinere Ehrungen wie einen besonderen Sitzplatz bei Festveranstaltungen oder Anteil eines Opfers. Auch gab es eigene Frauenfeste, insbesondere für Demeter und Persephone, bei dem die Frauen unter sich waren. Das bedeutendste Fest für die beiden Göttinnen waren die Thesmophoria, die an drei Tagen abgehalten wurden. Am ersten Tag bauten sich die Frauen Unterkünfte, am zweiten wurde gefastet und am dritten gefeiert. Die Überreste der Opfer verstreute man auf den Äckern, um Fruchtbarkeit zu garantieren.

Im Hellenismus konnten Frauen jedoch auch als Wohltäterinnen auftreten und dadurch sogar Ehrenstatuen oder -inschriften auf öffentlichen Plätzen erhalten.

Gut situierte Bürgersfrauen durften auch nur in eingeschränktem Rahmen arbeiten, ihr angestammter Arbeitsplatz war das Haus. Dort kümmerten sie sich um den reibungslosen Ablauf aller anfallenden Arbeiten und stellten durch Weben und Spinnen Textilien her. Allerdings machten diese Bürgersfrauen nur etwa drei Prozent der Gesamtbevölkerung aus.

Bürgersfrauen aus armen Verhältnissen arbeiteten auch außerhalb des Hauses, auf dem Feld, als Amme oder als Verkäuferinnen für kleinere Wertgegenstände wie Lebensmittel, Parfüms, Blumengebinde und Kränze. Wahrscheinlich übten vor allem Metökinnen (»Mitbewohner«, Ausländerinnen) die anderen typischen Frauenberufe aus wie Wirtin, Tänzerin, Musikantin oder Hetäre (Liebesdienerin) und auch selten Männerberufe wie Bäckerin und Vasenmalerin. Nur Sklavinnen wurden zu jeder Art von Arbeit eingesetzt.

Die Pyxis (Büchse) illustriert die Lebensräume der Frau, unten die Hausherrin mit Schmuckkästchen im Frauengemach, oben eine Frau beim Wasserholen am Brunnen.

es üblich, nur Frauen über 60 Jahren und Frauen aus engster Verwandtschaft zuzulassen. Manche Frauen haben daher das Haus wohl so gut wie nie verlassen. Das zeigen u. a. Gerichtsverhandlungen, in denen der Nachweis erbracht werden musste, dass eine bestimmte Frau wirklich noch lebte, weil sie schon sehr lange nicht mehr in der Öffentlichkeit gesehen worden war.

Ohne Komfort: Wohnen bei den Griechen

Meist waren die Häuser bis um 400 v. Chr. sehr bescheiden. Sie bestanden nur aus Holz oder Fachwerk mit dünnen Mauern aus Lehmziegel oder Bruchstein. Die Häuser reihten sich dicht aneinander, waren häufig nur ebenerdig und bestanden aus zwei bis drei Zimmern, wobei der äußerste, zur Straße ausgerichtete Raum oft als Laden mit oder ohne Werkstatt diente. Der Mittelpunkt des *oikos* war der private Wohnraum. Die Mauern waren kaum verputzt, die Fußböden oft nur aus gestampfter Erde. Teppiche glichen den Mangel wohl häufig aus. Einfache Leute saßen auf dem Boden und hatten nur bescheidene selbstgezimmerte Betten mit Matten zum Schlafen. Nur Reichere leisteten sich Lehnstühle, Klappstühle und Betten mit Matratzen und Kissen zum Schlafen. Für das Trinkgelage, das einen wichtigen Platz im Gemeinschaftsleben einnahm, standen breite Liegen (Klinen) mit Kopfkissen für zwei bis drei Personen und runde oder viereckige niedrige Tischchen zur Verfügung. Daneben gab es nur Regale und Truhen und für den Winter bisweilen Holzkohlebecken. Toiletten existierten nicht, es gab nur einen Nachttopf. Zum Waschen stand manchmal ein kleiner Raum mit Tischchen, Regalen und Wasserschale und in ganz vornehmen Haushalten mit tönerner Badewanne zum Sitzen zur Verfügung. Selten gab es einen Hof mit Brunnen. Am Abend kannte man meist nur Öllampen, manchmal auch Kerzen und Fackeln.

Selten gab es auch größere Häuser mit mehreren Räumen, die zusätzlich ein Obergeschoss besaßen. Sie hatten eine Größe von ca. 300 m^2 und kosteten meist je nach Lage und Größe zwischen 1000 und 2000 Drachmen (eine Drachme war der Tageslohn eines Handwerkers). Vor allem zwei Typen lassen sich bis um 400 v. Chr. unterscheiden, das Pastas- und das Prostas-Haus.

Das etwa quadratische Pastas-Haus besaß einen Hof, an den eine offene korridorartige längere Vorhalle (*pastas*) anschloss. Neben dem Laden mit möglicher Werkstatt zur Straße hin befanden sich im Erdgeschoss Wirtschaftsräume, ein Wohnraum und insbesondere ein Männerraum (*andron*) für das Trinkgelage (*symposion*). Im Obergeschoss lag der für Nicht-Familienmitglieder unzugängliche Frauenbereich (*gynaikon*).

Beim rechteckigen Prostas-Haus war die Vorhalle in gleicher Breite mit dem Hof verbunden, der zum Männerraum (*andron*) führte. Nach der Vorhalle folgten der Wohnraum und die Wirtschaftsräume. Im Obergeschoss befand sich wiederum der Frauenbereich (*gynaikon*).

Ab dem frühen 4. Jahrhundert v. Chr. wuchs der Luxus in den Häusern. Sie konnten bis zu 2000 m^2 Wohnfläche haben und wiesen einen Hof auf, der innen mit Säulen geschmückt war und einen überdachten Umgang (Peristyl) erlaubte. Es waren nun wahrscheinlich auch mehrere repräsentative Männerräume vorhanden, die mit Malereien, Bodenmosaiken und Mobiliar reich ausgestattet sein konnten.

Kleidung, Düfte und Körperkultur

Die Griechen besaßen eine relativ stereotype Kleidung. Rechteckige weiße oder bunte (grüne, gelbe, blaue, violette und rote) Stoffe aus Wolle, Leinen oder Flachs wurden zu einem Gewandstück gefertigt. Besonders beliebt war die rote Farbe, die am teuersten und beständigsten war, wenn sie von der Purpurschnecke gewonnen wurde, wobei 8000 Schnecken nur ein Gramm Farbstoff ergaben. Direkt am Körper trug man ein Untergewand, den Chiton, der aus zwei langrechteckigen Stoffen bestand, die man an den Schulterpartien zusammennähte oder mit Knöpfen oder Gewandnadeln befestigte und die oben in der Mitte eine Öffnung besaßen, um die Kleidung über den Kopf ziehen zu können. Der Chiton reichte bei den Männern bis zum Unterleib (kurzer Chiton) und bei den Frauen bis zu den Knöcheln (langer Chiton) und war ärmellos oder mit zusätzlich angenähten Ärmeln. Darüber trugen die Frauen meist den knöchellangen Peplos, einen langrechteckigen Stoff mit Überfall, der offen (auf einer Seite mit Gürtung) oder rundum geschlossen sein konnte und auf den Schultern durch Gewandnadeln gehalten wurde. Bei Kälte kleidete sich der Mann häufig in einen Himation. Er nahm dabei einen langrechteckigen Stoff aus Wolle, den er vom Körper über die linke Schulter und um den Körper wickelte und das Ende über die linke Schulter warf, so dass die rechte Schulter frei blieb. Über den Chiton trug der Mann ab dem 5. Jahrhundert statt des Himations oft einen Mantel (Chlamys), der, aus einem rechteckigen Stoff bestehend, auf einer Seite offen war und nur auf einer Schulter durch eine Gewandnadel gehalten wurde. Sowohl Chiton als auch Himation und Peplos wurden in der Regel mit einem Gürtel so geknotet, dass ein kunstvoller,

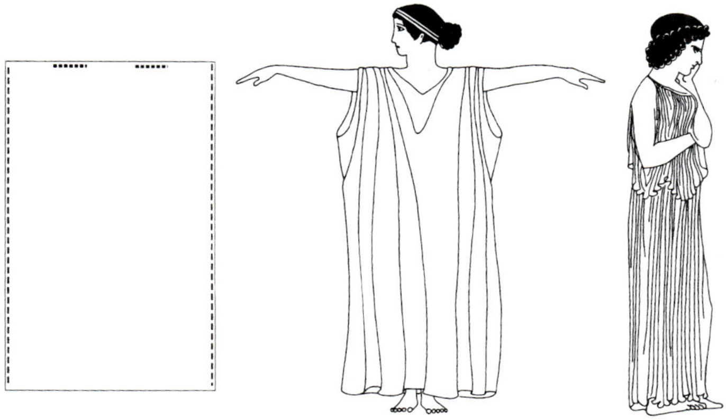

Frau mit langem Chiton

Mann mit kurzem Chiton

Frau mit Peplos

Typische Kleidungsformen im antiken Griechenland.

Frau mit langem Chiton und Himation

Mann mit Himation

Mann mit Chlamys

wunderschöner Faltenwurf entstand, der den Gewändern eine besonders attraktive Komponente gab. Auch erzeugte man oberhalb des Gürtels einen Überfall, den man Kolpos nannte und der den Gürtel verdeckte. Meistens wurden auch Sandalen getragen. Reisende trugen einen breitkrempigen Hut zum Schutz gegen die Sonne sowie Handwerker und Hirten oft eine Kappe (Pilos). Ab dem 4. Jahrhundert schmückten sich die Frauen oft mit einem breitkrempigen konischen Hut.

Die Hygiene (*hygieinos*, »gesund«) war bei den Griechen sehr wichtig. Mit einem Schwamm und Seife wusch man den Körper. Die bei Männern und Frauen beliebten langen Haare wurden regelmäßig geschnitten, häufig gewaschen und immer gekämmt. Nur Sklaven und Sklavinnen sowie Trauernde hatten kurzes Haar. Körperbehaarung war dagegen verpönt. Frauen entfernten häufig die Schamhaare mit Klingen oder durch absengen. Männer trugen oft einen kurz geschnittenen Vollbart, der höchstens unten spitz zulief. Die Zähne reinigte man mit Zahnstochern, die Nägel und Ohren mit Stäbchen aus Holz oder Metall. Den Kopf schmückte man bei Festen, Festmahlen und Trinkgelagen mit Blumenkränzen. Sowohl Männer wie Frauen benutzten mehrmals am Tag auf den Körper aufgetragene wohlriechende Öle, Salben und Duftstoffe (insbesondere aus Oliven, Rosen, Lavendel, Iris, Narde, Salbei, Myrrhe und Safran), die man oft in einem tönernen Fläschchen (Aryballos und Alabastron), das an einem Band fixiert war, mit sich führte. Frauen mit heller Haut und dezenter Schminke galten als besonders reizend. Daher verwendeten sie häufig Bleiweiß für die Haut, Rouge (Zinnober und roter Ocker) für die Wangen und dunklen Teint (Antimonpuder und Rauchschwarz) für die Augenlider. Mit rotem Henna färbte man die Fingernägel und Hände.

Schmuck war sowohl bei Männern als auch bei Frauen beliebt. Männer besaßen Fingerringe, Jünglinge auch Ohrringe und Fußringe und Frauen Finger-, Arm- (am Unter- und Oberarm) und Fußringe, Halsketten und Ohrringe. Wer es sich leisten konnte, trug Gold, ansonsten war der Schmuck aus Silber und Bronze.

Essen und Trinken: Wein, Olivenöl und Käse?

Die Griechen aßen, wenn sie es sich leisten konnten, dreimal am Tag. Am morgen ein leichtes Frühstück aus Brei, Brot oder Fladen, mittags ein kleines warmes Essen und abends ein mehrgängiges Mahl. Arme Leute nahmen allerdings oft nur ein oder zwei Mahlzeiten zu sich. Die wichtigsten Grundnahrungsmittel waren Getreide, Olivenöl und Wein. Bestandteil fast

Das Innere dieser Trinkschale zeigt den Segen des Landes: drei pflügende Bauern und ein Sämann, außen und in der Mitte Jäger.

jeder Mahlzeit war *maza*, mit Wasser versehene Gerste, die nach der Trocknung geröstet wurde und dann durch Hinzugabe von Flüssigem (Wasser, Wein, Milch oder Honig) zu Brei oder durch Braten bzw. Kochen zu Fladenbrot, Pfannkuchen oder einem Kloß verarbeitet wurde. Das Mahl des Armen bestand aus einer Linsensuppe oder leicht gewürztem Fladenbrot mit Zwiebeln und gedörrten Feigen. Wer sich etwas mehr leisten konnten, ergänzte den Speiseplan noch durch Käse, Kohl und billige kleine Fische und ganz selten durch etwas Fleisch.

Wohlhabende Bürger hatten hingegen ein großes Spektrum an Speisen. Als Vorspeise oder Beigericht wählten sie häufig Gemüse, d. h. Bohnen, Erbsen, Kichererbsen, Linsen, Knollengewächse, Rüben, Rettich, Kohl und Spargel sowie Salate, die sie überwiegend mit Petersilie, Dill, Fenchel und Kümmel würzten. Getrocknete Hülsenfrüchte verwendeten sie für Brei, Bohnen und Kichererbsen wurden geröstet und grünes Gemüse gebraten oder roh verzehrt. Dazu gab es *maza* oder Brot aus Weizen. Weizen musste meist von der Krim oder Sizilien importiert werden und war daher viel teurer als Gerste, die in Griechenland angebaut wurde. Des Weiteren waren Geflügel und Innereien beliebt. Sehr edel als Vorspeise waren kleinere Fische und Meeresfrüchte, wie Krebse, Schnecken und Muscheln.

SYMPOSION UND KOMOS

Das Symposion (»Zusammentrinken«) war primär ein großes geladenes Fest im privaten Rahmen. Die Gäste wurden durch den Ausrichter oder Boten eingeladen. Beim Betreten des Hauses lösten die Gäste die Knoten der Kleidergürtel, um kein Unglück in das Haus zu bringen, das ein Knoten hätte festhalten können. Sie begaben sich in den Männerraum (*andron*), in dem U-förmig Liegen (Klinen) in ungerader Anzahl (gerade Zahlen galten als unglückbringend) und davor Tische aufgestellt waren. Man zog die Schuhe aus und legte sich allein oder häufiger zu zweit auf eine Kline, indem man den linken Arm auf ein Kissen lehnte und mit der rechten Hand von den davor aufgestellten Tischen kleingeschnittene Häppchen und Getränke zu sich nahm. Der Ehrengast lag zur Rechten des Hausherrn. Bevor man mit dem Essen begann, opferte man den Göttern Fleisch. Sklaven bedienten die Gäste.
Nach der Mahlzeit folgte das Symposion, zudem auch noch spätere Gäste hinzustoßen konnten. Ein Leiter des Symposions (*symposiarches*) wurde erwählt, der

zunächst bestimmen durfte, wie viele Amphoren Wein in welchem Mischverhältnis mit Wasser an dem Abend getrunken werden sollten. Es war bei den Griechen Sitte, den Wein immer mit Wasser in einem extra dafür vorgesehenen Mischgefäß (Krater) zu mischen und mit Gewürzen zu versehen. Die von den Symposiarchen bestimmte Menge ließ die anderen Gästen schon erahnen, welche Menge an Alkohol sie zu sich nehmen würden. In Liedern wird dieser Moment der Wahl oft drastisch geschildert, in denen darüber lamentiert wird, wie viel man ständig trinken müsse. Die Zecher erhielten wohlriechende Zecherkränze auf den Kopf. Nachdem die Menge festgelegt war, opferte man den Göttern Wein. Dann trank man den Wein aus Trinkschalen, die oft bis zum Rand gefüllt waren und aus denen daher nur sehr vorsichtig getrunken werden konnte. Das war in der halbliegenden Position äußerst schwierig, gelang mit zunehmendem Weingenuss immer weniger und führte dazu, dass man seine Kleidung entweder beschmutzte oder gleich ablegte. In fröhlicher Runde unterhielten sich die Zecher (Komasten) frei oder über vorgegebene Themen, rezitierten Gedichte, sangen, spielten ein Instrument, hörten der Musik zu und nahmen an Gesellschaftsspielen wie Rätselraten teil. Ging eine Trinkschale Wein zur Neige, kam meist am Boden der Trinkschale ein darauf gemaltes Bild zum Vorschein, dass zunächst durch den Wein verborgen gewesen war. Die Themen der Bilder konnten erschreckend (hässliche Fratze der Medusa, die nach der Sage mit ihrem Blick Menschen zu Stein verwandelte), witzig (komische Szene), erzählend (Heldenszenen) und anregend (Liebesszene) sein. Auf dem Boden blieb dann der Weinsatz mit den beigefügten Gewürzen übrig, den man gekonnt durch einen schnellen Schwung mit dem Henkel im Innern zentrierte und dann zur Belustigung der anderen auf eine Bronzescheibe oder auch auf einen anderen Zecher warf, was man Kottabosspiel nannte. Später kamen dann noch zur Animation Hetären dazu, die mit Musik, Tanz und Liebesdiensten aufwarteten. Entblößt und betrunken formierten die Zecher häufig noch am Ende des Symposions einen kleinen Umzug (Komos) um die benachbarten Häuser und sangen Spottlieder auf die Nachbarn, das sich in seiner ritualisierten Form für den Gott Dionysos wohl zur Komödie entwickelte.

Auf dieser Athener Trinkschale sieht man ein ausgelassenes Symposion mit gelagerten Zechern, die singen, Aulos und Kottabos spielen und trinken.

Als Hauptgericht gab es neben Gemüse kleingeschnittenes gegrilltes oder gekochtes Fleisch von Vögeln (Amsel, Drossel, Wachtel, Taube, Huhn, Ente, Gans, Fasan), von Wildtieren (Hirsch, Wildschwein), von Ziegen, Schafen, Schweinen und vom Rind. Auch Tintenfisch und Octopus sowie Fische wie Thunfisch, Sardine, Seeteufel, Goldbrasse, Bonito, Meeräsche, Steinbutt vom Meer und Karpfen, Hecht und Barsch vom Süßwasser gehörten zu den beliebten Gerichten. Sehr teuere Delikatessen waren große Fische wie Rotbarbe, Stör und Muräne. Fische traten allerdings bei den Griechen erst ab dem 5. Jahrhundert v. Chr. auf den Speiseplan. Zu Fleisch und Fisch reichte man Saucen aus Bratensaft, Wein oder Honig, die mit vielen Gewürzen wie Lorbeer, Fenchel, Anis, Basilikum, Dill, Minze, Petersilie, Liebstöckel, Rosmarin, Thymian, Salbei, Safran, Sesam und Kümmel aromatisiert werden konnten. Das teuerste Gewürz war *silphion* aus Libyen, das heute nicht mehr existiert und stark berauschende Wirkung hatte. Die Speisen wurden beim Essen in die Saucen gedippt.

Auf dem Fischteller tummeln sich verheißungsvoll die Früchte des Meeres: ein Tintenfisch, große Barsche, Meerjunker, Brasse und Sardine, Garnelen und Muscheln.

Als Nachspeise reichte man gern Kuchen aus Mehl und Öl. Zusätzlich offerierte man zu und zwischen den Mahlzeiten auch Obst wie Kirschen, Pflaumen, Äpfel, Birnen, Granatäpfel, Quitten, Feigen, Beeren, Datteln und Nüsse wie Hasel- und Walnüsse, Pistazien und Mandeln.

Philosophen und ihre Anhänger waren gelegentlich auch Vegetarier, die sich nur von den genannten Gemüse- und Obstsorten ernährten.

Zu allem trank man Wasser oder am liebsten Weiß- und vor allem Rotwein, der mit Honig, Zimt, Lorbeer, Thymian u. a. Gewürzen gemischt wurde.

Die Esskultur war noch rudimentär. Man aß Suppen und Brei mit Löffeln und ansonsten benutzte man die Finger, da Gabeln noch nicht existierten. Die Speisen wurden daher vorher schon mit dem Messer kleingeschnitten.

Sport – Dabeisein ist nicht alles

Sport war ein fundamental wichtiger Bestandteil des griechischen Lebens. Wettkämpfe (Agone) waren weitverbreitet. Jede Polis hatte ihre eigenen Spiele, die mit religiösen Festen und Versammlungen verbunden waren. So sind noch heute ca. 300 Spiele bekannt. Die bekanntesten waren die vier sogenannten großen panhellenischen Wettkämpfe in Olympia (vermutlich ab 776 v. Chr., alle vier Jahre), Delphi (ab 586 v. Chr., alle vier Jahre), am Isthmos bei Korinth (ab ca. 580 v. Chr., alle zwei Jahre) und in Nemea (ab 573 v. Chr., alle zwei Jahre). Hinzu kamen ab 566/565 v. Chr. in Athen die Panathenäischen Spiele, die alle vier Jahre zu Ehren der Athena, der Schutzgöttin Athens, abgehalten wurden. Bei all den großen Wettkämpfen waren nur Griechen zugelassen und in der Regel rangen nur Knaben, Jünglinge und Männer um den Sieg. Eine bemerkenswerte Ausnahme stellte der Wettlauf der Frauen zu Ehren der Göttin Hera in Olympia dar. Frauen waren in der Regel auch nicht als Zuschauer zugelassen. Das griechische Bedürfnis nach Wettkampf kam auch in anderen Lebensbereichen zum Tragen. Wettkampf, Wettstreit und Wettbewerb waren eine der zentralen Antriebsfedern griechischen Schöpfertums, die zu der unglaublich schnellen Entwicklung in vielen Sparten führte. Siegreich zu sein, war das Beste, was einem Griechen geschehen konnte. Durch einen Sieg erhob er sich in dem Moment über alle anderen und alle anderen verehrten ihn für den Sieg. Sieger bei den großen Panhellenischen Spielen wurden besonders honoriert, weil diese Siege auch ein enormer Prestigegewinn für die Polis waren. Die Städte überreichten ihrem Sieger meist hohe Prämien, wie Geld, ein Haus, lebenslange Speisung und Befreiung vom Militär. Auch kam es häufiger vor, dass diese Sieger Statuen in dem Heiligtum, in dem sie gesiegt hatten, aufgestellt bekamen. Siegeslieder ehrten sie. In Athen durften Olympiasieger ihr Leben lang im Prytaneion (Stadtverwaltungsgebäude) speisen. Um solche Siege zu erreichen, trainierten die Sportler professionell. Der Mythos vom Amateur wurde erst im 19. Jahrhundert für die neuzeitlichen Olympischen Spiele erfunden.

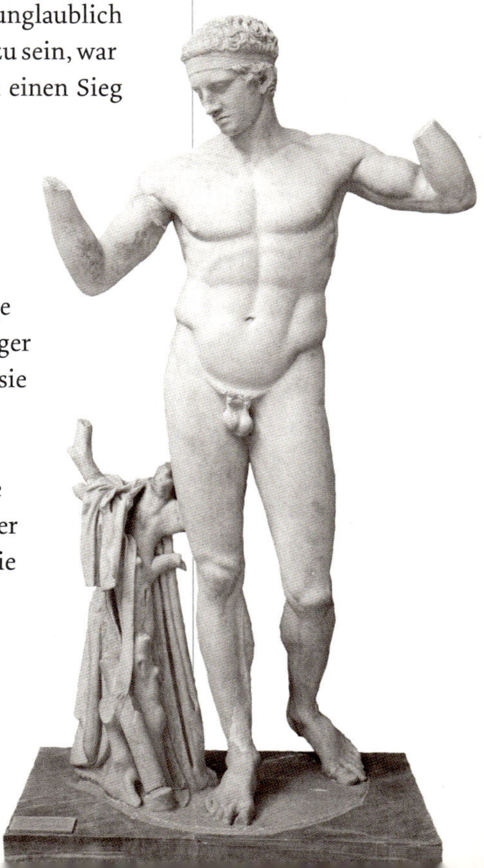

Ein erfolgreicher Athlet bindet sich eine Siegerbinde um den Kopf. Diese römische Marmorkopie imitiert die berühmte Bronzestatue des sogenannten Diadumenos des Polyklet.

Die bekanntesten und ältesten Spiele fanden alle vier Jahre im Hochsommer zu Ehren des Zeus, des obersten griechischen Gottes, in Olympia statt. Wettkämpfe in einer großen Reihe an Disziplinen wurden abgehalten: Ringen, Faustkampf, Pankration (»Allkampf«, bei dem außer Beißen und Augendrücken alles zulässig war), Laufen in drei unterschiedlichen Distanzen (Kurzstrecke etwa 192 m; doppelter Kurzstreckenlauf [*diaulos*] etwa 385 m und Langstreckenlauf über 20 oder 24 Stadien, d. h. respektive etwa 3845 oder 4614 m) und der Waffenlauf (ursprünglich mit Helm, Beinschienen und Schild, später nur noch mit Schild), Pentathlon (»Fünfkampf« mit Diskus- und Speerwerfen, Weitsprung, Kurzstreckenlaufen und Ringen), Reiten und Wagenrennen. Knaben hatten eigene Disziplinen (Laufen, Ringen, Faustkampf, Pankration). In allen Disziplinen ehrte man den Gewinner mit einem Olivenkranz. Alle anderen – außer dem Sieger – gingen als Verlierer nach Hause. Zehn Schiedsrichter (die Hellanodiken, »Griechenrichter«) waren im Einsatz. Freie Männer und unverheiratete Frauen durften die Wettkämpfe ansehen. Die Sportler mussten am ersten Tag vor Beginn des Wettbewerbs schwören, dass sie die Regeln respektierten. Bei Missachtung drohten hohe Geldstrafen, mit denen man Zeusstatuen als Sühne errichtete. Am ersten Tag fanden dann die Wettkämpfe der Knaben, am zweiten die Pferde- und Wagenrennen, am dritten nach einem Stieropfer die Läufe ohne Waffenlauf, am vierten Ringen, Faustkampf, Pankration und Waffenlauf, und am fünften und letzten Tag eine Prozession

In höchster Anspannung steuern die Wagenlenker ihre Viergespanne um die Wendemarken.

der Sieger zum Tempel des Zeus und die Siegesfeiern statt. Pferderennen waren besonders geschätzt, nicht zuletzt, weil die teuren Pferde auch ein Statussymbol darstellten. Pferderennen erfreuten sich einer solchen Beliebtheit, dass die Olympischen Spiele immer mehr Rennarten aufnahmen: 680 v. Chr. Viergespann mit Pferden, 648 v. Chr. Pferd, 500 v. Chr. Zweigespann mit Maultieren, 496 v. Chr. Stute, 408 v. Chr. Zweigespann mit Pferden, 384 v. Chr. Viergespann mit Fohlen, 268 v. Chr. Zweigespann mit Fohlen und 256 v. Chr. Fohlen. Als Sieger bei Pferderennen wurde nicht der engagierte Reiter oder Wagenlenker, sondern der Pferdehalter, der auch eine Frau wie die spartanische Königstochter Kyniska sein konnte, geehrt.

Die Griechen waren auch die ersten, die für den Sport eine eigene Architektur entwickelten, das Gymnasion als Übungsstätte und das Stadion und Hippodrom (Pferdebahn) für die Wettkämpfe (Agone). Das Gymnasion war etwas spezifisch Griechisches und unbekannt in allen umliegenden Kulturen, so dass diese Stätte schon in der Antike als Symbol griechischer Kultur angesehen wurde. Als die Griechen im Hellenismus ihre Kultur bis nach Indien trugen, brachten sie überallhin auch diese Sportstätten mit. Nichtgriechische Städte, die einen »griechischen Status« erreichen wollten, fragten daher bei den griechischen Herrschern an, ob sie auch ein Gymnasion einrichten dürften.

Spätestens mit 12–13 Jahren fingen die Jünglinge an, im Gymnasion (von *gymnos*, »nackt«) mit Hilfe von Trainern zu üben und sich zu messen. Der Sport wurde nackt betrieben, so dass sich der schöne athletische Körper zur Freude der Zuschauer offenbarte. Bevor man mit den Übungen begann, badete man und rieb den Körper mit Olivenöl ein, um die Muskulatur geschmeidiger zu machen. In kleinen Gefäßen, den Aryballoi, trug man das Öl bei sich. Man lockerte den Erdboden oft mit einer Hacke auf, bedeckte seinen Körper mit einer Sandschicht und begann mit seinen Übungen unter Aufsicht eines Trainers. Dieser besaß einen langen Stock, mit dem er die Übenden ermahnen oder auseinander treiben konnte. Als Diskus benützte man eine Scheibe aus Bronze, Blei oder Eisen mit einem Durchmesser zwischen 17 und 32 cm und einem Gewicht von ca. 5 kg. Der Speer aus Holz wurde mit einer Lederschlinge geschleudert. Weitsprung machte man mit 1–2 kg schweren Sprunggewichten aus Stein oder Blei. Beim Boxkampf benutzte man im Training gepolsterte Handschuhe und einen Kopfschutz. Häufig trainierte man auch im Schattenboxen oder benutzte Sandsäcke. Nach dem Sport kratzte man sich mit einem langen Metallschaber den Staub ab, nahm ein zweites Bad und erhielt eine weitere Massage mit Olivenöl.

Chorgesang und Saitenspiel: Musik und Tanz

Musik und Tanz gehören zu allen Zeiten und in allen Kulturen der Welt zu den wichtigsten Freuden des Lebens. Sie können bei Trauer trösten, bei freudigen Ereignissen die positive Stimmung verstärken und bei religiösen Festen Übersinnliches näher bringen. Wie anziehend, betörend und verfänglich die Musik auf die Griechen wirkte, schildert trefflich die Sage von Odysseus und den Sirenen, die einen menschlichen Kopf und den Körper eines Vogels hatten. Mit ihrem lieblichen Gesang betörten sie die an ihrer Insel vorbeifahrenden Seeleute derart, dass diese auf der Insel an Land gingen, worauf die Sirenen über sie herfielen, sie umbrachten und fraßen.

Schon die Epen Homers aus dem 8. Jahrhundert, die Ilias und die Odyssee des Homer, berichten von verschiedenen Gesängen. Mehrmals werden Paiane – Bitt-, Dank- und Sühnelieder an Gottheiten – erwähnt, die dort durch den Götterarzt Paian aus therapeutischen Erwägungen eingeführt wurden. Am Hochzeitsabend und am Morgen danach wurden eigens gedichtete Hochzeitslieder (*hymenaios*) gesungen. Daneben wissen wir noch von Trink-, Volks-, Trauer- und Festliedern. Als Musikinstrument kommt vor allem die Phorminx zum Einsatz – ein Saiteninstrument mit gewölbtem Schallkörper und verlängerten Armen, die durch einen Steg miteinander verbunden sind, an dem die vier Saiten befestigt werden. Daneben spielte man häufig auch die Syrinx, die Hirtenflöte, die aus verschieden großen Schilfrohren zusammengesetzt ist, welche durch Wachs und Schnüre miteinander verbunden sind. Der Sage nach erhielt sie den Namen durch eine Nymphe aus Arkadien, die von dem liebestollen Hirtengott Pan verfolgt und in Schilfrohr verwandelt wurde. Pan schnitt das Rohr, seufzte hinein und hörte lieblichen Wiederhall, der ihn an die schöne Syrinx erinnerte. So kreierte er eine Flöte, die deshalb auch Panflöte genannt wird.

Neben Liedern gab es für alle wichtigen Bereichen des Lebens Tänze, für Kult und religiöse Festen, für die Hochzeit und die Bestattung. Es handelte sich vor allem um Reigentänze von Männern, Frauen, Jünglingen und Mädchen, die in der Regel getrennt tanzten. Tanzende Paare bewegten sich nur aufeinander zu oder voneinander weg. Umfassungen oder Drehungen von Paaren wie beim heutigen Tanz existierten nicht. Die Schönheit des Tanzes zeichnete sich bei den Griechen durch drei Komponenten aus: die Schritte, die Stellungen und die Handbewegungen. Ihr schneller und vielgestaltiger Wechsel erfreute den Betrachter und den Tänzer.

In der nächsten Phase erfand angeblich Olympos im barbarischen (nichtgriechischen) Phrygien in Westkleinasien die Aulosmusik. Sein

Schüler Thaletas aus Gortyn auf Kreta brachte in der 1. Hälfte des 7. Jahrhunderts v. Chr. das Instrument und dessen Musik nach Sparta, wo er sie zunächst vor allem bei religiösen Festen in Form von Paianen (Bitt-, Dank- und Sühnelieder an Gottheiten) und Hyporchema (aulodische Musik verbunden mit zunächst kretischem Gesang und Tanz, etwa dem Waffentanz) einsetzte. Auch bei Bestattungen, insbesondere für die Totenklage, und später sowohl beim Marsch der Krieger als auch in anderen Bereichen des alltäglichen Lebens, wie beim Symposion (Trinkgelage), fand die Aulosmusik großen Anklang. Der Aulos war keine Flöte, wie häufig fälschlicherweise zu lesen ist, sondern eine Art Oboe. Sie bestand aus einem langen Rohr aus Holz, Elfenbein, Knochen oder manchmal Metall, an dessen Ende ein doppeleiförmiges Mundstück mit Zungenplättchen im Innern angesetzt wurde. Auf dem Rohr waren auf der Unterseite ein Loch für den Daumen und auf der Oberseite vier Löcher für die übrigen Finger angebracht. In der Regel spielte man den Aulos mit zwei Röhren und Mundstücken, die nicht fest miteinander verbunden waren. Eine Mundbinde war an den beiden Teilen befestigt und führte vom Mund über die Backen zum Hinterkopf, wo die Binde geknotet wurde. Dadurch sollte der Druck beim Blasen auf die Wangen gemildert werden.

Etwa zur selben Zeit erfand angeblich der ebenfalls in Sparta tätige Terpander aus Antissa auf Lesbos – möglicherweise auch sein Schüler Kepion – die wichtigsten Saiteninstrumente: das Barbiton und die siebensaitige Lyra und/oder die Kithara. Die Lyra, deren Erfindung auch dem Götterboten Hermes zugeschrieben wurde, bestand aus einem als Schallkörper fungierenden Schildkrötenpanzers oder den Panzer imitierend aus

Eine Hetäre spielt den Doppel-Aulos für den Zecher, der der Musik genussvoll lauscht.

Holz und Schildpatt. Die Öffnung des Schallkörpers wurde durch eine darüber gespannte Haut abgedeckt. An dem Schallkörper schlossen zwei ziegenhornförmige Arme an, die durch ein geschwungenes Rohr miteinander verbunden wurden, an dem die sieben Saiten aus Schafdarm befestigt waren. Das Barbiton besaß den gleichen Schallkörper, hatte aber zwei viel längere, oben nach innen gezogene Arme und dadurch auch längere Saiten. Während die Lyra dem Musikgott Apollon zugesprochen wurde, gehörte das Barbiton zum Weingott Dionysos. Das edelste und am schwierigsten überhaupt zu spielende Musikinstrument war aber die Kithara. Sie besaß einen viel größeren, kastenartigen Schallkörper mit geradem Boden, flacher Vorder- und ausgebauchter Rückseite. Die breiten, an den Resonanzkörper anschließenden Arme waren zunächst nach innen gebogen, um dann parallel nach oben vertikal auszulaufen. Am Beginn der parallelen Weiterführung war der drehbare Verbindungssteg mit Schrauben am Ende gesetzt, an dem sieben Saiten (später auch neun oder elf) angebracht waren. Die Saiten waren unten am Resonanzkörper befestigt, verliefen über einen Steg am Schallkörper zum horizontalen Verbindungssteg und wurden am Joch mit Wirbeln aus Rinderschwarte gestimmt. Eine Grobstimmung erfolgte zunächst mit den Schrauben am Ende des Verbindungssteges. Die Feinstimmung jeder einzelnen Saite übernahmen kreuzförmige Stimmschlüssel, um die die Saitenenden gebunden und angezogen wurden. Durch den größeren Resonanzkörper und die verstellbaren Saiten erreichte die Kithara ein differenzierteres Klangspektrum. Daher war die Kithara auch die Königin aller Musikinstrumente. In musischen Wettbewerben erzielte der Kitharoide (Kitharaspieler) auch die höchsten Preise. Dieses an Gewicht viel schwerere Instrument spielte man in der Regel stehend. Der Kitharoide hatte das Instrument mit einem Tragband am linken Unterarm befestigt, um den zur Abmilderung der Einschnürung ein Stoff gelegt war. Die linke Hand hatte den nötigen Spielraum, um die Saiten zu drücken. Wie bei allen drei Saiteninstrumenten zupfte der Musiker mit der rechten Hand die einzelnen Saiten mit dem Plektron, einem zapfenförmigen Plättchen aus Holz, Bein oder Metall. Terpander führte mit dem Saiteninstrument auch den Nomos ein, einen Sologesang zu Ehren des Apollon mit klar eingeteilter (*nemo*, »einteilen«) Komposition. Die Einteilung eines Musikstückes durch klar aufgebaute mehrteilige Durchkomponierung ohne Gesangsbegleitung verstärkte der Aulosspieler Sakadas aus Argos mit einer Art festgelegter Programmmusik, die er erstmals zu Ehren des Apollon bei den musischen Wettkämpfen in Delphi des Jahres 586 v. Chr. vortrug. Das Thema dieser fünfteiligen Komposition war der

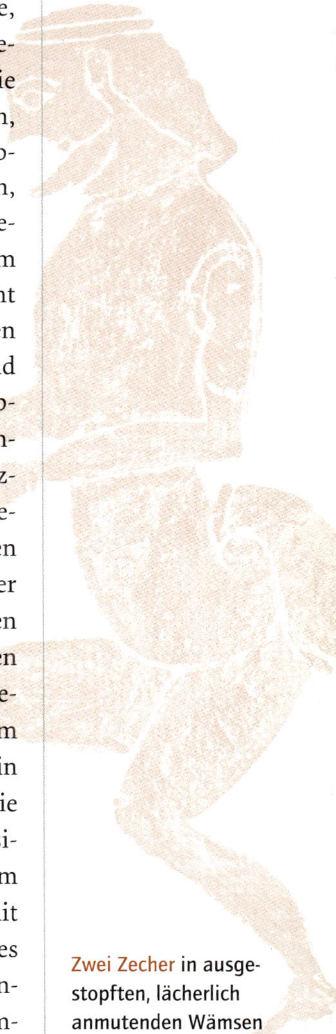

Zwei Zecher in ausgestopften, lächerlich anmutenden Wämsen tanzen in heftigen, unkontrollierten Bewegungen ausgelassen zum Amüsement der übrigen Zecher.

Drachenkampf des Apollon gegen Python. Ersterer konnte sich schließlich des Heiligtums von Delphi bemächtigen.

Um 650 v. Chr. erfand vermutlich Archilochos von Paros die lyrische Musik. Gesungene Gedichte wurden nun virtuos mit Musikinstrumenten begleitet.

Etwas später, in der 2. Hälfte des 7. Jahrhunderts v. Chr., baute Alkman von Sardeis, der ebenfalls in Sparta wirkte, auf die Musik von Thaletas und Terpander auf und begründete vor allem das chorlyrische Singen für Paiane und Prozessionslieder. Jünglings- und Jungfrauenchöre wurden eingesetzt und der Chorgesang spielte von da an eine wichtige eigenständige Rolle.

Fortan traten Chöre auch bei den panhellenischen Spielen auf. Zu Ehren der Götter wurden viele Gesänge mit musikalischer Begleitung dargebracht. Dabei wurde zusätzlich häufig das Tympanon eingesetzt – eine Art Tamburin, das aus einem Holz- oder Metallreifen bestand, der auf beiden Seiten mit Tierhaut bespannt war. Ebenso benutzte man das Krotalon – eine Klapper aus Metall oder gespaltenem Rohr –, insbesondere im Kult des Weingottes Dionysos und der allmächtigen Muttergöttin Kybele, sowie das Kymbalon – ein metallenes Becken – im Kult der Liebesgöttin Aphrodite.

Um 600 v. Chr. erweiterte Arion den wahrscheinlich von Archilochos bereits in reduzierter Form aufgeführten Dithyrambos, bei dem zu Ehren des Dionysos ein Sänger in Dialog mit dem Chor trat. Der Dithyrambos war die wesentliche Grundlage, aus der sich die Tragödie entwickelte, die oft musikalische Elemente in mehreren Abschnitten verwendete, beispielweise das Einzugslied (Parados), das Standlied, das Auszugslied (Exodos), den Chortanz (Hypocherma) und den lyrischen Dialog (Kommos).

In der 2. Hälfte des 5. Jahrhunderts v. Chr. fand in der Musik das Berufsvirtuosentum immer mehr Eingang, vergleichbar unserer heutigen Musikausübungspraxis gehobener Stufe. Ein »Neuer Stil« hielt Einzug in die Musik. Der Kitharavirtuose Phrynis aus Mytilene ergänzte den Nomos durch neue Rhythmen, schnelle Wechsel und Koloratureinlagen. Die Kithara soll er für diesen Zweck auf neun Saiten erweitert haben. Der Dithyrambendichter Melanippides von Melos ging erstmalig zu lyrischem Einzelgesang über, in dem die Wortwahl teilweise von der musikalischen Komposition und nicht vom Inhalt abhing. Von Philoxenos aus Kythera wird angenommen, dass er die Chromatik und die Sologesänge höher bewertete als die Worte. Timotheos aus Milet soll die elfsaitige Kithara begründet sowie den Chor auch in den Nomos eingeführt haben. Durch diese und andere Vertreter des »Neuen Stils« etablierte sich die Musik als eigener Kunstgenuss, den man weiterentwickelte, so dass es im Hellenismus Konzerte von Solosängern, Solokitharoiden und Auleten sowie Orchestern gab. Solche Musikaufführungen fanden in einem extra errichteten Gebäude, dem Odeion, statt. Der bekannteste dieser Bauten stand in Athen und wurde von Perikles im Jahre 445 v. Chr. veranlasst. Es war ein 60 x 60 m großer Saal, der von einem auf neun Säulenreihen getragenen Zeltdach überdeckt war. In kleineren Städten dienten auch die oft ähnlich gebauten Ratshäuser (Bouleuterien) als Konzerthäuser. Seit dem 4. Jahrhundert v. Chr. sind dann die ersten Musikvereinigungen belegt, die die Berufsmusiker vereinten. So war dank des »Neuen Stils« die Musik als Kunstform geboren.

Zu Lande und zu Wasser: das Kriegswesen

Wie bereits im Kapitel zur Geschichte deutlich wurde, waren Krieg und Militär die beiden großen Themen bei den Griechen. In Athen absolvierten die 18- bis 19-jährigen Männer einen Militärdienst. Bis zum Alter von 59 Jahren waren sie dann wehrpflichtig. Der Kampf scheint für die Männer im antiken Griechenland unmittelbar zum Leben gehört zu haben. So war auch ihre Erziehung u. a. auf die Kriegstüchtigkeit ausgerichtet. Durch Kampf wurde der junge Mann mit ca. 18 bis 19 Jahren endgültig in die Gemeinschaft aufgenommen, seine Identität in der Polis gestärkt. So muss es nicht verwundern, dass man eigentlich fast jedes Jahr – wenn gerade einmal kein Krieg wütete – zumindest kleine Scharmützel um territoriale oder andere Streitigkeiten mit den Nachbarn anzettelte, in der sich die Männer der Poleis messen konnten. Diese kämpferischen »jährlichen Treffen« fanden meist im Sommer statt und dauerten oft nur Minuten oder wenige Stunden, selten einmal einen Tag – dann war alles vorbei. Normalerweise gab es nur wenige Toten oder Verletzte zu beklagen. Meistens blieb alles beim Alten, aber man hatte dem angestauten Ärger Luft gemacht, sah wie man militärisch stand und hatte sich auf alle Fälle viel zu erzählen.

Das griechische Landheer beruhte spätestens seit der 1. Hälfte des 7. Jahrhunderts v. Chr. auf den Hopliten (*hoplon*, »Schild«; im Plural *hopla*, »Waffen«), schwerbewaffneten Fußsoldaten. Die gesamte Ausrüstung wog etwa 30 kg. Der Hoplit trug einen bronzenen Helm, Brustpanzer und Beinschienen und mit der Linken einen runden, konvexen, etwa 90 cm großen, nur 3 kg schweren Schild. Er hatte auf der ledernen und hölzernen Innenseite in der Mitte eine Armschiene und am Rand einen Haltegriff zum Festhalten. Auf der glänzenden bronzenen Außenseite befand sich in der Mitte ein Schildzeichen mit oft angsteinflößendem oder übelabwehrendem

Motiv. Zunächst bevorzugte man den korinthischen Helm, der aus Bronze in einem Stück getrieben war, neben der Schädel-Kalotte auch Nase, Wange und Nacken schützte und mit einem Helmbusch abschloss. Im 6. und 5. Jahrhundert v. Chr. trug man auch gern den chalkidischen Helm, der einen größeren Gesichts- und Ohrenausschnitt aufwies, und den attischen Helm mit hoher Kalotte, Stirnkrempe und Wangenklappen. Als Waffen benutzte man ein zweischneidiges eisernes Kurzschwert und eine 2 m lange hölzerne Lanze, bei der nur die 10 cm große blattförmige Spitze aus Eisen war. Eine äußerliche Besonderheit zeigte der meist bronzene, 15 kg schwere, glänzend polierte Brustpanzer. Er war wie ein nackter Oberkörper gebildet. So bot der Kämpfer mit seinem stattlichen, muskulösen und athletischen Oberkörper auch im Kampf einen ästhetischen Anblick. Für die Ausstattung musste der Hoplit selbst aufkommen. Sie kostete etwa 100 Drachmen, also 100 Tage Arbeitslohn eines Handwerkers.

Die Hopliten kämpften in einer geschlossenen Schlachtenreihe, der Phalanx, bei der die Krieger dicht aneinander stehend eine Reihe bildeten, wobei jeder Krieger mit dem Schild immer die rechte offene Flanke des linken Kameraden abdecken musste. Daher war die rechte Seite der Phalanx auch die am meisten gefährdete. Sie versuchte man aufzulösen, sie war aber auch mit den besten Kämpfern bestückt. Normalerweise wurden acht hintereinander stehende Reihen gebildet. In der Schlacht gingen oder liefen die Hopliten als Phalanx in Begleitung von Aulosbläsern gegen den Feind.

Die Makedonen statteten dann die Hopliten mit einer 5–6 m langen Stoßlanze (sarissa) aus, die mit beiden Händen gehalten werden musste. Nun bildete man 16 Reihen hintereinander, wobei die langen Sarissen selbst der fünften Reihe noch vor der ersten herausragten. Erst seit Anfang des 4. Jahrhunderts v. Chr. wurden neben Hopliten auch Leichtbewaffnete eingesetzt, die nur noch einen kleinen sichelartigen Schild trugen.

Eine Kavallerie existierte selten, da sie bei den meist gebirgigen Landschaften in Griechenland kaum sinnvoll gewesen wäre. Nur in Thessalien, Boiotien und auf Sizilien ist eine größere Kavallerie bekannt. So besaß Athen im 5. Jahrhundert nur zwischen 300 und 1000 Reiter. Erst ab der 2. Hälfte des 4. Jahrhunderts v. Chr. setzten die Makedonen eine größere Kavallerie ein, die erstmals in den ausgedehnten Schlachten Alexanders des Großen mit Erfolg zum Einsatz kam.

Neben dem Landkrieg gewann ab der 1. Hälfte des 5. Jahrhunderts v. Chr. der Seekrieg immer mehr an Bedeutung. Viele Schlachten wurden nun zur See ausgetragen. Bereits in der 1. Hälfte des 7. Jahrhunderts erfand angeblich der Korinther Ameinokles die ca. 35 m lange und 5 m breite Triere, das dreireihigen Ruderboot für ca. 170 Ruderer, mit dem man bis zu zehn Knoten erreichte und das vor allem dazu benutzt wurde, andere Schiffe zu rammen. In den zwei unteren Reihen waren je Seite 27 Männer und in der obersten Reihe 31 Männer an den Rudern, die in der Regel etwa 4,50 m lang waren. Neben den Ruderern waren kaum Soldaten und Seeleute an Bord, so

Zwei Krieger im Angriff. Der im Hintergrund stehende Hoplit mit langer Lanze und prächtigem Helm schützt den Bogenschützen in skythischer Tracht mit seinem Rundschild.

dass sich nicht mehr als 200 Personen auf einem Schiff aufhielten. Die Triere besaß auch einen Mast und bei günstigen Windverhältnissen konnten Segel gesetzt werden. In den Schlachten selbst ruderte man aber nur, um den Gegner besser rammen zu können. Der Rammsporn war am Bug befestigt. Dieser Schiffstyp setzte sich im Laufe des 6. Jahrhunderts v. Chr. gegen die Pentekontere durch, die zweireihig versetzt waren, auf jeder Seite bis zu 25 Ruderer aufwiesen und schlechter manövrierbar waren. Mit den Trieren gewannen die Griechen im Jahre 480 v. Chr. die Schlachten gegen die Perser bei Salamis (vor Athen) und gegen die Karthager bei Himera (Sizilien). Aufbauend auf den Fünfreihern entstanden dann im

Hellenismus (330–31 v. Chr.) Schlachtschiffe mit gigantischen Ausmaßen, die bis zu vierzig Ränge von Rudern besaßen.

Die Kriege wurden meist durch Land- bzw. Seeschlachten entschieden. Belagerungen von Städten waren dagegen verhältnismäßig selten. Die Zivilbevölkerung, Frauen, Kinder und Greise, wurden in der Regel auch bei Stadteinnahmen verschont und nur selten versklavt. Kampfzeit waren vor allem die wärmeren Monate, im Winter ruhten die Kriegshandlungen.

Das Belagerungswesen erreichte seinen ersten Höhepunkt im Krieg des Tyrannen Dionysios I. von Syrakus gegen die Karthager ab 399 v. Chr. Dabei ging es nun vorwiegend um die Einnahme von Städten. Er engagierte vermutlich die besten Techniker, um Belagerungsmaschinen zu entwickeln, u. a. soll dabei das Katapult erfunden worden sein. Auch bis zu sechsstöckige, durch Räder bewegliche Belagerungstürme wurden gebaut. Wie ungewöhnlich diese Maßnahmen des Dionysios I. waren und gegen allgemeine griechische Kriegsführung verstießen, zeigt wohl am besten folgende Anekdote: Als man dem spartanischen König Archidamos die Schlagkraft eines Katapultes vorgeführt hatte, mutmaßte er, dass solche Gerätschaften den Niedergang der Tapferkeit zur Folge haben würden. Das Rad

Ein Krieger verabschiedet sich von seiner Familie samt Hund. Ganz rechts ein Bogenschütze.

der Geschichte ließ sich aber nicht mehr zurückdrehen und die Makedonen setzten viele dieser neuen Militärmaschinen ein. Demetrios spezialisierte sich Ende des 4. Jahrhunderts und Anfang des 3. Jahrhunderts v. Chr. derart auf die Belagerung von Städten, dass er den Beinamen Poliorketes (»Städtezerstörer«) erhielt. So soll Demetrios bei der Belagerung von Rhodos im Jahre 305 v. Chr. einen etwa 40 m hohen neunstöckigen Turm des Architekten Epimachos eingesetzt haben, auf dem sich Katapulte befanden und der von 800 Mann angeschoben wurde. Doch stand auf rhodischer Seite der geniale Maschinentechniker Diognetos zur Verfügung, der dafür sorgte, dass der Turm erst gar nicht in Stellung gebracht werden konnte. Die Belagerung wurde schließlich abgebrochen. Wohl am berühmtesten war die zweijährige erfolgreiche Verteidigung von Syrakus dank des genialen Mathematikers, Physikers und Mechanikers Archimedes während des 2. Punischen Krieges, der immer wieder neue Verteidigungswaffen konstruierte. Syrakus fiel 212 v. Chr. erst durch Verrat an die Römer.

Zeitrechnung und -einteilung

Die Griechen berechneten die Zeit auf vielfältige und uneinheitliche Weise, so dass prinzipiell jede Polis ihren eigenen Modus besaß und der Gang von einer zu anderen Polis auch mit einer unterschiedlichen Zeitmessung und einem anderen Kalender verbunden war.

Bereits die Bemessung der Jahresdauer fiel unterschiedlich aus. In der Regel richtete man sich nach dem Neumond und unterteilte das Jahr in 12 Monate, die zur Hälfte 29 und zur anderen Hälfte 30 Tage hatten. Damit war das damalige Mondjahr mit 354 Tagen 8 Stunden 38 Minuten 6 Sekunden gegenüber dem tatsächlichen Sonnenjahr mit 365 Tagen 5 Stunden 48 Minuten 46 Sekunden viel zu kurz. Der insbesondere für die Landarbeit wichtige Jahresrhythmus mit bestimmten Saat- und Erntetagen stimmte folglich nicht. Um das Jahr den Jahreszeiten wieder anzupassen, schaltete man einige Tage ein, um die Differenz auszugleichen. Jede Polis hatte dafür ihr eigenes System, das auch noch mit dem religiösen, meist anders gearteten Festkalender in Einklang gebracht wurde. So konnte es schon vorkommen, das ein Jahr so kurz war, dass man bis zu 150 Tage einschalten musste. Im 6./5. Jahrhundert v. Chr. setzte man daher in vielen Poleis einen Zyklus von acht Jahren fest, der in fünf Jahre zu 12 Monaten, die zur Hälfte 29 und 30 Tage hatten und drei Schaltjahren zu 13 Monaten, bei denen das Jahr sechs Monate zu 29 Tage und sieben Monate zu 30 Tagen hatte. Dabei war das dritte, fünfte und achte Jahr Schaltjahr. Dadurch ging nach acht

Jahren der Kalender im Vergleich zum tatsächlichen Sonnenjahr zunächst um etwa 1,5 Tage »vor«.

Im Jahre 432 v. Chr. schlug der Mathematiker Meton dann einen 19-jährigen Zyklus mit 12 gemeinen Mondjahren und 7 Mondschaltjahren vor. Obwohl nach dieser Berechnung die Differenz nur noch einen Tag nach 219 Jahren betragen hätte, die sich leicht hätte ausgleichen lassen, gingen die Poleis auf diesen Vorschlag des Meton nicht ein, ebenso wenig wie auf spätere noch genauere mathematische Aufstellungen – bis Caesar im Jahre 46 v. Chr. seinen nach ihm benannten Kalender einführte.

Der Tag wurde meist in zwölf Tages- und Nachstunden eingeteilt, die durch Sonnenuhren berechnet wurden und daher je nach Jahreszeit unterschiedliche Längen besaßen. Das System hatten die Athener vermutlich von den Babyloniern übernommen. Neben den sehr ungenauen Sonnenuhren kannte man seit dem 6. Jahrhundert v. Chr. auch Wasseruhren. Aus mit Wasser gefüllten Gefäßen einer bestimmten Größe ließ man durch ein Loch im unteren Bereich das Wasser ausfließen, war das Gefäß leer, war ein bestimmter Zeitraum zu Ende. Dieses System ist vor allem durch Gerichtsverhandlungen überliefert, in denen die Anklage und Verteidigung ihre Reden innerhalb bestimmter ausgeflossener Wassermengen abgeschlossen haben musste.

Wann Ereignisse wirklich stattfanden, hing natürlich von den gerade gezeigten Ungereimtheiten und den überhaupt vorhandenen Zeitrechnungen ab,

Modell einer »Wasseruhr«. Aus dem oberen Gefäß mit Loch ergießt sich das Wasser in ein davor unten aufgestelltes Gefäß. Das dauert bei dieser Ausführung etwa 6 Minuten.

die zunächst von sehr allgemeiner Art waren. In der griechischen Frühzeit berechnete man die Vergangenheit nach Generationen. Die Zeitlänge einer Generation wurde jedoch unterschiedlich bemessen und konnte zwischen 23 und 40 Jahren dauern. Wahrscheinlich war die Auflistung der Ahnen eines Adelsgeschlechtes der entscheidende Faktor. Auf diese Weise konnten geübte Erzähler, wohl wie in heutigen schriftlosen Kulturen Afrikas, die Vorfahren bis auf ca. 500 Jahre in die Vergangenheit angeben. Die Generationen verschiedener Geschlechter konnte man durch ihre gegenseitigen Verbindungen zueinander setzen wie beispielsweise die Generation der angeblichen Teilnehmer am Trojanischen Krieg.

Später erstellten viele Poleis eine Liste mit den Namen der Oberbeamten, nach denen man das jeweilige Jahr benannte, in dem sie dieses Jahresamt innehatten. Dieser dem Jahr den Namen gebende (eponyme) Oberbeamte war beispielsweise in Athen ein Archon und in Sparta ein Ephor. In Athen soll der erste Archon 683/682 v. Chr. und in Sparta der erste Ephor 754/753 v. Chr. eingesetzt worden sein. Ab diesem Zeitpunkt wurden die jeweiligen Beamtenlisten geführt. In Sparta kannte man ab 754/753 v. Chr. auch noch die Liste der Könige. 312/311 v. Chr. etablierten die Seleukiden eine eigene Ära (»Ziffer«), deren Einführung aber je nachdem, wann man das Jahr anfangen ließ, in den Herbst oder Frühling fiel. So begann für die Makedonen die Seleukidenära im Herbst (Oktober/November) 312 v. Chr. und für die Babylonier im Frühling (März/April) 311 v. Chr. Trotz dieses Zeitunterschieds bleibt die Seleukidenära im Orient teilweise bis ins Mittelalter bestehen. Dem Beispiel der Seleukidenära folgten weitere Königreiche, darunter Bithynien und Pontos in Nordkleinasien ab dem Herbst 297 v. Chr. und die Parther in Persien ab Herbst 248 v. Chr. bzw. je nach Region auch erst im Frühling 247 v. Chr. Städte, die sich von den Seleukiden losgelöst hatten, begründeten eigene Ären, die mit dem Beginn der Befreiung anfingen, wie Tyros in Phönizien (heute Libanon) 275/274 v. Chr. und Arados in Phoinizien 259 v. Chr.

Der wichtigste gemeinsame Nenner war die Berechnung nach sogenannten Olympiaden (4-Jahres-Rhythmen), die man mit dem Sommer 776 v. Chr. anfangen ließ. Sie beruhte auf der Liste der Olympiasieger, was gleichzeitig zeigt, welchen enormen Stellenwert die Sieger innehatten. Der zwischen 350 und 250 v. Chr. lebende Timaios aus Tauromenien unterteilte die Olympiaden dann zusätzlich in Jahre, z. B. Olympiade 1,1 bedeutete 1. Olympiade 1. Jahr, also das Jahr 776/775 v. Chr.

Vor allem im Hellenismus (336–30 v. Chr.) versuchte man die verschiedenen Listen zusammenzubringen, um eine Chronik der Vergangenheit aufstellen zu können. Das wichtigste diesbezügliche Werk in Stein ist der Marmor Parium, ein von der Insel Paros stammender Inschriftenstein, der mit dem Jahr seiner Abfassung 264/263 v. Chr. endet und mit dem mythischen ersten König von Athen, Kekrops, 1581/1580 v. Chr. beginnt. Neben den Listen der Athener Könige und Archonten sind die lydischen, persischen und makedonischen Könige und sizilischen Tyrannen sowie weitere Ereignisse aufgeführt.

Der in Alexandria wirkende Universalgelehrte Eratosthenes von Kyrene legte den Grund für die historischen Wissenschaften, in dem er die verschiedenen Listen vereinte, wobei er auf Autoren des 4. Jahrhunderts v. Chr. zurückgreifen konnte und von der Olympiasiegerliste ausging, die bereits Timaios aus Tauromenien in Jahre unterteilt hatte. Dem Beispiel von Eratosthenes folgten viele weitere Wissenschaftler, so Apollodor aus Athen, dessen Chronik von der Zerstörung Trojas (1184/1183 v. Chr.) bis zur 165. Olympiade (120/119 v. Chr.) reichte, und Kastor aus Rhodos, dessen Chronik von dem assyrischen König Ninos bis Pompeius (61/60 v. Chr.) ging. Diese Chroniken bildeten die Basis für die antike Chronologie, auf die noch heute unsere zeitliche Einordnung aufbaut. Je tiefer man also in die Vergangenheit eintaucht, umso ungewisser ist in der Regel die Zeitangabe. Ebenso können wir durch die uneinheitliche Jahreseinteilung in den Poleis oft viele Daten nur mit der Angabe von zwei Jahresziffern rechtfertigen. Noch weniger können wir meist den genauen Tag oder Monat eines Ereignisses angeben. Dennoch ist dank der Fortschritte in der Mathematik in Griechenland seit dem 6. Jahrhundert v. Chr. und der Einführung von Beamtenlisten ein relativ gutes Zeitraster gegeben.

Mit rechtem Maß: Maße und Gewichte

Wie bei der Zeitrechnung waren auch alle Maße und Gewichte je nach Polis unterschiedlich, so wie es in Europa bis weit in die Neuzeit blieb. Daher kann im Folgenden nur der Aufbau von Systemen angedeutet werden, wobei die angegebenen Ziffern lediglich Richtwerte darstellen.

Zur Bemessung von Längen gingen die Griechen von Körperteilen aus. Meistens benutzte man die Elle (*pechys*), die vom Unterarm bis zur Spitze des Mittelfingers ging und um die 46 cm lag. Sie war in zwei Spannen (*spithame*) unterteilt, die die gespreizte Hand von den entferntesten Fingerspitzen des kleinen Fingers und Daumens meinten und etwa 23 cm betrugen. Auch teilte man die Elle in sechs Handbreiten (*palaiste*) zu etwa 7,5 cm und in 24 Fingerbreiten (*daktylos*) mit etwa 1,9 cm ein. Neben der Elle war

WÄHRUNGEN IN DER ANTIKE

Die Münze wurde in der 2. Hälfte des 7. Jahrhunderts v. Chr. in Westkleinasien entweder von den Lydern oder einer griechischen Stadt erfunden. Vorher herrschte Tauschhandel bzw. andere Objekte übernahmen die Währungsfunktion. Getauscht wurde u. a. mit Metallen, Fellen, Wein, Tieren, insbesondere Rindern, und Sklaven. Metallene Bratspieße und Pfeilspitzen scheinen ein übliches Zahlungsmittel gewesen zu sein.

Die ersten Münzen waren aus Elektron (einer Gold-Silber-Legierung, die in den Flüssen Lydiens als Nuggets zu finden waren) und aus Silber. Lydiens letzter König Krösus (Kroisos, 561–546 v. Chr.) ließ neben Elektron- auch Gold- und Silbermünzen prägen. Er war der wohlhabendste Mann seiner Zeit und sein legendärer Reichtum hat sich bis heute im Sprachgebrauch bewahrt: reich wie Krösus sein.

Die frühesten griechischen Münzen wurden in den westkleinasiatischen Städten (wahrscheinlich die ältesten Münzen der Welt überhaupt) geschlagen. Ihr Münzgewicht basierte auf dem Stater (= zwei Drachmen), einer Maßeinheit der zwei führenden griechischen Städte Kleinasiens, Milet (14,1 g) und Phokaia (16,1 g). Der Stater wurde in 1/3, 1/6, 1/12 usw. bis zu 1/96 unterteilt.

Ab dem 6. Jahrhundert v. Chr. verbreiteten sich die Münzen schnell in der übrigen griechischen Welt. Die führenden Zentren der Silberprägung waren zunächst die reichen Handelsstädte Ägina, Korinth und Athen. Schnell kamen weitere Städte in Makedonien, Thrakien, Sizilien und Unteritalien hinzu. Das wichtigste Nominal war die Drachme zu sechs Obolen. Größere Einheiten waren sehr beliebt, vor allem die Tetradrachmen (= vier Drachmen) und die Didrachmen bzw. Statere (= zwei Drachmen). Die größten griechischen Silbermünzen waren die sehr selten geprägten Dekadrachmen (= 10 Drachmen). In Gold wurde wegen des hohen Wertes sehr selten geprägt. Bronzemünzen (Legierung aus Kupfer und Zinn) kamen erst im Laufe des 5. Jahrhunderts v. Chr. auf, waren aber von den Griechen nicht geschätzt. Die schönsten griechischen Münzen entstanden in Unteritalien und Sizilien in der 2. Hälfte des 5. Jahrhunderts v. Chr. und am Beginn des 4. Jahrhunderts v. Chr., darunter fallen die berühmten Prägungen der syrakusanischen Stempelschneider wie Euainetos und Kimon, die ihre Münzen sogar signierten.

Meistens zeigten die Städte auf ihren Prägungen auf beiden Seiten Bilder ihrer beliebtesten Götter oder Wappen. Auf der Vorderseite von Athens Münzen (Abb. auf S. 59) erschien beispielsweise der Kopf seiner Schutzgöttin Athena und auf der Rückseite ihr Begleittier die Eule und ihr Attribut, der heilige Olivenzweig. Im 5. Jahrhundert v. Chr. galt Athen als so reich, dass es unnötig war, zusätzlich Geld – sprich: Münzen mit dem Abbild der Eule – dorthin zu bringen, worauf das heutige Sprichwort zurückgeht: Eulen nach Athen tragen.

Eine der schönsten: Auf dieser kunstvollen Münze aus Syrakus bekränzt Nike auf der Vorderseite einen Wagenlenker, während auf der Rückseite Delphine den Kopf der Persephone umrahmen.

vor allem der Fuß (*pus*) als Einheit in Gebrauch, der 2/3 der Elle ausmachte, d. h. etwa 30,7 cm. Für größere Längen multiplizierte man den Fuß. Am beliebtesten waren 100 Fuß (*plethron*, etwa 30,7 m) und 600 Fuß (*stadion*, etwa 184,2 m).

Bei den Hohlmaßen differenzierten die Griechen zwischen Maßen für Trockenes und für Flüssiges, die man u. a. nach den möglichen Aufbewahrungsgegenständen (wie Korb und Kanne) benannte. Für Trockenes wie Getreide wählte man meist als Größe den *medimnos* (»Scheffel«, etwa 52,53 l), dem sechs *hekteis* (»Sechstel«, etwa 8,75 l) oder 48 *choinikes* (etwa 1,09 l) oder 96 *xestai* (»Krug«, etwa 0,54 l) oder 192 *kotylai* (»hohle Hand«, etwa 0,27 l) entsprachen. Bei Flüssigem wie Wein benutzte man gern *metretes* (»Messer«, etwa 39,39 l), was zwölf *choes* (»Kanne«, etwa 3,28 l) oder 72 *xestai* (»Krug«, etwa 0,54 l) oder 144 *kotylai* (»hohle Hand«, »Schälchen«, etwa 0,27 l) oder 576 *oxybapha* (»Essignapf«, etwa 0,07 l) oder 866 *kyathoi* (»Schöpfkelle«, etwa 0,04 l) entsprach. Zum Maßnehmen hatten die Poleis eigene Gefäße, die oft mit der Aufschrift *metron* (»Maß«) oder *demosion* (»öffentliche Angelegenheit«, »öffentliches Gut«) versehen waren und auch das Wappen der Polis tragen konnten, wie für Athen beispielsweise den Kopf der Schutzgöttin Athena oder ihr Attribut die Eule. Anscheinend stellte man oft auf der Agora (Marktplatz) einen steinernen Tisch mit Aushöhlungen auf, die die offiziellen Maße besaßen und zur Überprüfung genutzt werden konnten.

Seit dem 6. Jahrhundert v. Chr. richteten sich die Gewichtseinheiten nach den Münzen, die zu dieser Zeit auch erstmalig auf dem griechischen Festland geprägt wurden (in Ostgriechenland wurden die ersten Münzen dagegen bereits im 7. Jahrhundert v. Chr. geschlagen). Grundbestand war von klein nach groß die Obole, die Drachme, die Mine und das Talent. Das Talent war sechzig Minen und die Drachme sechs Obolen wert. Das Verhältnis zwischen Mine und Drachme variierte aber sehr je nach Polis und Zeit. In Ägina wog eine Mine (436,6 g) 70 Drachmen (6,237 g), in Korinth ein Mine (436,6 g) 150 Drachmen (2,911 g) und in Athen zunächst eine Mine (436,6 g) 100 Drachmen (4,366 g). Die drei wichtigsten Prägestätten des griechischen Festlandes und der vorgelagerten Insel Ägina im 6. Jahrhundert v. Chr. hatten damit das gleiche Gewicht für eine Mine und ein Talent. Doch schon etwas später unterschied sich das Athener Gewichtssystem von anderen dadurch, dass die immer gleichschwer bleibende Drachme (4,366 g) das Basisgewicht darstellte und diese in den nächsten Jahrzehnten und Jahrhunderten vom Verhältnis 1 Mine = 105 Drachmen (458,4 g) auf 150 Drachmen (602,5 g) für ein Mine hochschnellte.

Jenseits des Styx: Tod und Bestattung

Jedes Leben – auch das jedes Griechen – endet mit seinem Tod. Die Aussichten nach dem Tod waren in der griechischen Antike indes düster. Man ging davon aus, dass der Verstorbene in den Hades, die Unterwelt, kam, wo er als Schattenwesen fortan dahinvegetieren musste. Mit dem Eintritt seines Todes verließ die Seele in Form eines Schattenwesens (Eidolon), das die Umrisse des Verstorbenen besaß, den toten Körper und begab sich mit dem göttlichen Begleiter Hermes auf die Reise in die Unterwelt, wo er am Grenzfluss Styx gegen einen Obolos (kleines Geldstück) von dem Fährmann Charon ins Reich der Toten hinübergebracht wurde. Doch um ungestört dorthin zu gelangen, brauchte der Tote eine adäquate Bestattung. Dafür hatten seine Kinder oder nächsten Verwandten zu sorgen, die damit auch ihr Recht auf das Erbe anzeigten. Nicht bestattet und wohlmöglich von Tieren gefressen zu werden, war ein unerträglicher Gedanke für die Griechen. Daher versuchte man alles, um den Leichnam zu bekommen. Schon in der Ilias wurde häufig der Kampf um den Leichnam eines Gefallenen geschildert. Schrecklich war beispielsweise die Vorstellung, dass der griechische Held Achill den getöteten Königssohn und tapfersten Krieger Trojas, Hektor, nicht seinem trauernden Vater Priamos übergeben wollte und dies erst nach langem Zaudern und gegen große Belohnung zuließ. Daher setzte man auch Toten, deren Leichnam man nicht habhaft werden konnte, wie beispielsweise ertrunkenen Seeleuten, zumindest ein Kenotaph (»Scheingrab«, Ehrenmal).

Normalerweise wurde der Leichnam von weiblichen Verwandten am Tag seines Hinscheidens gewaschen, auf ein Bett mit Kissen unter dem Kopf gelegt, in ein Tuch gehüllt und mit einer Decke überzogen im Haus aufgebahrt (*prothesis*). Am zweiten Tag beklagte man den Verstorbenen. Am dritten Tag vor Sonnenaufgang brachte man den Leichnam aus dem Haus

Eine trauernde Frau nähert sich mit einem Gefäß für Salben einer mit Kranz und Schmuckbändern geschmückten Grabstele, um zu opfern.

(*ekphora*) zu seinem Grab, wenn möglich einem Familiengrab, das immer außerhalb der Stadt lag, in der Regel an den Ausfallstraßen. Man beerdigte seinen Leichnam oder verbrannte zunächst seinen Körper, sammelte seine Überreste, legte sie in eine Urne und bestattete ihn. Auch stattete man den Toten mit Grabbeigaben aus, die gegenüber vielen anderen Kulturen meist aber verhältnismäßig dürftig ausfielen. Darunter waren geschlechts- und altersspezifische Gegenstände wie Spiegel und Schminkkästchen für die Frau, Waffen und Sportausrüstung für den Mann und Spielzeug wie Tonpuppen für Kinder. Daneben erhielten alle Speise und Trank in verschiedenen meist tönernen Gefäßen und Flüssigkeitsopfer wie Wein, Honig, Wasser und Öl. Auch als Geste der Trauer geschorene Haarsträhnen wurden mitgegeben. Über dem Grab konnte man ein Grabmal unterschiedlichster Art errichten, wie einen Hügel, ein Gefäß oder eine Stele. Bei Familiengräbern existierte bisweilen bereits ein Inschriftenstein, dem man den Namen des neuen Verstorbenen hinzufügen konnte. Nach der Bestattung erfolgte ein Totenmahl. Am neunten Tag ging man erneut zum Grab und vollzog unbekannte Riten. Nach einer weiteren Periode endete dann die Trauerzeit, man hielt aber jährlich Gedenkzeremonien am Grab ab.

Einmal im Jahr zelebrierte man auch speziell ein Totenfest. Es war Teil des im Februar/März stattfindenden dionysischen Festes der Anthesterien (»Blütenfest«), bei dem man einerseits die Rückkehr des Wein- und Vegetationsgottes Dionysos und damit den Tod des Winters und den Beginn des Frühlings feierte. Bereits im Laufe des zweiten, fröhlichsten Tages, den Choen (»Kannenfest«), bei dem es u. a. ein Wetttrinken und allgemeines Besäufnis gab, erschienen die Schatten der Verstorbenen und wurden durch apotropäische Mittel in Zaum gehalten. Am dritten und letzten Tag des Festes feierte man schließlich das Totenfest, die Chyrten (»Töpfefest«), an dem man die Schatten der Verstorbenen und den göttlichen Totenbegleiter Hermes Chthonios mit gekochten Erdfrüchten in tönernen Töpfen besänftigte und sie dann mit Sprüchen am Ende des Festes vertrieb.

Auch im Athen des 5. und 4. Jahrhunderts v. Chr. wurden die Toten – wie allgemein bei den Griechen üblich – außerhalb der Stadt, wenn möglich in exponierter Lage, an den Ausfallstraßen bestattet, wo richtige Totenstädte (Nekropolen) entstanden. Die am besten ergrabene Nekropole befindet sich im Westen von Athen, der sogenannte Kerameikos-Friedhof. Zu dieser Zeit war sowohl Körper- wie auch Brandbestattung üblich. Wer warum welche Art der Bestattung bevorzugte, ist nicht ersichtlich. Massengräber sind selten und waren wohl nur Epidemien geschuldet. Ansonsten bestattete man den Leichnam zumindest in einer Grube und legte, wenn möglich, wenigstens ein paar kleine Gefäße bei. Über solchen Gräbern erhob sich oft eine Art Schutzdach aus Dachziegeln. Reichere Athener konnten in mit Steinplatten verzierten Gruben oder in Sarkophagen aus Kalkstein oder Marmor bestattet werden. Bei Verbrennung wurden die sterblichen Überreste wohl in mehr oder weniger wertvolle Tücher und dann in Tonurnen oder in Metallurnen oder -gefäße gelegt, die häufig nochmals umwickelt in einem Tuch in eine Steinkiste gesetzt wurden. Auch gab es Gräber ohne Leichname, sogenannte Kenotaphe, in denen nur die Grabbeigaben oder symbolisch für den Toten ein großer Stein mit bestattet wurden. Bisweilen findet man neben den Gräbern auch separate Opfergruben mit verschiedenen Gefäßen, vor allem für Flüssigkeiten, sowie Tierknochen. In den Gräbern selbst deponierte man vor allem Trinkgefäße, Krüge und Lekythen (Ölkannen). Für Athen typisch waren die sogenannten weißgrundigen Lekythen, so benannt nach ihrem im Hauptfeld aufgetragenen weißen Überzug, auf dem man mit anderen Deckfarben meist Grabszenen, Frauengemachszenen oder mythologische Szenen zeigte, insbesondere Charon, den Fährmann über den Styx, der die Grenze zur Unterwelt bildete. Die

Ein Blick auf die Südseite der Gräberstraße im Kerameikos von Athen. Links die Reitergrabstele des Dexileos (vgl. S. 70)

Das Mausoleum des karischen Dynasten Mausollos in Halikarnassos, eines der Sieben Weltwunder, führte zu phantasievollen Rekonstruktionen wie dieser von 1792.

weißgrundigen Lekythen besaßen im Innern oft nur einen verkleinerten Hohlraum, um weniger Öl einfüllen zu müssen. Bei den Grabszenen sieht man häufig Trauernde mit Opfergaben wie Essen, Trinken, Blumenkränzen oder Bändern vor einer Grabstele, die mit einer Tänie (Schmuckband) umbunden ist.

Über einem oder mehreren Gräbern von reicheren Verstorbenen konnten sich ein Erdgrabhügel und/oder Grabrelief, Grabstelen, Gefäße, Säulen und Skulpturen erheben, die entlang der Wege so aufgestellt waren, dass der Vorbeigehende sie sehen konnte. Viele waren wohl bunt bemalt. Grabstelen waren oft rechteckig und 1–2 m hoch. Im oberen Bereich war der Name des Verstorbenen eingehauen oder aufgemalt. Auch war der heute darunter schmucklos erscheinende Teil häufig mit verschiedenen Motiven bemalt, die u. a. den Verstorbenen, Gefäße wie Lekythen oder Pflanzen zeigen konnten. Ab dem Ende des 5. Jahrhunderts v. Chr. wurden auch steinerne Gefäße auf die Gräber gestellt, Lekythen und Lutrophoren (Wassergefäße für das Brautbad, wurde unverheiratet verstorbenen Frauen und Mädchen mitgegeben). Die marmornen Lekythen zeigten oft – wie viele Grabreliefs seit der 2. Hälfte des 5. Jahrhunderts v. Chr. – Abschiedsszenen im Familienkreis, wobei man sich als Zeichen des Abschieds meist die rechte Hand reicht (*dexiosis*). Andere Grabreliefs zeigen den Verstorbenen allein, beispielsweise den Mann als Athlet, Krieger oder Jäger mit seinem Lieblingsjagdhund. Rundskulpturen stammen vor allem aus dem 4. Jahrhundert v. Chr. und stellen Frauen, Mädchen, Sirenen (Mischwesen, Menschenkopf mit Vogelkörper) und viele Tierarten wie Löwen, Panther, Stiere und Hunde dar.

Besondere Ehren erhielten die in Schlachten gefallenen Athener. Sie wurden in extra errichteten Staatsgräber neben der Straße der Akademie direkt am Dipylontor in bester Lage feierlich beerdigt. Während die meisten anderen Griechen die Gefallenen am Schlachtort bestatteten, brachten die Athener die Leichname nach Hause, mit Ausnahme der Verstorbenen in den zwei großen Landschlachten gegen die Perser bei Marathon und Plataiai. Für diese Staatsgräber übernahm die Polis die Kosten. Neben dem üblichen Bestattungszeremoniell wurde eine besondere Grabrede gehalten. Das am besten bekannte Staatsgrab ist das Grab der Lakedaimonier von 404/403 v. Chr. Auf einem über 10 m langen Steinbau steht eine Platte mit den Namen der Polemarchen und der Schlacht, in der sie und ihre Soldaten starben. Die Leichname von 13 Kriegern, in denen teilweise noch Pfeilspitzen und Lanzen steckten, wurden unter dem Fundament begraben. Drei weitere Krieger fanden sich in der mittleren von drei Grabkammern. In der Nähe lagen weitere Kriegergräber und insgesamt muss es auf dem Kerameikos mindesten 20 Staatsgräber gegeben hatten. Sie waren die auffälligsten Grabbauten im damaligen Athen.

Die Aphrodite des Praxiteles in Knidos zeigte die Liebesgöttin erstmalig komplett nackt. Diese römische Kopie fügte ein herabgleitendes Gewandstück frei hinzu.

Die Welt der Götter und Mythen

Bei den Griechen herrschte der Polytheismus (*polys*, »viel«; *theoi*, »Götter«). Die Götter waren in vielerlei Hinsicht – in ihrer Struktur und ihrem Verhalten – wie die Menschen, hatten beispielsweise einen Stammbaum und standen zueinander in einer Hierarchie. Im Unterschied zu den Menschen waren sie unsterblich und übermächtig. Zwölf Götter bildeten zwar immer die Spitze, doch je nach Polis, Verein oder privater Einschätzung wurden bestimmte Götter bevorzugt. Auch besaßen die Gottheiten je nach Polis einen anderen Kult. Neben den obersten zwölf Göttern gab es viele andere, die meist für weitere Lebenssphären zuständig waren. Die Personifikationen wurden ebenfalls als Gottheiten angesehen. Die wohl bekanntesten waren Nike (Sieg), Himeros (Verlangen), Thanatos (Tod) und Hypnos (Schlaf). Auch waren die Landschaften, Städte und Flüsse vergöttlicht. Neben den Göttern konnten auch Dämonen, Helden, Stadtgründer, Vorfahren nach ihrem Tod, später auch Könige und außergewöhnliche Menschen schon zu Lebzeiten göttlich verehrt werden.

Viele der Götter hatten untereinander verwandtschaftliche oder andere enge Verbindungen (z. B. Ehe). Dieses Geflecht an Beziehungen, ihr Umgang miteinander und gegenüber den Sterblichen sowie die Erlebnisse der Götter und Helden erzählten die griechischen Dichter und Schriftsteller in den Mythen (»Erzählungen«). Schon die ältesten uns bekannten literarischen Werke – die Ilias und die Odyssee des Homer sowie die Theogonie des Hesiod, die ins 8. Jahrhundert v. Chr. datieren, erzählen von großen Bereichen der Mythologie (»Lehre der Erzählungen«): von der Schöpfung der Welt aus dem Chaos über die sich zeitlich abwechselnden drei Göttergenerationen von Uranos über Kronos zu Zeus bis zur Entstehung und Entwicklung der Menschen (Hesiod) und dem Trojanischen Sagenkreis (Homer). Neben Letzterem sind uns durch spätere Autoren die Heldensagen von vielen weiteren Gestalten bekannt, darunter von Herakles, Theseus, Ödipus, Perseus, den Argonauten, den Sieben gegen Theben und der Jagd auf den Kalydonischen Eber. Die mythischen Helden waren für die Griechen real existierende Menschen, die in der heroischen Vorgeschichte durch ihre außerordentlichen Taten im Gedächtnis der Menschen überliefert blieben. Viele Aristokraten führten ihre Geschlechter auf diese Helden der Vergangenheit zurück. Sie waren ein Teil der Geschichte und wurden daher bei Streitigkeiten auch immer in der Argumentation als Garanten mit einbezogen. Daher integrierten viele griechische Historiker in ihrer Schilderung der griechischen Geschichte immer wieder Helden und datierten so auch den Trojanischen Krieg. Die

Auf dieser Athener Amphora mit Originaldeckel ringt Herakles in seiner ersten Arbeit mit dem Nemeischen Löwen im Beisein der Athena und seines Gefährten Iolaos.

mythischen Erzählungen thematisieren aber auch in vielfältiger Weise die Probleme der Menschen unter Einbeziehung der Götter und spendeten den Griechen der Antike dadurch Trost und Lebenshilfe.

Träger der Kulte und damit der griechischen Religion war vor allem die Polis. Daher konnte der Götterbestand je nach Polis und Zeit anders geartet sein. Eine einheitliche griechische Religion existierte daher nie. Offenbarungen, Heilige Schriften, Dogmen und einheitliche Praktiken wie in den monotheistischen (*monos*, »einzig«; *theos*, »Gott«) Religionen Judentum, Christentum und Islam waren unbekannt. Berufspriester existierten nicht, Priester(innen) auf Lebenszeit nur selten. In der Regel wurde das Priesteramt nur für eine gewisse Periode von einem Bürger oder einer Bürgersfrau ohne Bezahlung übernommen. Die Priester unterstanden daher weder einer größeren Hierarchie, noch hatten sie größeres Spezialwissen, das auf eine komplexe Theologie aufbauen konnte. Die Ausführung des Kultes wurde daher der Tradition folgend zelebriert. Die Priester versuchten zwar, die überkommene Religion aufrechtzuerhalten, es fand aber dennoch eine Weiterentwicklung statt. Die Abhaltung der Kulte wurde durch den Staat, Vereine oder Privatleute bezahlt. Neue Gottheiten konnten bei Zustimmung der Gemeinschaft hinzukommen, was aber eher selten der Fall war. Die Feste mit ihren Ritualen sollten die einzelnen Teilnehmer an die Gottheit und die anwesende Gemeinschaft binden. Dabei konnten sich je nach Kult auch einzelne Gruppierungen von anderen abgrenzen, beispielsweise Männer von Frauen (Herakleskulte nur für Männer) oder Frauen von Männern (Demeterkulte nur für Frauen), oder es wurden umgekehrt verschiedene Bevölkerungsschichten zusammengeführt, wie in Athen bei den Panathenäischen und Dionysosfesten Männern, Frauen, Metöken und Verbündete. Während der Panhellenischen Spiele konnten alle Anwesenden, Gäste und Einheimische, bei den kultischen Feierlichkeiten zu einer Gemeinschaft verschmelzen. Ebenso standen die großen Heiligtümer, die keiner Polis allein gehörten, wie Delphi und Delos, allen offen. Die Kulte verdeutlichten so unterschiedliche Grade der gesellschaftlichen Zusammengehörigkeit vom kleinsten gemeinsamen Nenner bis zum großen Ganzen. So existierten beispielsweise in Athen Kulte für die Familie, Phratrie, Demos, Phyle und Polis. Die Kulte gaben damit auch die Struktur der Polis wieder: ohne Kulte keine Polis. Dies ist ein wesentlicher und zentraler Aspekt antiker Kulturen. Die Bedeutung der Kulte darf daher nicht unterschätzt werden. Sie durchdrangen jeden Bereich der antiken Gesellschaft.

Die Feste hatten in der Regel ihren festen Platz im Kalender der Gemeinschaft. Nach Katastrophen (Seuchen, Hungersnöten, Kriegen) konnten zusätzlich außerordentliche Feste veranstaltet werden. Gemeinsame Opfer, Prozessionen und Mahle standen im Mittelpunkt. Sie konnten durch andere Komponenten wie sportliche und musische Wettbewerbe erweitert werden. Man trug dabei meist ein Festgewand, bestehend aus besonders reichen Gewändern und Kränzen, wobei in der Regel die Kulthandlungen barfuß ausgeführt wurden.

Der Kultort befand sich in einem sakralen Bereich, der durch Mauern oder Ähnliches abgegrenzt war, dem Temenos. In ihm stand als wichtigster

Teil der Altar für die Opfer und meist auch ein Tempel. Gern wurden dafür auch besondere Orte in der Natur, wie Quellen, Haine, Gipfel und Höhlen, ausgewählt. In dem meist von West nach Ost orientierten Tempel stand das Kultbild der jeweiligen Gottheit, wobei sie im Westen stand und nach Osten blickte. Oft waren es Statuen, die die Gottheit in menschlicher Gestalt mit ihren typischen Attributen und bisweilen mit Tieren zeigten. Die männlichen Gottheiten waren häufig nackt oder halbnackt dargestellt. Die erste weibliche Statue, die völlig nackt war, stand in Knidos und zeigte die Liebesgöttin Aphrodite, die danach ebenfalls häufig nackt oder halbnackt wiedergegeben wurde.

Das Opfer war ein zentraler Teil der Kulthandlung. Meist war es blutiger Natur. Es konnten unterschiedlichste Arten von Tieren geopfert werden: Am beliebtesten waren Rinder, Schafe und Schweine. Die Wahl des Tieres

Ein Opfer für die Nymphen: Die Priesterin mit Opfergeräten schreitet musizierenden Knaben mit Opferlamm und Frauen mit Zweigen voran.

war aber stark abhängig von dem Rezipienten, so opferte man der Herdgöttin Hestia und der Fruchtbarkeitsgöttin Demeter gern Schweine, dem Meeresgott Poseidon und dem Sonnengott Helios Pferde, der Liebesgöttin Aphrodite und dem Heilgott Asklepios Vögel und Hähne, dem Kriegsgott Ares und der Unterweltsgöttin Hekate Hunde, dem Hirtengott Priapos, der

Hekate und der Aphrodite Fische. Im Festgewand ging man in einer Prozession zum Altar. Voran schritt ein Mädchen mit einem Korb auf dem Kopf, indem unter Gerstenschrot und Bändern das Opfermesser versteckt war. Jünglinge leiteten das mit Girlanden geschmückte Opfertier. Ein Aulosspieler musizierte. Am Altar bildete man einen Halbkreis mit dem Rücken zum Tempel. Man betete und warf den Gertenschrot als Zeichen der Reinigung auf den Boden. Nachdem der Priester einige Tierhaare abgetrennt hatte, durchschnitt er die Kehle des Tieres, wobei das Blut auf den Altar oder in ein Gefäß floss. Dann konnte das Opferfleisch geschnitten und aufgeteilt werden. Die Verbrennung von Knochen und Fleischteilen betrachtete man als Speisung der Götter. Häufig begleitete man das Tieropfer mit Trankopfer. Unterblieben solche Opfer längere Zeit, musste man den Groll der Gottheit fürchten. Den Rest des Opfers erhielten Priester oder oft auch die Gemeinschaft, die damit ein Mahl zelebrierte und so den Göttern durch den Verzehr des gleichen Opfers nahe kam. Seltener waren nichttierische Opfer wie beispielsweise Früchte bei der Ernte. Daneben waren auch immer Libationen, Trankopfer, sehr wichtig. Neben dem obligatorischen Wein goss man auf den Altar, das Grab, den Boden usw. auch oft Honig, Wasser, Milch oder Öl. Bei allen Handlungen waren begleitend laute Gebete und Gesänge von Bedeutung.

Während der Kulthandlungen herrschten in der Regel die auch im Alltag existierenden sozialen Strukturen und Hierarchien. Bei den Prozessionen war eine genau vorgeschriebene Rangfolge einzuhalten, die besagte, wer wann wo in der Prozession stand. Einen solchen festgelegten Prozessionszug zeigt besonders gut der berühmte ursprünglich über 160 m lange Parthenonfries. Er stellt die Prozession von Eleusis nach Athen und über die Agora auf die Akropolis bei den alle vier Jahre stattfindenden Panathenäischen Feiern dar. Die Reliefs zeigen u. a. den Priester mit dem neugewebten Peplos für Athena, die Opfergeräte und sakrale Gegenstände tragenden Jungfrauen, von Männern geführte zu opfernde Rinder und Schafe, Metöken als Kasten- und Hydrienträger, Musikanten (Auleten und Kitharoiden), Greise mit Ölzweigen, Gespanne und Reiter, immer wieder Festordner – und das alles in Anwesenheiten der Phylenheroen (der vergöttlichten Helden der zehn Phylen) und der wichtigsten Gottheiten: Hermes, Dionysos, Demeter, Ares, Nike (oder Iris), Hera, Zeus, Athena, Hephaistos, Poseidon, Apollon, Artemis und Aphrodite mit Eros.

Sowohl kollektiv als auch individuell erfolgten darüber hinaus Weihungen, die sichtbar den Dank für die Erfüllung eines Wunsches oder die Hoffnung auf baldige Hilfe, beispielsweise gewonnene Schlachten, Erlösung von Krankheiten, Kindersegen usw., ausdrückten. Geweiht wurde alles, was einem lieb und teuer war: Spielzeug, Schmuck, Kleidung, Geräte, Gefäße, Waffen, Tafelbilder, Reliefs, Statuen und vieles mehr. Nicht selten handelte es sich dabei um wahre Meisterwerke. Die Inschriften kündeten von der Frömmigkeit (*eusebeia*) des Stifters, die Qualität von der Fähigkeit des Künstlers. Besonders prächtig waren die vielen wertvollen Weihreliefs und -statuen, die die Heiligtümer füllten. Sie konnten aus den unterschiedlichsten Materialien bestehen, bevorzugt waren Edelmetall, Elfenbein, Stein, Ton, Stoff und Holz. Die Weihungen waren teilweise so wertvoll, dass Poleis sogar Schatzhäuser bauten, um sie darin zu bewahren. Berühmt waren besonders die Schatzhäuser von Olympia und Delphi, deren reich verzierte Gebäude für sich schon bedeutende Kunstwerke waren und für die griechische Kunstgeschichte von eminenter Bedeutung sind, beispielsweise das Schatzhaus der Siphnier und das der Athener in Delphi. Gerade die Weihgaben zeugen von der tiefen Religiosität der breiten Bevölkerung.

Die Entstehung des Theaters

Die Erfindung des Theaters verdanken wir dem griechischen Schöpfergeist. Die Wurzeln des Theaters liegen in der Verehrung des Wein- und Vegetationsgottes Dionysos. Zu seinen Ehren stimmte man bei Festen auch Dithyramben, Kultlieder für Dionysos, an. Aus den Dithyramben und anderen Aufführungen für Dionysos entwickelte sich in der 2. Hälfte des 6. Jahrhunderts v. Chr. das Theater mit den drei Kategorien Tragödie, Komödie und Satyrspiel. Führend bei dieser Entwicklung war in Athen der Dichter Thespis, der in den 530er Jahren bei dem Fest der sogenannten städtischen oder Großen Dionysia im März/April den Dithyrambos mit gesprochenen Teilen und Tanz versah, somit also einen ersten Schauspieler einführte und als Erfinder der Tragödie angesehen wurde. Wahrscheinlich rangen schon bald mehrere Dichter bei dem Fest um die beste Tragödie. Der Name Tragödie stammt von *tragos* (»Bock«) und *ode* (»Gesang«). Der geile Bock gehört zum dionysischen Umfeld und wird oft in Verbindung mit den Begleitern des Dionysos, den Satyrn, gebracht. Umstritten ist, ob hier direkt auf die Satyrn und somit auf Satyrlieder angespielt werden soll oder ob es sich um ein Bockopfer mit Gesang zu Ehren des Dionysos handelte. Auf alle Fälle unterstreicht der Name den Bezug zum Dionysoskult, ohne den die Tragödie wohl nicht entstanden wäre.

Anfang des 5. Jahrhunderts v. Chr. baute man erstmalig eine Orchestra (Tanzplatz für den Chor) im Heiligtum des Dionysos Eleutherios am Südostabhang der Akropolis. Die Zuschauer konnten dann vom Hang aus die Aufführungen verfolgen. In der 1. Hälfte des 5. Jahrhunderts v. Chr. entwickelte sich bei den städtischen Dionysien ein geregelter Ablauf der Aufführungen zu Ehren des Dionysos. Nach einer Prozession und einem Opfer für die Gottheit traten am ersten Tag die zehn Phylen Athens mit je einem Knaben- und Mädchenchor mit je 50 Sängern in Sängerstreit. Der Gewinner erhielt einen Dreifuß, den er in der nahegelegenen Dreifußstraße aufstellen lassen konnte. Am zweiten Tag folgte der Wettbewerb von fünf Dichtern mit je einer Komödie. An den letzten drei Tagen rangen drei vorher ausgewählte Tragiker mit jeweils drei Tragödienstücken (Trilogie) und je einem Satyrspiel um den ersten Preis. Alle Theaterstücke wurden extra für diesen Wettbewerb verfasst. Schon Monate vorher bekamen die Dichter von den Archonten den Auftrag, Theaterspiele zu schreiben und zu komponieren und mit ausgesuchten Männern einzuüben, die auch die Frauenrollen übernahmen. Die Schauspieler trugen dabei alle Masken.

Aischylos (525/524–456 v. Chr.) führte in der 1. Hälfte des 5. Jahrhunderts v. Chr. einen zweiten Schauspieler ein, der mit dem anderen Schauspieler erstmalig in Dialog treten konnte. Sophokles (496–406 v. Chr.) ließ dann

drei Schauspieler auftreten. Um die Mitte des 5. Jahrhunderts v. Chr. integrierte man bei den Aufführungen einen neben der Orchestra stehenden Holzbau oder ein Zelt, die teilweise als Ort des Geschehens (*skene*, »Zelt«) dienten und durch Bühnenbildmalerei einen Palast, Tempel usw. darstellen konnten. Ab der Mitte des 5. Jahrhunderts v. Chr. erhielt nun auch der beste Schauspieler neben dem Choregen einen Preis. Gleich zu ihrem Beginn, im 5. Jahrhundert v. Chr., erreichte die Tragöde mit den berühmten drei Tragikern Aischylos, Sophokles und Euripides (um 480–406 v. Chr.) ihren Höhepunkt. Die Stücke der drei Tragödiendichter waren so beliebt, dass sie später immer wieder gern aufgeführt wurden und auch in den Schulunterricht als Lesestücke Eingang gefunden haben. Daher sind von diesen Dichtern als Einzigen mehrere Tragödien überliefert.

Die Komödie hat wahrscheinlich ihren Ursprung in den ausgelassenen Umzügen (*komoi*) nach Trinkgelagen zu Ehren des Dionysos, bei denen man musizierend, tanzend und lustige Spottlieder singend durch die Nacht zog. Entweder aus diesen allein oder in Kombination mit anderen dionysischen Umzügen entwickelte sich im Laufe des 6. und Anfang des 5. Jahrhunderts v. Chr. die Komödie. Sowohl die Westgriechen, als auch die

Das Theater von Epidauros ist mit seinen Sitzreihen in den Berghang eingefügt. Sie umrahmen die kreisrunde Orchestra, dahinter erhob sich das Bühnenhaus.

Bewohner von Megara und Athen beanspruchten die Erfindung der Komödie für sich. Den ersten Preis für eine Komödie in den städtischen Dionysien erhielt 486 v. Chr. Chionides. Mehr wissen wir erstmals von Kratinos (um 490/480 bis nach 423 v. Chr.), der in seinen Komödien häufig die Politik aufs Korn nahm. Die Verspottung der Politik und phantastisch-fiktive Geschichten waren typische Stoffe der sogenannten Alten Komödie, die bis um 405 v. Chr. herrschte und außer von Kratinos vor allem von Aristophanes (um 445–386 v. Chr.) und Eupolis (446 bis um 410 v. Chr.) vertreten wurde. Die bissigen Stücke wurden durch Schauspieler mit extravaganten Theatermasken und Kostümen dargestellt. Häufig trugen die Schauspieler ein enganliegendes Kleid mit ausgestopften Bauch- und Popartien und riesigem Phallos, der auf die oft anzüglichen Teile vieler Komödien verwies.

Vom Ende des 5. Jahrhunderts v. Chr. bis zum dritten Viertel des 4. Jahrhunderts v. Chr. spielte man die sogenannte Mittlere Komödie. Sie konzentrierte sich vor allem auf mythische Erzählungen, die sie auf den Athener Alltag projizierte. Ab der Mitte des 4. Jahrhunderts v. Chr. bildeten sich die Einteilung in fünf Akte und die Typenrollen heraus, wie die reizende Hetäre, der geschwätzige Koch, der geldgierige Kuppler, der angeberische Soldat. Diese Typologisierung findet ihren Widerhall in standardisierten Masken.

Menander (342–291 v. Chr.) wurde zum Hauptvertreter der Neuen Komödie, die zwischen etwa 320 und 250 v. Chr. ihre Blüte erreichte. Seine Stoffe handeln vom Alltagsleben der Athener Bürger. Besonders beliebt waren als Thema zwei Jungverliebte, die erst nach vielen Hindernissen heiraten können. Gern wurden auch Randgruppen wie Hetären und Kuppler auf die Schippe genommen.

Epos, Lyrik, Prosa: die griechische Literatur

Am Anfang der griechischen Literatur stehen zwei Meisterwerke, die noch heute begeistern. In der Ilias (»Der Trojanische Krieg«) und der Odyssee (die Irrfahrten und Heimfahrt des Odysseus), die dem Homer zugeschrieben werden, wird in sprachlicher Vollendung und vorzüglicher Unterhaltung, aber auch Belehrung das Ideal einer aristokratischen Gesellschaft mit ihrem Wertesystem für die Zuhörer verherrlicht. Beide Epen (»das Gesagte«, »Berichtete«) schildern sprachgewaltig Begebenheiten und menschliche Emotionen während und nach dem Trojanischen Krieg. Facettenreich werden Schauplätze der Handlungen, Gedanken und Gefühle gewechselt, wodurch für Spannung gesorgt ist. Detaillierte Beschreibungen von Ge-

Schauspieler mit Masken und Kostümen. Oben unterhält sich der Hauptakteur Herakles mit dem Anführer des Chores, unten zwei Satyrn des Chores.

Die Geschichte des Trojanischen Krieges war allgegenwärtig: Während Homer sie besang, malten die Maler die Szenen der Eroberung der Stadt später auf Vasen.

genständen und Situationen täuschen eine erstaunliche Realität vor, die oft vergessen lässt, dass es sich um erzählende Literatur handelt. In der Ilias kämpfen die Griechen 10 Jahre lang vor den Mauern Trojas, einer Stadt bei den Dardanellen in Westkleinasien, um die schöne Helena zurückzuholen, die Gemahlin des spartanischen Königs Menelaos, die von Paris, dem Sohn des trojanischen Königs Priamos, entführt worden war. Das ganze Geschehen konzentriert sich auf wenige Tage im 9. Kriegsjahr, die vor allem den Zorn des Achill, des größten Helden auf griechischer Seite, gegen Agamemnon, den Anführer der Griechen, schildert, der dem Achill seine schöne Sklavin Briseis abverlangte. Erst der Tod seines Freundes Patroklos bewegt Achill wieder zum Kampf, in dem er dann Hektor, den tapfersten Trojaner und Sohn des Priamos tötet, was schließlich zur Einnahme und Zerstörung von Troja führt.

Um diesen zentralen Punkt werden der Krieg und sein Verlauf mit all seinen Verstrickungen und menschlichen Höhen und Tiefen bilderreich gezeigt. In der Odyssee wird die zehnjährige Irrfahrt des Odysseus nach der Zerstörung Trojas erzählt, bis er schließlich nach Ithaka, seiner Heimat, zu seiner geliebten, ihm treu gebliebenen Frau Penelope zurückkehrt, die sich während der Wartezeit der Freier erwehren musste. Die Tragik des Helden, der alle seine Gefährten verlieren und viele Abenteuer mit häufig märchenhaften Motiven (Riesen, Zauberer, Ungeheuer) erdulden muss, steht im Zentrum des Geschehens. Die Hoffnung und Trauer des Odysseus bewegen bis heute. Umstritten bleiben die Datierung der Epen und die Autorenschaft. Während ein Teil der Wissenschaftler einen frühen Ansatz ins 9. Jahrhundert v. Chr. befürworten, sprechen sich die meisten Forscher wegen bestimmter Details in der Schilderung für das 8. Jahrhundert v. Chr. aus, was am wahrscheinlichsten ist. Ebenso bleibt die Frage, ob die Epen von einem wirklich existierenden Homer stammen oder ob dieser gar nicht lebte und/oder die Epen ganz oder nur teilweise von ihm kommen. Der »große Wurf in einem Guss« spricht sehr dafür, dass schon am Anfang der griechischen Literatur ein Dichter namens Homer diese beiden Epen in einem genialen Zug in der 2. Hälfte des 8. Jahrhunderts v. Chr. geschaffen hat, in einer Zeit, als auch die griechische Schrift eingeführt wurde. Auch wenn die Verschriftlichung von Literatur häufig noch bis um 400 v. Chr. spärlich war, sind diese beiden Werke schon früh festgehalten und im 6. Jahrhundert in der jetzigen Form niedergeschrieben worden. Diese beiden Meisterwerke, die ihresgleichen suchen, betrachteten schon die alten Griechen als außerordentliche Leistung. Sie waren Ansporn für alle künftigen Dichter und ein Genuss für alle Freunde der Literatur.

Wenig später, um 700 v. Chr., verfasste Hesiod die Theogonie (»Entstehung der Götter«) und die Erga (»Werke«), in deren Mittelpunkt die landwirtschaftliche Arbeit stehen. Am Beginn der Erga kritisiert Hesiod zunächst seinen Bruder Perses, der durch Bestechung mehr Erbe erhält, und erzählt dazu von den fünf Weltaltern – vom goldenen zum schlechtesten, dem eisernen, in dem Hesiod lebt – und von Prometheus und Pandora, die die rechte Ordnung zerstört haben. So betrügt Prometheus den Göttervater Zeus beim Opfer, raubt unerlaubt das Feuer und bringt es den Menschen, die zur Strafe fortan arbeiten und sterben müssen. Aus Rache wird auch Pandora geschaffen, die erste Frau und Gemahlin des Epimetheus (Bruder des Prometheus), die dann aus Neugierde eine verbotene Büchse öffnet, aus der sich alles Übel und Leid über die Welt ergießt und in der nur die Hoffnung zurückbleibt. Hesiod ist der erste sicher mit Namen belegbare Autor der abendländischen Literatur.

Mit voller Wucht rammen Odysseus und seine Gefährten dem rechts sitzenden betrunkenen Zyklopen Polyphem einen Pfahl in sein einziges Auge.

Ab dem 7. Jahrhundert v. Chr. ist dann die Lyrik in vielen Schattierungen greifbar. Das Wort leitet sich von *lyrikos* (»zur Lyra gehörend«) ab und bezieht sich auf die ursprüngliche Vortragsweise der Gedichte, die in Begleitung eines Saiteninstrumentes singend erfolgte. Die Lyrik beschäftigte sich rasch mit vielen Themen des Alltags, darunter dem Hochzeitslied (*hymenaios*), Trauerlied (*threnos*), Trinklied (*skolion*), Siegeslied (*epinikion*) und im Kult beispielsweise dem Prozessionslied (*prosodion*), dem festlichen Lied für Götter (*hymnos*), dem Lied für weibliche Gottheiten (*parthenaion*), dem Lied für Apollon (*paian*) und dem Lied für Dionysos (*dithyrambos*). Berühmt waren die Liebeslieder der Sappho (um 600 v. Chr.), die Trinklieder des Alkaios (um 600 v. Chr.), die Hirten-, Wein- und Liebeslieder des Anakreon (um 550 v. Chr.), die Tierfabeln des Aisop (6. Jahrhundert v. Chr.) und die Spottlieder des Semonides (7. Jahrhundert v. Chr.). Semonides dichtete sogenannte Epigramme (»Aufschriften«). Epigramme wurden zunächst als Inschriften für Kunstwerke und Monumente, besonders Grabmäler, verfasst und sprachen in knapper Form unterschiedlichste Emotionen und Positionen an.

Die Lyrik war spätestens seit Sappho, die auf Lesbos wirkte, auch die einzige Gattung, in der Frauen mit Erfolg literarisch tätig waren. Die Gedichte der Sappho wurden allgemein bewundert und oft imitiert. Die Leidenschaft der Liebe, auch der gleichgeschlechtlichen weiblichen, konnte sie so betörend darstellen, dass ihr wohl auch viele Frauen in der Dichtung folgten. Interessanterweise lebten fast alle Dichterinnen im 6. Jahrhundert v. Chr. und im Hellenismus. Im 5. und 4. Jahrhundert v. Chr. scheint auch diese Domäne den Frauen größtenteils verschlossen gewesen zu sein. Es ist außerdem bezeichnend, dass Frauen nur in der Lyrik und nicht in anderen literarischen Gattungen aktiv waren. Wahrscheinlich hängt dies damit zusammen, dass die Lyrik im privaten Raum und vor allem im Kult eine wichtige Rolle spielte, also in zwei Bereichen, die der Frau zugänglich waren, während der sonstige öffentliche Raum die Domäne des Mannes war.

Der berühmteste Lyriker war aber Pindar (um 520–445 v. Chr.), der viele Gedichtformen beherrschte oder neu einführte, darunter Prosodien, Hymnen, Paiane, Dithyramben, Parthenien, Enkomien (Lobgedichte) und vor allem seine 45 noch erhaltenen Epinikien, die sich durch ihre große Feierlichkeit auszeichnen.

Aus dem 6. Jahrhundert v. Chr. stammen auch, insbesondere für den Kult des Wein- und Vegetationsgottes Dionysos, Chorlyrik und Dithyramben. Sie sind der Beginn des Dramas, einer der großen Errungenschaften der griechischen Kultur. Im Laufe der letzten Jahrzehnte des 6. und den ersten Jahrzehnten des 5. Jahrhunderts v. Chr. kristallisierten sich die noch heute gültigen Kategorien des Theaters heraus: die Komödie (Lustspiel) und die Tragödie (Trauerspiel). Für die Tragödie steht vor allem das Dichterdreigestirn Aischylos (um 525–455 v. Chr.), Sophokles (um 497–406 v. Chr.) und Euripides (um 480–406 v. Chr.) und für die Komödie Aristophanes (um 445–385 v. Chr.) und Menander (um 342–290 v. Chr.), deren erhaltene Theaterstücke auch heute noch regelmäßig in den Theatern der Welt aufgeführt werden. Ihr Stoff ist vor allem der Mensch mit seinem Einzelschicksal. Er wird in seinen unterschiedlichen Charakteren und in seiner Einbindung in die Gesellschaft betrachtet und zeigt, dass der Mensch Mensch ist – das war bei den alten Griechen nicht anders als heute. So gibt es auch viele moderne Stücke um Medeia, die aus Eifersucht zu ihrem untreuen Gatten die gemeinsamen Kinder tötet, um Orestes, der seine Mutter tötet, weil sie seinen Vater getötet hat, und um Elektra, die Schwester des Orestes.

Im 5. Jahrhundert v. Chr. etablierte sich außerdem die Historiographie (»Geschichtsschreibung«) als eigener Zweig. Schon bei den alten Griechen galt Herodot (um 485 bis 425 v. Chr.) als »Vater der Geschichtsbeschreibung«. In neun Büchern verfasste er seine »Historia« (Beobachtung der Realität). Die ersten fünf Bücher widmete er den Völkern unter persischer Herrschaft, bevor er dann in den folgenden vier Büchern die Perserkriege behandelte. Etwas später versuchte dann Thukydides (um 455–395 v. Chr.) in acht Büchern den Peloponnesischen Krieg bis 411 v. Chr., die vorangegangenen Kriege und die Friedenszeit vor 431 v. Chr. mit größter Genauigkeit selbst im Detail wiederzugeben und begründete damit die Geschichtswissenschaft. Der Vielschreiber Xenophon führte Thukydides' Werk mit seiner Hellenika (Griechische Geschichte) fort, indem er die Zeit zwischen 411 und 362 v. Chr. schilderte. Neben diesen drei Historikern schrieben auch viele weitere Autoren die Geschichte unter verschiedenen Aspekten nieder. Im Hellenismus (336–30 v. Chr.) war die Geschichtsschreibung so beliebt, dass angeblich ein ganzer Tag nicht ausreichen würde, um allein die Historiker aufzuzählen.

Ebenfalls im 5. Jahrhundert machten wohl die Syrakusaner Korax und Teisias die Rhetorik (»Redekunst«) zu

Die zwei großen Dichter der Insel Lesbos vereint. Während Alkaios konzentriert singt, lauscht ihm Sappho, um danach selbst ein Lied anzustimmen.

WISSENSCHAFTLICHE LITERATUR DER ANTIKE

Auch in Mittelalter und Renaissance verehrte man griechische Philosophen, Mathematiker und Naturwissenschaftler, hier am Dom zu Florenz das Geometriegenie Euklid.

Sehr früh entstand die Mathematik durch die Naturphilosophen Thales von Milet (um 625 bis um 547 v. Chr) und vor allem Pythagoras von Samos (um 570–490 v. Chr.), bei dem aber die Mathematik neben Arithmetik und Geometrie auch noch Astronomie und Musiklehre beinhaltete. Erst der Philosoph Aristoteles (384–322 v. Chr.) sollte die Mathematik in unserem heutigen Sinne definieren. Euklid (um 300 v. Chr.) fasste in einem dreizehnbändigen Werk die vorhergehenden Kenntnisse der Mathematik, insbesondere der Geometrie zusammen. Auch die Physik erreichte kurz darauf mit Archimedes (287–212 v. Chr.) einen Höhepunkt, der das nach ihm benannte Gesetz vom Auftrieb eines Körpers im Wasser erkannte. Ein weiterer wichtiger Aspekt waren medizinische Bücher wie die von Hippokrates (um 460–370 v. Chr.), dem Begründer der wissenschaftlichen Medizin mit Diagnose und Therapie des Patienten, von Erasistratos (um 304–250 v. Chr.), dem Entdecker des Unterschieds zwischen Venen und Arterien, oder von Herophilos (1. Hälfte des 3. Jahrhunderts v. Chr.), der über das Nervensystem und das Gehirn schrieb.

Die Astronomie war ebenfalls sehr geschätzt und bereits Aristarch von Samos (3. Jahrhundert v. Chr.) erkannte, dass die Sonne im Zentrum unseres Systems steht, doch verwarf dies Ptolemaios (100–170 n. Chr.), für den sich die Erde im Mittelpunkt des Universums befand und der durch seinen großen Einfluss die Menschen lange an der richtigen Erkenntnis des Aristarch zweifeln ließ. Im Hellenismus waren auch viele weitere Disziplinen an Fachliteratur vertreten wie Zoologie (*zoon,* »Leben« und *logos,* »Lehre«), Botanik (*botanike,* »Pflanzenkunde«), Dialektik (*dialektike,* »Unterredung«), Ethnographie (*ethnos,* »Volk« und *graphein,* »beschreiben«), Pädagogik (*pais,* »Knabe, Kind« und *agogein,* »führen«), Grammatik (*grammatike,* »Buchstabenkunde«), Philologie (*philologia,* »Liebe zum Wort«), Geographie (*ge,* »Erde« und *graphein,* »beschreiben«) und Poliorketik (*poliorkein,* »eine Stadt belagern«).

einer besonderen Gattung, die fortan ein zentrales Element der Politik wurde. Der Sophist Gorgias, ein Schüler des Teisias, brachte sie 427 v. Chr. nach Athen, wohin er als Gesandter von Leontinoi geschickt worden war und wo er als Metöke seine Rhetorik lehrte, in der er zeigte, wie man bei Menschen (insbesondere Richtern) Wohlwollen er- und von der eigenen Meinung überzeugen konnte. Isokrates (436–338 v. Chr.), ein Schüler des Gorgias, baute diese Überredungskunst noch aus und etablierte sie weiter als wichtiges Erziehungselement. Er wurde zum berühmtesten politischen Redner Athens im 4. Jahrhundert v. Chr., zusammen mit Demosthenes (384–322 v. Chr.). Der Philosoph Platon war von dieser skrupellosen, sich erfolgreich einbürgernden Überredungskunst bestürzt, und stempelte sie als Vernichterin der Wahrheit ab. Doch nicht zuletzt deshalb wurde sie fortan in der Politik und auch in anderen Bereichen hoch geschätzt und entwickelte sich auch im Hellenismus weiter.

Ab dem 6. Jahrhundert v. Chr. entwickelten sich weitere Gattungen an Fachliteratur, die häufig ihren Höhepunkt im Hellenismus (um 330–30 v. Chr.) – bisweilen auch später – erreichten.

Die reiche Vielfalt unterstreicht die Spannbreite der griechischen Literatur und ihren Einfluss auf die abendländische Kultur. Ohne die Griechen wäre unsere literarische Welt wohl sehr viel ärmer.

Philosophie: die Liebe zur Weisheit

Die Griechen begründeten auch die abendländische Philosophie (»Liebe zur Weisheit«), in der sie durch Beweisführung und Begründung von Thesen versucht haben, den Dingen auf den Grund zu gehen, die Weltordnung und das Sein zu verstehen und durch rationales Verstehen die Fülle des Wissens, die Weisheit, zu erreichen. Diese Suche nach der Weisheit wird bei den Griechen erstmalig als eigene Dimension ohne die Notwendigkeit eines praktischen Nutzens angesehen.

Die Naturphilosophen Ioniens (mittleres Westkleinasien und vorgelagerte Inseln) und spätere Anhänger suchten den Urgrund alles Seienden und damit eine ewiglich bestehende Weltordnung: Für Thales von Milet (um 625–547 v. Chr) ist der Urstoff das Wasser, für Anaximander (um 610–546 v. Chr.) das Grenzenlose (*apeiron*) des Stoffes, für Anaximenes (um 585–526 v. Chr.) die Luft und für Empedokles (483/482–430/420 v. Chr.) sind es die vier Elemente Wasser, Feuer, Luft und Erde, für Pythagoras die Zahlen und für Demokrit (um 460–380/370 v. Chr.) die Atome – nicht mehr teilbare Einheiten. Für Heraklit (um 550–480 v. Chr.) hingegen fließt alles (*panta rhei*). Thales von Milet versuchte erstmals, die Natur rational zu erklären, und kann daher als Vater der abendländischen Philosophie gelten.

Pythagoras (um 570–490 v. Chr.) begründete wohl die bekannteste und erste große philosophische Gemeinschaft, nachdem er seine Heimat Samos 532/531 v. Chr. wegen des dort herrschenden Tyrannen Polykrates verlassen und in Kroton (heute Crotone in Unteritalien) die Schule der Pythagoreer installiert hatte. Da ihre Schriften wegen Geheimhaltung nicht bekannt und nur bruchstückhaft überliefert sind, fassen wir ihre Lehren schwer. Die von ihnen vertretene Weltordnung basierte auf Zahlen. Daher soll Pythagoras auch gesagt haben: »Alles ist Zahl«. Alles gründete somit auf der Mathematik, die für Pythagoras neben Arithmetik und Geometrie auch Astronomie und Musiklehre beinhaltete. Die Pythagoreer glaubten außerdem an die Unsterblichkeit der Seele (*psyche*), die nach dem Tod in ein anderes Wesen überging. Um die Seele gegen das Böse zu reinigen und durch gutes Vorgehen in ein besseres Sein zu führen, waren richtige Verhaltensweisen und die Einhaltung von Regeln – auch in der Wahl von Speisen im Sinne der Askese (*askeo*, »üben, sich befleißigen«) – notwendig, die sie in der Gemeinschaft pflegten. Ihre Gegensätze zur Tyrannei führten Ende des 5. Jahrhunderts v. Chr. mit Ausnahme von Tarent zur Vertreibung aus Sizilien und Unteritalien, wo sie bis dahin großen politischen Einfluss besaßen.

Die Sophisten des 5. und 4. Jahrhunderts v. Chr. relativierten die Suche nach einer absoluten Weltordnung durch die Naturphilosophen. Ihr Skeptizismus verneinte diese Möglichkeit. Als Lehrer wollten sie vor allem das politische Handeln durch Erziehung verbessern, in dem sie besonders Rhetorik und Ethik (*ethos*, »Gewohnheit, Sitte«) lehrten. Berühmte Vertreter waren die Rhetoriker Gorgias und Isokrates.

Die Suche des Sokrates (um 470–399 v. Chr.) konzentrierte sich auf den Menschen, die Tugend (*arete*) und das Glück (*eudaimonia*). Durch ständiges Fragen in Form der Dialektik (»Unterredung«) überführte er das vermeintliche Wissen der Menschen als falsch und regte zu einer neuen Form der Erkenntnis sowie zu gutem und richtigem Handeln an.

Sein Schüler Platon (427–348/347 v. Chr.) nahm das Gedankengut des Sokrates auf und bekämpfte die Sophisten als Wortverdreher. Er trennte daher auch gegenüber den Sophisten Meinung (*doxa*) und Wissen (*episteme*). Die Welt ist nach ihm einem ständigen Wandel unterworfen, das Sein hingegen ewiglich. Das Sein kann nur durch Denken erfasst werden. Dagegen ist die Welt zwar vermeintlich durch die Sinne wahrnehmbar, aber letztlich doch nur Schein, der von dem Wahren, dem Sein der Ideen ablenkt. Dazu verwendet er das berühmte Höhlengleichnis, bei dem ein in der Höhle sitzender Mann so festgekettet ist, dass er seinen Rücken dem Höhleneingang zuwenden muss und nur in die Höhle hineinsehen kann. Er sieht daher immer nur die Schatten der Vorbeiziehenden und hört ihre Stimmen. Diese Schatten stellen folglich für ihn die Realität dar. Würde er aus der Höhle kommen und die Menschen nun wirklich sehen, wären sie für ihn nur Illusion. Mit diesem Gleichnis zeigt Platon auch die Begrenztheit menschlicher Erkenntnis auf, die nur ein kleines Spektrum des Daseins erfasst und der das Meiste verborgen bleibt. Platon entwirft in seinen »Politeia« auch einen Idealstaat, der aus drei Schichten besteht: den Regierenden, den Kriegern und den Bauern/Handwerkern, die dem Vernünftigen, dem Mutigen und dem Begehrlichen entsprechen. Jeder trägt zum Idealstaat nach seinem Vermögen das Seinige bei. Als oberste Doktrin gilt die Idee des Guten. Damit kann die Notwendigkeit der Gerechtigkeit geschaffen werden, die eine zufriedenstellende Ordnung für die Gemeinschaft hervorbringt.

Sein Schüler Aristoteles (384–322 v. Chr.) bereicherte die Philosophie durch eine große Vielfalt an Schriften. So unterteilt er die Philosophie in eine theoretische (Metaphysik, Mathematik und Physik) und eine praktische (Rhetorik, Poetik, Ökonomie und Politik). Die »erste Philosophie« ist dabei die Metaphysik (*ta meta ta physika:* »das, was hinter der Natur steht«), die vor allen anderen Teildisziplinen steht, weil sie als Einzige nur das Seiende an sich behandelt. Um zur Erkenntnis über das Seiende zu gelangen, stellt er zehn zu hinterfragende Kategorien (»Grundaussagen«) auf, die in byzantinischer Zeit in dem Sammelwerk aristotelischer Schriften, dem Organon (»Werkzeug, Methode«), zusammengefasst sind: Ort, Zeit, Lage, Sichverhalten, Tun, Leiden, Substanz, Quantität, Qualität und Relation. Aristoteles hinterfragt dabei alles nach wahr oder falsch, ja oder nein. Er entwickelt auch als sogenannte 1. Analyse (»Auflösung«) die Lehre von den Schlussfolgerungen (Syllogismos, »Zusammenrechnen«), in dem aus zwei Prämissen, dem Ober- und Untersatz, eine Schlussfolgerung, Konklusion, gezogen werden kann, wie beispielsweise a) alle Menschen

Das eindrückliche Philosophenporträt zeigt Aristoteles mit hoher gerunzelter Denkerstirn, hagerem Gesicht und ernstem, nachdenklichem Ausdruck.

sind sterblich und b) Sokrates ist ein Mensch und daher c) (aus a + b) Sokrates ist sterblich. Damit begründete Aristoteles auch die Logik (»Kunst des Denkens«). In der 2. Analyse erläuterte er die Grundlagen wissenschaftlicher Methodik durch das Verstehen eines Sachverhalts mit Hilfe der Beweisführung und führte somit die Wissenschaftstheorie ein. In der Topik (*topos*, »Ort«) umreißt Aristoteles vor allem die Strukturen des richtigen Definierens, um Widersprüche zu vermeiden und richtige Gesetzmäßigkeiten aufzustellen, und in den Sophistischen Wiederlegungen (*peri ton sophistikon elenchon*) erläutert er schließlich die Erkennung von Trugschlüssen.

Um eine innere Ruhe zu erreichen, bekämpften die Kyniker jegliches Begehren. Ihr bekanntester Vertreter war **Diogenes von Sinope** (um 400–328/323 v. Chr.), der seine Unabhängigkeit (*autarkeia*) durch möglichst großen Verzicht auf alle Werte wie Ehe, Unterkunft, Kleidung und Nahrung erreichen wollte. Daher lebte er auch nur in einer Tonne. Nach einer berühmten Anekdote besuchte ihn einst Alexander der Große. Diogenes lag gerade in seiner Tonne und streckte nur den Kopf heraus. Alexander stand vor der Tonne, so dass Diogenes im Schatten lag. Als nun Alexander, der ja selbst zeitweise von Aristoteles erzogen worden war, den Philosophen fragte, welchen Wunsch er ihm erfüllen könnte, soll Diogenes ihm erwidert haben: »Geh mir aus der Sonne«.

Im Hellenismus kam es zu einer starken Ausweitung philosophischer Richtungen, die zur Bildung vieler neuer Schulen führten. Im Mittelpunkt stand meistens die Suche nach dem Glück des Menschen und – damit oft verbunden – die Abwehr und Bewältigung des üblen Schicksals.

Um 300 v. Chr. gründete Zenon von Kition (um 333–262 v. Chr.) die Stoa, benannt nach ihrem Versammlungsort in Athen, der Stoa poikile (»bunte Säulenhalle«). Die Stoiker suchten das Glück im Einklang mit der Natur durch Entsprechung der Gesetze und Einhaltung der Pflichten und ihrer proklamierten Tugenden wie Gerechtigkeit, Menschlichkeit und Gleichgültigkeit gegenüber menschlichen Empfindungen. Sie standen damit vor allem im Gegensatz zu den Epikureern, benannt nach dessen Begründer Epikur von Samos (341–271 v. Chr.), der das Glück in der Freude und Lust des Lebens sah, um damit Schmerz und Leiden zu vermeiden. Doch auch hier sollte die Selbstgenügsamkeit die Gefahr zu hoher Diskrepanzen zwischen Leid und Glück vermeiden.

In Anmut: Kunst und Architektur

Nach dem Untergang der mykenischen Kultur um 1200 v. Chr. blieben nur die Gefäßformen und selten einfache Dekorationsmuster wie Wellen- und Zickzacklinien bis in die 1. Hälfte des 11. Jahrhunderts v. Chr. bestehen. Dieser Zeitabschnitt wird auch submykenische Phase genannt. Die vor

1200 v. Chr. existierende großartige Architektur, Wandmalerei oder Metall- und Steinverarbeitung kam dagegen gänzlich zum Erliegen.

In der sogenannten protogeometrischen Phase (um 1050–900 v. Chr.) wurden die wenigen dekorierten Vasen am Hals oder der Schulter mit umlaufenden Bändern, Gittern, Schachbrettmustern und selten mit durch Zirkel gezeichneten halben und ganzen Kreisen geschmückt.

Zwischen 900 und 700 v. Chr. entwickelte sich dann die geometrische Kunst, benannt nach den überwiegend auf Tonvasen gezeigten geometrischen Motiven wie Rauten, Dreiecke, Striche, Kreise und Mäander verschiedenster Formen, die zum Leitmotiv wurden. Lokale Werkstätten in fast allen griechischen Landschaften stellten eigene geschmückte Vasen her. Die wohl schönsten stammen aber aus Athen. Auf frühgeometrischen Vasen (um 900–850 v. Chr.) dominiert häufig ein schwarzer Überzug, der nur in kleinen Feldern durch geometrische Muster aufgebrochen wird. In mittelgeometrischer Zeit (um 850–760 v. Chr.) verschwand der schwarze Überzug fast gänzlich und geometrische Ornamente sowie vereinzelt kleinere Tierdarstellungen wie Pferde, Wild und Vögel hielten Einzug. In der spätgeometrischen Phase (um 760–700 v. Chr.) dominierten zwar immer noch geometrische Motive die Gefäße, doch kamen nun in Bildfeldern auch Tierfriese und seltener menschliche Szenen auf, die vor allem die Aufbahrung eines Verstorbenen (Prothesis), die Überführung zum Grab (Ekphora), Kämpfe zwischen Kriegern zu Land und zur See und Schiffsunglücke zeigten. Die menschlichen Figuren waren in ihrer Wiedergabe ebenfalls rein geometrischen Formen unterworfen. Vielfältige Vasenformen entstanden, wobei die Größe der Gefäße – bisweilen mit bis zu Lebensgröße – beträchtlich war.

Neben den Tonvasen wurden in der geometrischen Zeit auch wieder meist kleinere, aber aufwendige Metallarbeiten wie Schmuck, Fibeln und Geräte mit geometrischen Ornamenten, seltener mit Tier- und Menschendarstellungen versehen. Kleinere, geometrische Figürchen aus Ton und Metall wurden vor allem als Weihgaben für die Heiligtümer gefertigt. Besonders beliebt waren Pferdedarstellungen, die auf den besonderen Status des Stifters hinwiesen, außergewöhnlich dagegen Dreifüße aus Metall.

Seit dem 9. Jahrhundert entstanden auch erste kleinere, meist rechteckige, aber auch absidenförmige Tempel. Spätestens seit dem Ende des 8. Jahrhunderts v. Chr. besaßen sie eine langgestreckte Cella, in der das Kultbild stand, mit einer davor liegenden Vorhalle mit zwei Säulen oder einer um die Cella laufenden Ringhalle (Peripteros).

Die Athener Kanne aus geometrischer Zeit ist fast gänzlich mit ornamentalen Mustern überzogen. Besonders typisch ist der schraffierte Mäander auf der Schulter.

In der früharchaischen Kunst (um 700–620 v. Chr.) wich die kleinteilige geometrische Ornamentik auf den Tongefäßen vor allem großzügigen Pflanzen- und Menschendarstellungen. Viele Motive aus dem Orient fanden Eingang in das Repertoire wie Lotos, Palmetten, Löwenfrauen und -männer. Daher wird diese Phase bisweilen auch orientalisierend genannt. Erste Götter- und Heldensagen zierten ebenfalls die Vasen. Während man in Athen auch häufig bei großen Gefäßen blieb und monumentale Bilder zeigte, stellte Korinth kleine Vasen – überwiegend Aryballoi und Alabastra für wertvolle Öle und Salben – mit kleinformatigen Szenen her. Um 700 v. Chr. wurde in Korinth außerdem die komplizierte sogenannte schwarzfigurige Vasenmalerei erfunden. Dabei werden auf die trockenen Gefäße mit einem eisenhaltigen Tonschlicker dick Ornamente und Figuren aufgemalt. Es folgt ein Brand in drei Phasen im Brennofen. Zunächst wird durch erhöhte Luftzufuhr der Ofen auf 800–900 Grad gefeuert, alles oxidiert rot. In der zweiten Phase wird die Luftzufuhr gestoppt, die Temperatur im Ofen fällt drastisch, durch Reduktion wird alles schwarz. In einer letzten Phase wird durch Luftzufuhr die Temperatur wieder stark erhöht, der widerstandsfähigere dick aufgetragene eisenhaltige Tonschlicker bleibt schwarz, der Rest reoxidiert rot. Bisweilen bereicherte man Teile der Darstellungen auch durch Deckfarben in Rot, Gelb, Weiß und/oder Violett, die in einem weiteren niedrigeren Brand gefestigt wurden, aber später leichter abplatzten und heute häufig nur teilweise erhalten sind oder ganz fehlen. Die schwarzen Figuren (daher der Name) oder Ornamente konnten durch Ritzungen noch Details erhalten. Diese Technik konnte offensichtlich in Korinth bis zum Ende der Früharchaik geheim gehalten werden.

Die noch relativ seltenen Skulpturen der Früharchaik gewannen zwar an Rundungen, waren jedoch sehr tektonisch, additiv in ihren Bestandteilen zusammengefügt, frontal ausgerichtet und flächig. Erstmalig waren sie nun auch aus Stein. Zentren früher Bildhauerei waren insbesondere auf Kreta, den Kykladen und der Nordpeloponnes mit Argos, Korinth und Sikyon. Meistens zeigen die Skulpturen zu dieser Zeit noch Fabelwesen und Tiere, kaum Menschen.

In der Hocharchaik (620–560 v. Chr.) und Spätarchaik (um 560–500 v. Chr.) entstanden dann die ersten großen Tempel aus Stein, wobei sich die Dorische und Ionische Ordnung herausbildete. Die größeren dorischen Tempel (z. B. Heratempel von Olympia [um 600/590 v. Chr.], Artemistempel von Korfu [um 580 v. Chr.] und Apollontempel von Korinth [um 540 v. Chr., Abb. auf S. 32]) besaßen oft ein rechteckiges Schiff (Naos), das aus der Cella sowie aus einer Vorhalle (Pronaos) und einer Rückhalle (Opisthodom) mit verlängerten Wänden (Anten) bestand, zwischen denen zwei Säulen standen. Ein Säulenkranz (Peristasis) umgab den Naos und hielt das Dach. In Ionien wurden monumentale Tempel mit sogar zwei Ringhallen erbaut (Heratempel auf Samos [um 570 v. Chr.], Artemistempel von Ephesos [ab um 560 v. Chr.] und Apollontempel von Didyma [um 540–520 v. Chr.]).

Die dorischen Tempel konnten im Giebel (Artemistempel von Korfu und Akropolis von Athen) und an den Metopen (Tempel C und F von Selinunt) mit prächtigen Skulpturen mit oft mythologischen Szenen ausgestattet sein. Die Rundskulpturen gewannen nun an dreidimensionalem Volumen und der Mensch stand im Vordergrund. Zwei Statuentypen stechen dabei hervor: der nackte Kuros (Jüngling, Abb. auf S. 35) und die bekleidete Kore (Mädchen, Abb. auf S. 44). Sie können sowohl Gottheiten, Verstorbene oder Weihende sowie im Falle der Kuroi Athleten meinen. Der Kuros kann stellvertretend für die archaische Plastik stehen. Er ist streng frontal ausgerichtet, der Kopf mit langem Haar ist nach vorn gerichtet, der Oberkörper auf-

Der wohl in Sparta kunstvoll gefertigte Bronzekrater endete in einem keltischen Fürstinnengrab von Vix in Burgund. Mit einer Höhe von 1,64 m fasst er beachtliche 1100 Liter.

Rekonstruktion eines Tempels
1) Giebel
2) Gebälk
3) Interkolumnium
4) Säulenstellung (Peristasis)
5) Giebel (Tympanon)

Grundriss eines Peripteros-Tempels
1) Cella
2) Opisthodom (»Rückhalle«)
3) Dreischiffiger Naos (Hauptraum)
4) Pronaos (»Vorraum«)
5) Peristasis (»Säulenstellung«)

Architekturordnungen

Die dorische Ordnung
1) Stylobat
2) Säulenschaft
3) Kapitell
4) Gebälk
5) Tympanon
a) Echinus
b) Abakus
c) Architrav
d) Fries
e) Gesims
f) Triglyphe
g) Metope

Die ionische Ordnung
1) Stylobat
2) Säulenbasis
3) Säulenschaft
4) Kapitell
5) Gebälk
6) Tympanon
a) Volute
b) Eierstab
c) Abakus
d) Torus
e) Trochilus

Die korinthische Ordnung
1) Stylobat
2) Säulenbasis
3) Säulenschaft
4) Kapitell
5) Gebälk
6) Tympanon
7) Plinthe
a) Akanthusblatt
b) Cauliculi (aus den Hauptblättern hervortretende acht kleine Blätter)
c) Abakus

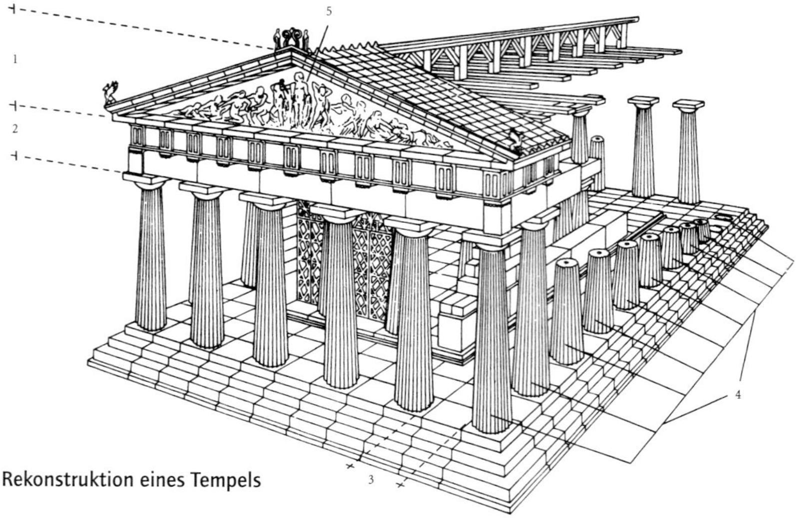

Rekonstruktion eines Tempels

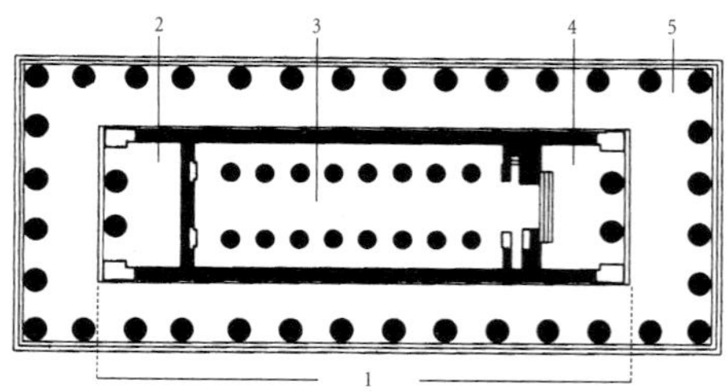

Grundriss eines Peripteros-Tempels

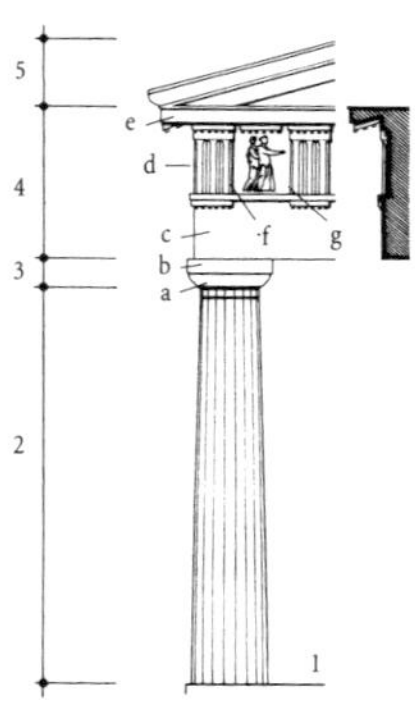

Schema der dorischen Ordnung

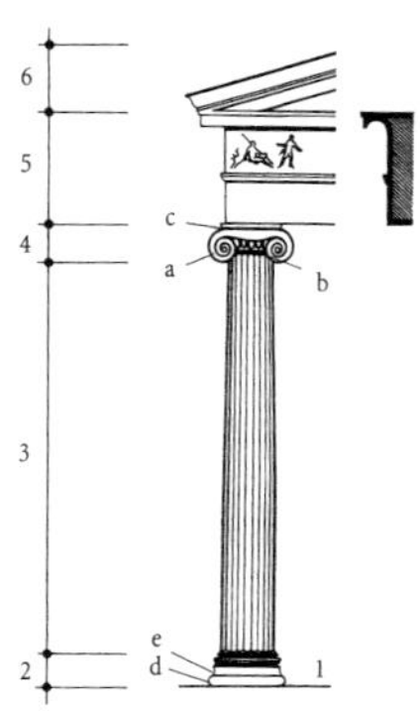

Schema der ionischen Ordnung

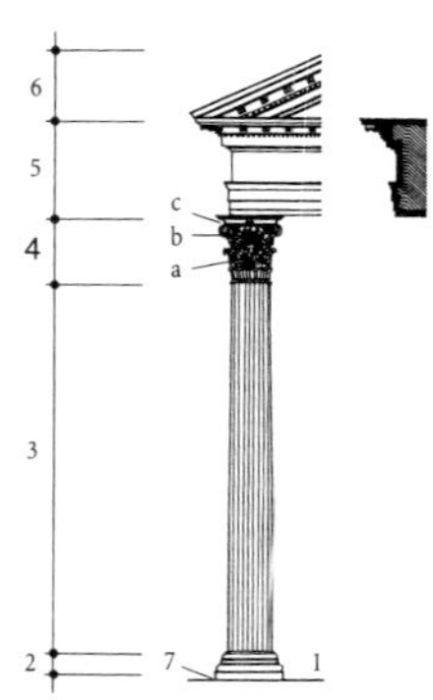

Schema der korinthischen Ordnung

recht, beide Arme hängen herab, die Hände sind in Form einer Faust an die Oberschenkel gepresst, beide Füße ruhen mit der ganzen Sohle auf dem Boden, der linke Fuß ist nach vorn und der rechte leicht nach hinten gesetzt. Die Lippen tragen das typische archaische Lächeln. Neben Kuroi und Koren gab es aber auch sitzende und gelagerte Menschen, Reiter, Opferträger, Gruppen, Mischwesen wie die Sphinx und Tiere wie Löwen, Stiere und Hunde.

In der Vasenmalerei etablierte sich ab ca. 625 v. Chr. die schwarzfigurige Malerei auch in Athen und im 6. Jahrhundert in vielen anderen griechischen Landschaften wie Lakonien, Boiotien, Euboia, Ionien, Sizilien und Unteritalien. In der Hocharchaik scheinen die zwei größten Zentren bemalter Vasen – Athen und Korinth – um die Vorrangstellung im Verkauf gekämpft zu haben, den Athen schließlich gewann. Korinth stellte um 550 v. Chr. die Produktion ein. In der Vasenmalerei dominierten menschliche Darstellungen, vor allem Götter- und Heldensagen, aber auch Alltagsszenen. Diese Wiedergaben sind neben den literarischen Quellen die bedeutendsten Zeugnisse aus dem antiken Griechenland. In Athen signierten die Töpfer und Maler jetzt auch regelmäßig die Gefäße, wobei die Töpfer und nicht die Vasenmaler höher angesehen und meistens die Besitzer der Handwerksbetriebe waren. Die Vasenmaler entwickelten alle einen eigenen Stil, so dass Forscher viele bemalte Vasen bestimmten Malern zuschreiben können, auch wenn sie nicht signiert sind und wir ihren Namen nicht kennen. Diese Vasenmaler erhielten daher einen sogenannten Notnamen, der sich auf eine Vase mit dem jeweils typischen Stil bezieht, wobei der künstliche Name u. a. auf den Standort dieser Vase, auf den privaten Besitzer, auf ein Charakteristikum oder vieles mehr verweisen kann. Das ganze Grundgerüst dieser Zuschreibungen verdanken wir zunächst vor allem dem Oxforder Professor Sir John Beazley (1885–1970).

Um 525 v. Chr. wurde in Athen dann der sogenannte rotfigurige Stil eingeführt, bei dem nun die Figuren beim Auftragen des Tonschlicker ausgespart wurden. Dieses Verfahren stellte also eigentlich nur eine Umkehr des Tonschlickerauftrags dar. Dadurch wurde aber erreicht, dass die roten Figuren eine viel lebendigere Innenzeichnung (als durch Ritzung bei den schwarzen Figuren) und somit anatomische Details oder Gewandfalten durch mit elegantem Pinselstrich aufgetragenen dickflüssigen Tonschlicker erhalten konnten. Die Gefäße wurden stark verfeinert und erhielten ein großes Repertoire an Formen, insbesondere um die im 6. Jahrhundert v. Chr. aufblühende Symposionkultur zu bereichern. So entwickelten die Töpfer beispielsweise immer neue und vor allem größere und flachere

Trinkschalen, in die zum einen mehr Wein hineinpasste, zum anderen machten die immer flacheren Schalen das Trinken zunehmend schwieriger und der geübte Zecher zeichnete sich vor allem dadurch aus, dass er nichts verschüttete.

Bemalung fand aber nicht nur auf Vasen, sondern auch sonst in vielfältiger Weise statt. Leider ist so gut wie nichts erhalten. Die Skulpturen und Tempel waren bunt bemalt und es existierte eine hochwertige Tafelmalerei, die aber so gut wie verloren ist.

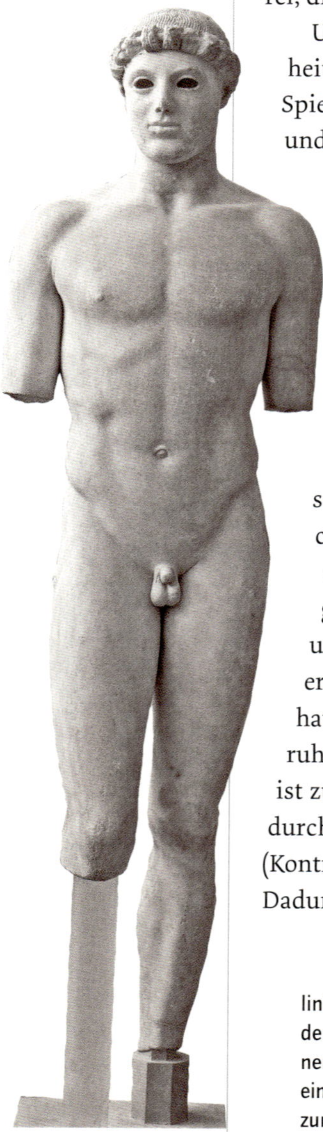

Um 500/490 v. Chr. bekamen die Statuen allmählich Bewegungsfreiheit. Der Körper wurde nur noch durch das Standbein getragen, das Spielbein ruht ohne Last auf dem Boden. Die Ponderation war geboren und mit ihr die Klassik. Die übrigen Teile des Körpers begannen dadurch zunächst dezent zu wanken und mussten ausgeglichen werden, um sich gegen die Schwerkraft zu behaupten. Ein Wechselspiel der Partien begann: Der Kopf ist leicht geneigt, die Haare beim Mann sind nun kurz. Das archaische Lächeln ist verschwunden, eine Strenge kehrt ein, nun herrscht die Frühklassik, Strenger Stil genannt (um 500/490–450 v. Chr.). Die berühmtesten Statuen sind der Kritiosknabe (um 490/480 v. Chr.) auf der Athener Akropolis, der Wagenlenker von Delphi (um 480/470 v. Chr.) und der Gott aus dem Meer vom Kap Artemission im Athener Nationalmuseum (um 460 v. Chr.). Die beiden Letzteren lassen auch erahnen, welche Bedeutung gerade die Bronzestatuen gehabt haben, die aber leider meist schon in der Antike eingeschmolzen wurden und verloren gegangen sind. Den klassischen Kontrapost par excellence zeigt der um 440 v. Chr. geschaffene Doryphoros (»Speerträger«) des Bildhauers Polyklet, dem der Künstler ein eigenes Buch, den Kanon gewidmet hat. Der Doryphoros wird zum Ideal der klassischen Statue. Bei ihm ruht die ganze Last nun auf dem rechten Standbein, das linke Spielbein ist zurückgenommen und tritt nur noch mit den Zehenspitzen auf. Dadurch gerät der ganze Körper in Bewegung und erzeugt Gegengewicht (Kontrapost). Das Becken liegt schräg, wie im Gegenzug auch die Schulter. Dadurch wird der linke Arm belastet, der rechte hängt frei herunter.

links: Der Kritios-Knabe gilt als eine der ältesten Statuen mit unterschiedenem Stand- und Spielbein, die zu einem Wechselspiel der Körperpartien – zur Ponderation – führt.

rechts: Der Speerträger (»Doryphoros«) des Polyklet demonstrierte den Kontrapost in Perfektion. Das Original war wie die meisten griechischen Statuen aus Bronze.

Neben Polyklet ist Pheidias der größte Bildhauer der Hochklassik (450–425 v. Chr.). Er schuf die ehemals berühmten Monumentalstatuen aus Gold und Elfenbein der Athena Parthenos (Abb. auf S. 60) auf der Athener Akropolis und die Zeusstatue in Olympia, eines der Sieben Weltwunder. Unter seiner Leitung entstanden auch die berühmten Skulpturen des Parthenon, die Sinnbild der Klassischen Kunst in ihrer erhabenen Schönheit sind.

Die wohl beeindruckendsten noch erhaltenen, mit 2 m Höhe leicht überlebensgroßen griechischen Bronzestatuen der Klassik stellen aber die beiden Figuren von Riace dar – einen älteren (Abb. auf S. 182) und einen jüngeren Krieger, bei denen sogar noch die eingelegten Lippen, Brustwarzen und teilweise die Augen vorhanden sind. Auch sie lassen erkennen, welch großen Verlust wir an Statuen aus Metall beklagen müssen.

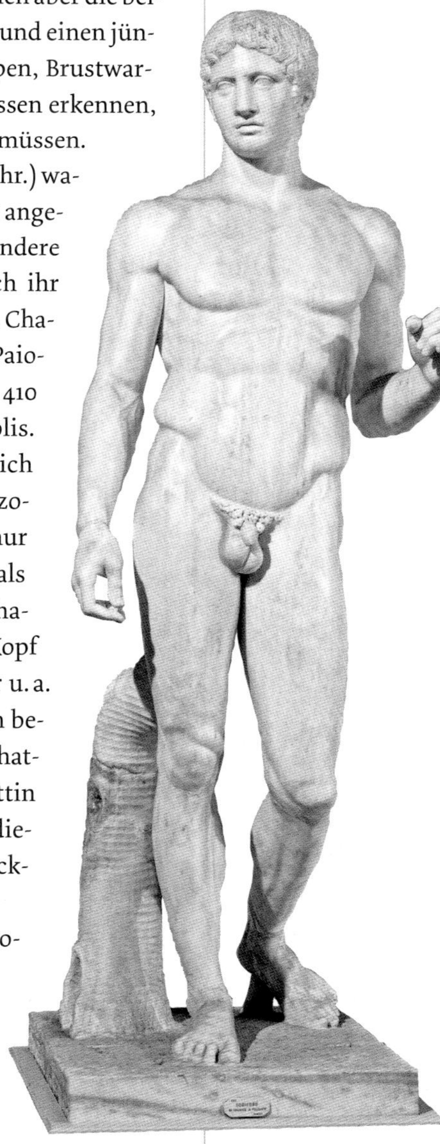

Im sogenannten Reichen bzw. Nassen Stil (425–380 v. Chr.) waren die Gewänder der Frauenfiguren so eng an den Körper angelegt gestaltet, das sie ihre körperlichen Konturen, insbesondere die Brüste, klar zeigten. Sie zeichneten sich auch durch ihr Erscheinungsbild aus, das psychisches Erleben assoziiert. Charakteristisch sind die um 425 v. Chr. geschaffene Nike des Paionios von Olympia (Abb. auf S. 68) oder die Niken der um 410 v. Chr. errichteten Nikebalustrade auf der Athener Akropolis.

In der Spätklassik (380–330/320 v. Chr.) wurde schließlich der Raum in die Gestaltung der Rundskulptur mit einbezogen. Ihr meisterhafter Vertreter ist Lysipp mit dem nur durch eine römische Kopie (im Vatikan) erhaltenen, ehemals um 320 v. Chr. in Bronze geschaffenen Apoxyomenos (»Schaber«), der durch seinen schlanken Körper mit kleinem Kopf wirkt. Sein berühmtester Zeitgenosse war Praxiteles, der u. a. die ebenfalls verlorene, aber durch viele römische Kopien bekannte Aphrodite von Knidos um 350/340 v. Chr. gefertigt hatte, die erste nackte Darstellung einer griechischen Göttin (Abb. auf S. 155). Ihre Schönheit brach den Bann und von dieser Zeit an wurden auch immer wieder Darstellungen nackter weiblicher Körper in der Kunst gezeigt.

In der Architektur entstanden die schönsten wohl proportionierten Tempel, darunter der Zeustempel von Olympia (470–460 v. Chr.), der Heratempel von Paestum (um 450 v. Chr.) und der Poseidontempel von Sunion (2. Hälfte des 5. Jahrhunderts v. Chr.). In Athen wurden in der Hochklassik dorische und ionische Elemente zu einem neuen harmonischen Ganzen verschmolzen, das seinesgleichen sucht und daher bis heute immer wieder imitiert wird. Wie beim Kontrapost wirken entgegengesetzte Kräfte wie Leichtigkeit und Schwere, Raum und Körper oder Aufstreben und Niederdrücken. Den Höhepunkt bildete der von Iktinos 447–438 v. Chr. geschaffene Parthenon auf der Athener Akropolis (Abb. auf S. 61) mit seinem harmonischen Säulenverhältnis von 8x17 Säulen. Dorische Säulen außen kontrastieren mit ionischen Säulen innen, wie ebenso dorische Metopen und Triglyphen mit dem ionischen Fries. Um die optische Schönheit des Parthenon mit harmonisch wirkenden Horizontalen zu gewähren, besitzt der Parthenon mehrere Kurvaturen: alle horizontalen Linien sind leicht konvex, an den Fassaden stärker als an den Längsseiten, die Achsen der Säulen und die Seitenwände neigen nach innen, die Gebälke und Stirnseiten der Anten nach außen. Neben dem Parthenon entstanden auf der Akropolis als weitere Tempel das Erechtheion mit seinen berühmten Karyatiden (421–406 v. Chr., Abb. auf S. 184) und der Athena-Nike-Tempel (um 430/420 v. Chr.) sowie bei der Agora der Hephaistostempel (um 440 v. Chr.). In außergewöhnlicher Harmonie trotz schwierigster Lage und Höhendifferenz gelang Mnesikles der Eingangsbereich zur Akropolis, die Propyläen (437–432 v. Chr.).

Doch nicht nur durch Tempel zeichnet sich die klassische Architektur aus. In Athen entstand um 335 v. Chr. das Dionysostheater am Hang der Akropolis erstmalig aus Stein, wobei etwas mehr als halbkreisförmig die Sitzreihen an den Hang gebaut wurden, zu ihren Füßen die kreisförmige Orchestra mit Bühnengebäude. Zu Seiten der Orchestra zwischen Bühnenhaus und Sitzreihen befanden sich die seitlichen Eingänge. Dieser Aufbau des Theaters wurde zum Prototyp aller späteren griechischen Theater. Im 4. Jahrhundert v. Chr., entwickelte sich

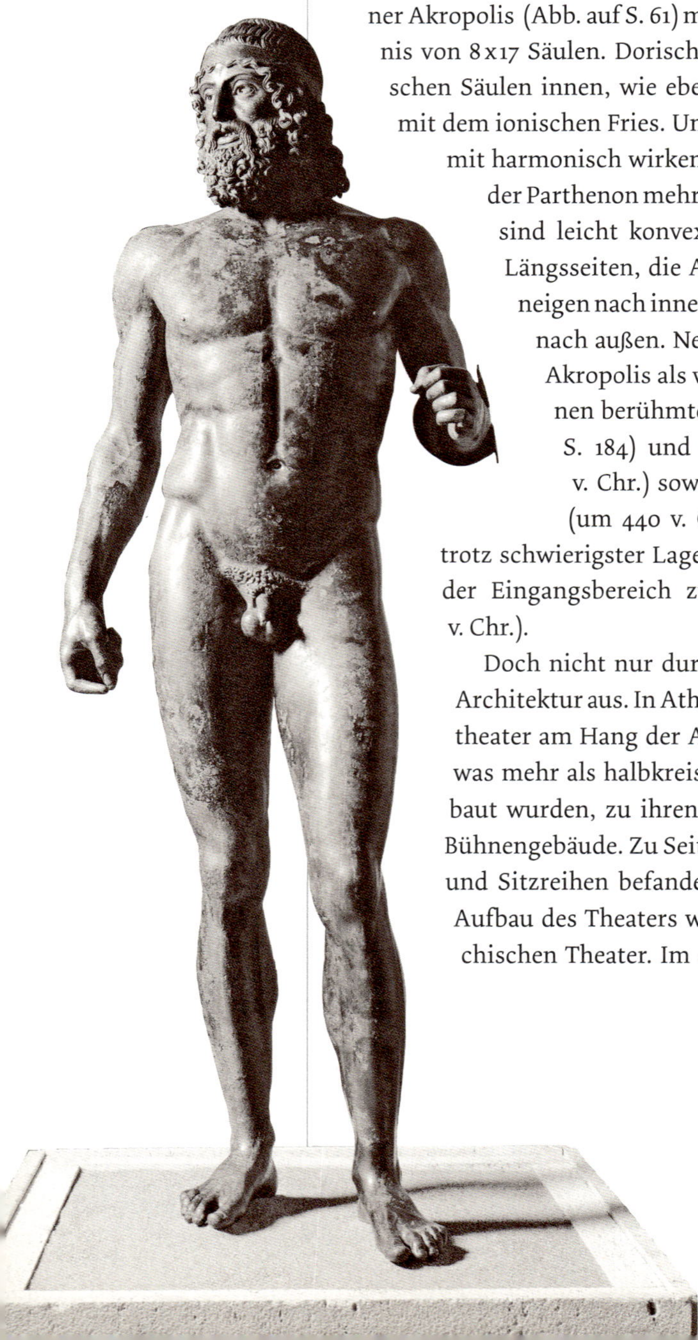

Einer der zwei Krieger von Riace, die vor der Küste Kalabriens aus dem Meer gefischt wurden, als Beispiel für die kunstfertigen griechischen Bronzestatuen.

auch das Gymnasion mit der geschlossenen Palästra, dem von Säulenhallen umgebenen Innenhof, um den sich alle anderen Räume gruppierten.

Neben der Architektur und Skulptur erreichte auch die Tafel- und Wandmalerei in der Klassik ihre Blütezeit mit den berühmten Malern Polygnot (tätig um 480–440 v. Chr.), Mikon (tätig in der 1. Hälfte des 5. Jahrhunderts v. Chr.), Parrhasios (tätig in der 2. Hälfte des 5. und zu Beginn des 4. Jahrhunderts v. Chr.), Zeuxis (tätig um 430–390 v. Chr.) und Apelles (tätig in der 2. Hälfte des 4. Jahrhunderts v. Chr.), von denen aber kein einziges Werk erhalten ist. Um ihre Bedeutung und Wertschätzung ermessen zu können, müssen wir uns vorstellen, dass ihre Werke damals so kostbar waren wie heute die Gemälde der Impressionisten. Die Maler waren damals schon zu Lebzeiten sehr reich und oft eingebildet. So lief Parrhasios nur in teuersten Purpurgewändern herum, trug einen goldenen Kranz und Schuhe und führte einen Stab mit goldenen Ranken mit sich. Die Malerei dieser Künstler faszinierte und muss sehr realistisch gewirkt haben, auch wenn die folgende Anekdote sicherlich zu hoch gegriffen ist. Angeblich stritten Parrhasios und Zeuxis untereinander, wer der größere Künstler sei. So brachte Zeuxis ein Bild mit Trauben zu Parrhasios, an dem Tauben in der irrigen Meinung, echte Früchte vor sich zu haben, zu picken begannen. Doch dann erblickte Zeuxis einen Vorhang und wollte ihn öffnen – musste jedoch erkennen, dass dieser nur gemalt war. So erkannte er Parrhasios als den besseren an, weil dieser nicht nur Tiere, sondern sogar einen Menschen getäuscht hatte. Immerhin lässt diese Anekdote doch erahnen, welchen großen Verlust wir hinnehmen müssen.

Die Vasenmalerei, die wir heute kennen, kann daher höchstens ein kleiner Abklatsch der großen Malerei gewesen sein, auch wenn gerade die attischen rotfigurigen Vasen der Klassik, insbesondere des 5. Jahrhunderts v. Chr., zu den schönsten bemalten Gefäßen der Kunstgeschichte zu zählen sind. Neben mythologischen Szenen begeistern wiederum die vielen Alltagsszenen, die uns so viel über das antike Griechenland erzählen. In der 1. Hälfte des 5. Jahrhunderts v. Chr. wurden Vasen fast nur noch in Athen bemalt, überwiegend in der rotfigurigen Malerei. Die schwarzfigurige erlosch im Laufe dieser Zeit mit Ausnahme der Panathenäischen Preisamphoren, die als Trophäen der Spiele in der traditionellen schwarzfigurigen Vasenmalerei weiter hergestellt wurden. Athener Vasen wurden im ganzen Mittelmeerraum vertrieben, besonders aber bei den Westgriechen und Etruskern im heutigen Italien, bei den Griechen am Schwarzen Meer und den Skythen im Hinterland. Ab 440 v. Chr. wurden die ersten rotfigurigen Vasen auch in Lukanien wohl von dorthin ausgewanderten Athener

Künstlern hergesellt, schon kurz darauf auch in Apulien und im 4. Jahrhundert v. Chr. auch in Sizilien, Paestum und Kampanien. Gerade diese unteritalischen Malereien zeigen neben dem Alltag auch viele unterschiedliche mythologische Darstellungen und burleske Theaterszenen. In Unteritalien entstanden um 370 v. Chr. erstmals auch schwarzgefirnisste Gefäße, die nur in weißen, gelben und roten Deckfarben meist florale und selten figürliche Motive zeigen und Gnathia-Keramik, nach dem ersten Auffindungsort in Unteritalien, genannt werden.

Am Beginn des Hellenismus – um 300 v. Chr. – erlosch dann die rotfigurige Vasenmalerei ganz, die Gnathia-Keramik blieb noch bis um 250 v. Chr. bestehen, danach existierte nur noch Reliefkeramik.

Die hellenistische Kunst drückte sich vor allem in der Plastik und Architektur aus. Am Beginn des Hellenismus wurden klassische Formen erst langsam aufgelöst und die Skulpturen schienen sich noch in relativ verhaltenen verschiedenen neuen Bewegungsformen zu üben, Alltagszenen und ein damit vorgetäuschter bis grotesker Realismus wurden immer mehr dargestellt. Dieser Frühhellenismus ging um 230 v Chr. in den Hochhellenismus (um 230–150 v. Chr.) über, der sich durch übersteigerte Pathetik auszeichnete und seinen Höhepunkt vor allem in der Pergamenischen Kunst fand. Die große und kleine Galliergruppe entstanden für Pergamon respektive für Athen. Den Höhepunkt bildete dann der Pergamonaltar mit seinem kleinen und großen Fries. Der große Fries (Abb. auf S. 105) scheint jeden Rahmen sprengen zu wollen, die Oberfläche scheint vor Bewegung zu beben, die Monumentalität übersteigert den Rahmen und scheint bisweilen den Barock schon vorwegzunehmen. Dieser Übersteigerung schließt sich aufs Vortrefflichste auch die Nike von Samothrake (um 190 v. Chr., Abb. auf S. 12) an. Im Späthellenismus schien sich dann ein für die Zeit wohl typischer Eklektizismus und Pluralismus der Formen zu entfalten, die einerseits das Übersteigerte fortsetzten, aber auch auf alte Formen durch archaistische und neuattische Züge zurückgriffen. Die untergehenden hellenistischen Reiche spiegelten sich somit auch in der Kunst wider, die gleichzeitig ein letztes Aufbegehren und die Rückbesinnung auf alte Werte formuliert, sich aber nicht mehr in einer starken Einheit finden kann.

Sechs anmutige Koren zieren die Südhalle des Erechtheion auf der Athener Akropolis.

Weiterführende Literatur

Lexika

Der Kleine Pauly, Lexikon der Antike auf der Grundlage von Pauly's Realencyclopädie, hrsg. v. Ziegler, K./Sontheimer, W./Gärtner, H., I–V, Stuttgart 1964–1975.

Der Neue Pauly, hrsg. v. Cancik, H./Schneider, H., I–XVI, Stuttgart 1996–2003.

Griechenland. Lexikon der historischen Stätten. Von den Anfängen bis zur Gegenwart, hrsg. v. Lauffer, S., München 1989.

Kleines Lexikon des Hellenismus, hrsg. v. Schmitt, H. H./Vogt, E., Wiesbaden [2]1993.

Künstlerlexikon der Antike, hrsg. v. Vollkommer, R., I–II, München/Leipzig 2001 u. 2004.

Lexikon der Alten Welt, hrsg. v. Andresen, C. u. a., Zürich/Stuttgart 1965.

Lexicon Iconographicum Mythologiae Classicae, hrsg. v. Kahil, L. u.a., I–VIII, Zürich/München 1981–97 und Index, Zürich/München 2000.

Metzler Lexikon Antike, hrsg. v. Brodersen, K./Zimmermann, B., Stuttgart 2000.

Metzler Lexikon antiker Autoren, hrsg. v. Schütze, O., Stuttgart 1997.

Metzler Lexikon antiker Architektur. Sachen und Begriffe, hrsg. v. Höcker, C., Stuttgart 2004.

Reclams Lexikon der Antike, hrsg. v. Howatson, M. C., Stuttgart 2006.

Geschichte

Baltrusch, E., Sparta. Geschichte, Gesellschaft, Kultur, München [3]2007.

Brodersen, K. (Hrsg.), Große Gestalten der griechischen Antike, München 1999.

Camp, J./Fisher, E., Götter, Helden, Philosophen. Geschichte und Kultur der alten Griechen, Stuttgart 2003.

Clauss, M., Einführung in die Alte Geschichte, München 1993.

Demandt, A., Antike Staatsformen. Eine vergleichende Verfassungsgeschichte der Alten Welt, Berlin 1995.

Funke, P., Athen in klassischer Zeit, München [2]2003.

Gehrke, H.-J., Geschichte des Hellenismus, München [2]1995.

Gehrke, H.-J., Kleine Geschichte der Antike, München 1999.

Gehrke, H.-J./Schneider, H. (Hrsg.), Geschichte der Antike. Ein Studienbuch, Stuttgart [2]2006.

Golvin, J.-C., Metropolen in der Antike, Stuttgart 2005.

Heinen, H., Geschichte des Hellenismus. Von Alexander bis Kleopatra, München 2003.

Hertel, D., Troia. Archäologie, Geschichte, Mythos, München 2001.

Leppin, H., Einführung in die Alte Geschichte, München 2005.

Lotze, D., Griechische Geschichte. Von den Anfängen bis zum Hellenismus, München [6]2004.

Murray, O./Davies, J. K./Walbank, F. W., Das antike Griechenland, Düsseldorf 2006.

Pabst, A., Die athenische Demokratie, München 2003.

Pfrommer, M., Alexander der Große. Auf den Spuren eines Mythos, Mainz 2001.
Planck, D. u. a., Troia. Traum und Wirklichkeit, Stuttgart 2001.
Schuller, W., Frauen in der griechischen Geschichte, Konstanz 1985.
Schuller, W., Griechische Geschichte, München ^{4}1995
Schumacher, L., Sklaverei in der Antike. Alltag und Schicksal der Unfreien, München 2001.
Walter, A. u. a., Antike Metropolen, Stuttgart 2006.

Panorama der griechischen Antike

Leben und Alltag

Bérard, C. u. a., Die Bilderwelt der Griechen. Schlüssel zu einer »fremden« Kultur, Mainz 1985.
Boardman, J./Kurtz, D. K., Thanatos. Tod und Jenseits bei den Griechen, Mainz 1985.
Cartledge, P., Kulturgeschichte Griechenlands in der Antike, Stuttgart/Weimar 2000.
Dalby, A., Essen und Trinken im Alten Griechenland, Stuttgart 1998.
Davidson, J. N., Kurtisanen und Meeresfrüchte. Die verzehrenden Leidenschaften im klassischen Athen, Berlin 1999.
Decker, W., Sport in der griechischen Antike. Vom minoischen Wettkampf bis zu den Olympischen Spielen, München 1995.
Franke, P. R./Hirmer, M., Die griechische Münze, München ^{2}1972.
Hannah, R., Greek and Roman calendars. Constructions of time in the classical world, London 2005.
Kraay, C. M., Archaic and Classical Greek Coins, London 1976.
Lacey, W. K., Die Familie im Antiken Griechenland, Mainz 1983.
Pekridou-Gorecki, A., Mode im antiken Griechenland, München 1989.
Rollinger, R./Ulf, Ch. (Hrsg.), Geschlechterrollen und Frauenbild in der Perspektive antiker Autoren, Innsbruck u. a. 2000.
Sinn, U., Olympia. Kult, Sport und Fest in der Antike, München ^{3}2004.
Späth, Th./Wagner-Hasel, B. (Hrsg.), Frauenwelten in der Antike. Geschlechterordnung und weibliche Lebenspraxis, Stuttgart 2006.
Spivey, N. J./Squire, M., Die Welt der Antike, Stuttgart 2004.
Trassard, F. u. a, Leben im alten Griechenland, Stuttgart 2005.

Religion und Mythos

Bremmer, J. N., Götter, Mythen und Heiligtümer im antiken Griechenland, Darmstadt 1996.
Bruit Zaidmann, L./Schmitt Pantel, P., Die Religion der Griechen. Kult und Mythos, München 1994.
Brodersen, K., Antike Mythologie, Stuttgart 2005.
Burkert, W., Kulte des Altertums. Biologische Grundlagen der Religion, München 1998.
Buxton, R., Das große Buch der griechischen Mythologie, Stuttgart 2005.
Graf, F., Griechische Mythologie. Eine Einführung, München/Zürich ^{3}1991.

Lücke, H.-K. und S., Helden und Gottheiten der Antike. Ein Handbuch. Der Mythos und seine Überlieferung in Literatur und bildender Kunst, Wiesbaden 2006.

Rosenberger, V., Griechische Orakel. Eine Kulturgeschichte, Darmstadt 2001.

Schefold, K., Die Göttersage in der klassischen und hellenistischen Kunst, München 1981.

Vernant, J.-P., Mythos und Gesellschaft im alten Griechenland, Frankfurt/Main 1987.

Literatur

Dihle, A., Griechische Literaturgeschichte. Von Homer bis zum Hellenismus, München [2]1991.

Fuhrmann, M., Die antike Rhetorik, Zürich [4]1995.

Hose, M., Kleine griechische Literaturgeschichte, Von Homer bis zum Ende der Antike, München 1994.

Latacz, J., Troia und Homer, Leipzig [5]2005.

Lendle, O., Einführung in die griechische Geschichtsschreibung, Darmstadt 1992.

Schütze, O., Griechische und römische Literatur. 120 Porträts, Stuttgart 2006.

Vogt, E. (Hrsg.), Griechische Literatur, Wiesbaden 1981.

Theater

Meier, C., Die politische Kunst der griechischen Tragödie, München 1988.

Moraw, S./Nölle, E. (Hrsg.), Die Geburt des Theaters in der griechischen Antike, Mainz 2002.

Zimmermann, B., Die griechische Tragödie. Eine Einführung, München und Zürich [2]1992.

Zimmermann, B., Die griechische Komödie, Düsseldorf und Zürich 1998.

Philosophie

De Crescenzo, L., Geschichte der griechischen Philosophie, Düsseldorf 2006.

Kranz, W., Die griechische Philosophie, Köln 2006.

Niehues-Röbsting, H., Die antike Philosophie. Schrift, Schule, Lebensform, Frankfurt/Main 2004.

Ries, W., Die Philosophie der Antike, Darmstadt 2005.

Kunst und Architektur

Boardman, J., Die griechische Kunst, München [5]1992.

Boardman, J., Griechische Plastik. Die archaische Zeit, Mainz [4]1994.

Boardman, J., Griechische Plastik. Die klassische Zeit, Mainz [4]1997.

Boardman, J., Reclams Geschichte der antiken Kunst, Stuttgart 1997.

Bol, P. C., Die Geschichte der antiken Bildhauerkunst, Mainz 2002 ff.

Fuchs, W., Die Skulptur der Griechen, München [4]1993.

Gruben, G., Griechische Tempel und Heiligtümer, München [5]2001.

Hoepfner, W./Schwandner, E. L., Haus und Stadt im klassischen Griechenland, München 1994.

Lang, F., Klassische Archäologie. Eine Einführung in Methode, Theorie und Praxis, Tübingen/Basel 2002.

Mannack, T., Griechische Vasenmalerei. Eine Einführung, Stuttgart 2002.

Scheibler, I., Griechische Malerei der Antike, München 1994.

Simon, E./Hirmer, M., Die griechischen Vasen, München ²1981.

Glossar

agon Wettstreit, Wettkampf. Entscheidend war das sich Messen und besser Sein als jeglicher andere. Der Erste erhielt den Ruhm und damit die Anerkennung, auf die das Streben des Griechen gerichtet war.

agora Marktplatz. An diesem Ort traf man sich primär zur Beratung, später auch zur Abhaltung des Gerichts, der Götterverehrung und zum Verkauf von Waren.

Akropolis »Oberstadt", meist höchstgelegener, befestigter, ältester Teil der Stadt, auf dem wichtige Tempel stehen können.

Amphiktyonen »Umwohner«, »Nachbarvölker«, zwölf Stämme (Thessaler, Boioter, Dorer, Ionier, Perrhaiber, Doloper, Magneten, Lokrer, Ainianen [Oitaier], Phthioten [Achaier], Malier und Phoker), die über die Belange des neutralen Delphi entschieden.

Apökie Gründung einer neuen Stadt in der Fremde von »weg (apo) vom heimischen Haus (oikos)«.

Areopag Hügel des Kriegsgottes Ares am Fuß der Athener Akropolis; für die Gerichtsbarkeit zuständiger Rat.

Aulos Musikinstrument, eine Art Oboe.

Barbar Nichtgrieche, der nicht griechisch spricht.

Boule »Rat«, Gremium, in dem die Belange der → Polis diskutiert und entschieden wurden. Die Ratsherren (bouleutai) sind meist durch Los bestimmt und treffen sich im bouleuterion.

Chiton Eine Art Untergewand.

Chlamys Mantel.

Demokratie »Herrschaft des Volkes«.

Demos (1) Untereinheit einer → Polis mit einem gewissen Grad an Selbstverwaltung; (2) das »Volk«: die gesamte Bürgerschaft einer Polis.

Diadochen Nachfolger Alexanders des Großen, die nach seinem Tod 323 v. Chr. um die eroberten Gebiete und die Macht kämpften.

Dithyrambos Kultlied für den Wein- und Vegetationsgott Dionysos, bei dem der Sänger in Dialog mit dem Chor tritt.

ekklesia Volksversammlung.

Ephor »Aufseher«. Bei den Spartanern wachten die fünf Ephoren über die strengen Sitten und überprüften die Herrschaft der zwei Könige.

Epos »Das Gesagte«, »Berichtete«: Literarische Gattung in Versform, deren Gesänge Götter- und Heldensagen zum Inhalt haben.

Gymnasion Sportübungsstätte (von gymnos, »nackt«).

Heloten Nach den → Periöken niedrig eingestufte Untertanen der Spartaner, die keine Rechte besaßen und als eine Art Leibeigene das Land der Spartaner bestellen und die Hälfte der Ernte an die Spartaner abgeben mussten.

Hetäre Liebesdienerin, im Gegensatz zu pornai (Prostituierten) leistete sie exklusiveren Liebesdienst, kombiniert mit Tanz, Musik und Gespräch.

hetairoi »Freunde«, bei den Makedonen die nächsten Gefährten, die oft als Gemeinschaft verbunden sind.

Himation Übergewand.

Historiographie »Geschichtsschreibung«.

Hoplit Schwerbewaffneter Fußsoldat (von hoplon, »Schild« und Plural hopla, »Waffen«).

hymnos Festliches Lied für Gottheiten.

Hypnos »Schlaf«, göttliche Personifikation des Schlafes, die in Darstellungen häufig gemeinsam mit dem Tod einen Leichnam an sich nimmt.

Ilias Ein von Homer verfasstes Epos, in dem der Verlauf des Trojanischen Krieges geschildert wird – von »Ilion«, dem zweiten Namen für Troja.

Kithara Sieben-, neun- oder elfsaitiges Saiteninstrument mit großem Schallkörper.

Kleruchie Athener Bürgerkolonie, in der jeder beteiligte Athener Landbesitz zugelost bekommen konnte. Im Gegensatz zur → Apökie blieb sie von der Mutterstadt abhängig.

Kolonisation Gründung einer neuen Stadt in der Fremde.

Kore Mädchen. Häufig verwendet als Begriff für Statuen von Mädchen und jungen Frauen, besonders in der Archaik (7.–6. Jahrhundert v. Chr.).

Kuros Jüngling. Häufig verwendet als Begriff für Statuen von Jünglingen, besonders in der Archaik (7.–6. Jahrundert v. Chr.).

Krater Mischgefäß für Wasser und Wein.

kyrios »Herr«, Hausherr und Vorsteher eines → oikos.

Lyra Leier, ein Musikinstrument, das häufig auch für Musik im Alltag und beim Trinkgelage verwendet wurde.

megaron Männerraum, wichtigstes Zimmer im Haus, in dem die festlichen Gelage abgehalten wurden.

Metöke »Mitbewohner«, fremder Staatsbürger, der nur eingeschränkte Rechte hatte, vom politischen Leben ausgeschlossen war und keinen Grundbesitz erwerben durfte.

Nekropole Totenstadt. Sie lag an den Ausfallstraßen außerhalb der Stadt.

Nike »Sieg«. Göttin des Sieges.

Odeion Überdeckter Saal für musikalische Aufführungen.

Odyssee Irrfahrten und Heimkehr des griechischen Helden Odysseus nach der Eroberung Trojas, die im zweiten Epos des Homer besungen werden.

oikos »Haus«, das neben dem Hausstand alle mit dem Haus verbundenen Personen beinhaltete: die Familie mit Sklaven sowie weitere Gehilfen, die auch nur zeitweise dazugehören konnten.

Oligarchie »Herrschaft weniger«, bei der im Gegensatz zur → Demokratie nur eine Minderheit herrscht.

omphalos »Nabel« (Zentrum) der Welt, der bei den Griechen in Delphi lag. Ein dort im Heiligtum aufgestellter Stein symbolisierte ihn.

Ostrakismos »Scherbengericht«, bei dem die athenischen Bürger die Möglichkeit hatten, auf einer Scherbe den Namen der Person zu verzeichnen, die für zehn Jahre aus Athen verbannt werden sollte, jedoch bei Beibehaltung ihres Vermögens und ihrer Staatsbürgerschaft.

Pankration »Allkampf«, bei dem außer Beißen und Augendrücken alles zulässig war.

Parthenon Tempel der Athena Parthenos (die »Jungfräuliche«) auf der Akropolis in Athen.

Pentathlon »Fünfkampf«: Diskus- und Speerwerfen, Weitsprung, Kurzstreckenlauf und Ringen.

Peplos Weibliches Übergewand.

Periöken (perioikoi) »Herumwohner«, Untertanen der Spartaner, die keine politischen Rechte hatten, aber frei waren, Militärdienst in separaten Kontingenten leisteten und vor allem Handwerkertätigkeiten ausübten.

Phratrie »Brüderschaft«. In Athen gab es mindestens 30. Jeder Athener Bürger war Mitglied einer dieser Phratrien.

Phyle »Stamm«, die größte Untereinheit einer → Polis, die entweder auf gemeinsamer Abstammung oder auf Einteilung durch den Gesetzgeber beruhte.

Polis, pl. Poleis Stadtstaat, der eine gegenüber benachbarten Poleis unabhängige, in sich geschlossene politische Einheit bildete.

proskynesis Eine Art untertäniger Verbeugung, die am persischen Hof und im Orient vor Herrschern üblich, aber bei den Griechen als Symbol demütiger Unterwerfung unter einen Despoten verpönt war.

Prytaneion Stadtverwaltungsgebäude.

Pythia Priesterin des Apollon von Delphi, die auf einem Dreifuß über einer Erdspalte im Tempel sitzend, aus der berauschende Dämpfe emporstiegen, die Anfragen durch doppelsinnige Orakelsprüche beantwortete.

pythioi Beamte, die zur Befragung des Orakels von Delphi von einer Polis angestellt waren.

Satrap Statthalter einer Satrapie (Provinz des Perserreichs).

symposion »Zusammentrinken«, das Trinkgelage.

Synoikismos »Zusammensiedelung« oder »Zusammenführung von Hausgemeinschaften« und dadurch Bildung einer neuen Stadt; der Dioikismos (»Auseinandersiedelung«) ist entsprechend die Auflösung einer Stadt unter Verteilung der Bevölkerung auf einzelne Dörfer.

Thanatos »Tod«. Göttliche Personifikation des Todes, die bei Darstellungen oft paarweise mit → Hypnos auftritt.

Triere Dreireihiges Ruderboot, das im 5. und 4. Jahrhundert v. Chr. als Standardkriegsschiff eingesetzt wurde.

xenia Gastfreundschaft. Wichtiger Aspekt, bei dem Fremde in eine heimische Hausgemeinschaft aufgenommen wurden.

Bildnachweis

Akanthus-Verlag Kilchberg, Sammlung Florence Gottet: Abb. S. 132; Bildarchiv Preußischer Kulturbesitz: Abb. S. 2, 6, 13, 24, 26, 29, 35, 39, 44, 46, 53, 55, 68, 74, 76, 81, 83, 92, 94, 96, 98, 101, 105, 107, 114, 116, 121, 129, 130, 155, 158/159, 169, 180, 181; aus: J. Boardman (Hrsg.), Reclams Geschichte der antiken Kunst, Stuttgart 1997: Abb. S. 90 (Abb. 198), 111 (Abb. 199); aus: J. Camp/E. Fisher, Götter, Helden, Philosophen. Geschichte und Kultur der alten Griechen, Stuttgart 2003: Abb. S. 32 (S. 275), 178 (S. 286); aus: L. Cerchiai/L. Jannelli/F. Longo, Die Griechen in Süditalien. Auf Spurensuche zwischen Neapel und Syrakus, Stuttgart 2004: Abb. S. 23 (S. 257), 178 (S. 286); aus: S. Drougou/C. Saatsoglou-Paliadeli, Vergina. Ein Rundgang durch das Grabungsgelände, Athen 2003: Abb. S. 89 (S. 45); A. Frank – München: Abb. S. 30; aus: T. Hölscher, Klassische Archäologie. Grundwissen, Darmstadt/Stuttgart [2]2006: Abb. S. 127 (Abb. 175/176); aus: P. Matyszak, Geschichte der Römischen Republik. Von Romulus zu Augustus, Stuttgart 2004: Abb. S. 108 (S. 114); Picture-Alliance: Abb. S. 4, 5, 7, 10, 12, 14, 16, 18, 20, 25, 40, 41, 43, 49, 51, 56, 60, 61, 65, 66, 70, 73, 80, 84, 93, 112, 117, 123, 133, 137, 144, 153, 154, 162/163, 164, 166, 167, 170, 173, 177, 182, 184; aus: S. Royer/C. Salles/F. Trassard, Leben im alten Griechenland, Stuttgart 2005: Abb. S. 149 (S. 134), 151 (S. 122); Chr. Sandig – Leipzig: Abb. S. 15, 19, 27, 59, 69, 77, 86, 97, 119, 122, 124, 134, 138, 143, 149, 156, 175.

Verlag und Autor danken allen Leihgebern für die Bereitschaft, Bildmaterial für diese Publikation zur Verfügung zu stellen. Leider war es nicht in allen Fällen möglich, die Inhaber der Urheberrechte zu ermitteln. Etwaige Ansprüche kann der Verlag bei Nachweis entgelten.

Bibliografische Information der Deutschen Nationalbibliothek
Die Deutsche Nationalbibliothek verzeichnet diese Publikation in der Deutschen Nationalbibliografie; detaillierte bibliografische Daten sind im Internet über http://dnb.d-nb.de abrufbar.

Umschlaggestaltung: Stefan Schmid, Stuttgart, unter Verwendung von Abbildungen der picture-alliance, Frankfurt/Main
Kartografie: Peter Palm, Berlin

Lektorat: Barbara Buchter, extratour, Neuenbürg
Reihen-Gestaltung und Satz: Katrin Kleinschrot, Stuttgart
Reproduktionen: reproteam siefert, Ulm
Druck und Bindung: Uhl, Radolfzell
ISBN: 978-3-8062-2045-2

Besuchen Sie uns im Internet: www.theiss.de